JN241546

仮面の奇人
三木清

宮永孝
Miyanaga Takashi

法政大学出版局

はしがき

この本は、むずかしい理屈をこねたものではない。

そうではなく、ある天分にめぐまれた一哲学者の人と著述について論じたものである。

西洋の古典哲学から近代哲学にひとわたり通じていたとされる三木清（一八九七～一九四五）の哲学研究の片鱗をたたき台とし、変人、奇人としての三木その人を分析し、その学問の特徴や真偽の解明に努めようとしたものである。二〇歳台から最晩年の四〇歳台までのかれの人生が話の中心となる。

本書は四部構成となっている。

第一章は、三木清のドイツ・フランス留学について物語り、第二章は、三木の哲学論文作成の方法を、かれのスピノザ研究に瞥見し、第三章は、国家の命により、陸軍報道班員としてフィリピンのマニラへ遣られた三木の生活とかれの特殊任務について論じ、第四章は、三木が籍を置いた法政大学と社会運動の来歴を叙述したものである。

八百よろずの学問の根源は、哲学であるという。

近代日本を代表する哲学者・評論家として令名の高いのが三木清である。この人は少年のころより公立の学校で教育をうけ、長じて一高、京都帝大に学び、大学院に進み、のち一出版社の奨学金により、三年半海外で勉強する機会をえた。その後、内心では凱旋将軍のように意気揚々と帰国し、母校の教官の口があくのを待った。が、その期待に反し、ある事情により採用されなかった。将来を嘱望されていた本人にとってこれは大きな誤算であった。やむなく、友人のツテをたよって、法政大学文学部哲学科の専攻主任として採用されたのが、昭和二（一九二七）年四月である。

そのころ哲学専攻科は、新進気鋭の著名な学者を相前後してむかえ、いっそう充実した。が、三木が着任して三年目の昭和五（一九三〇）年五月、日本共産党に資金を提供した嫌疑でかれは逮捕され、十一月上旬豊多摩刑務所に拘留された。そのため、法大の職を退かざるをえなくなった。出所後は、もっぱら新聞や諸雑誌に評論を書いて糊口をしのいだ。

三木にとって二度目の海外生活の機会がおとずれたのは、昭和十七（一九四二）年一月から十二月までの間である。このときは陸軍の徴用により、フィリピンのマニラに滞在した。三木にとって第二の受難が、その後その身にふりかかった。昭和二十（一九四五）年三月、かれは治安維持法の容疑者某を自宅にかくまったとして、豊多摩刑務所に収監され、のちそこで病により獄死した。

＊

本書におさめた論文四篇は、ここ数年のあいだ法政大学社会学部の紀要『社会志林』に発表したものであり、今回上梓するにあたり、誤りを正したり、削ったり、部分的に手をくわえた。各論文の号数と刊行年は、左記のとおりである（発表・刊行年月は算用数字で略記する）。

(1)「法政と社会運動家」『社会志林』第65巻第4号、平成31・3
(2)「三木清の方法──「スピノザに於ける人間と国家」『社会志林』第70巻第1号、令和5・7
(3)「三木清のドイツ・フランス留学記」『社会志林』第70巻第2号、令和5・9
(4)「マニラにおける陸軍報道班員 三木清」『社会志林』第70巻第3号、令和5・12

論文には結論(むすび)が付きものだが、論考のさいごに書き添えておいたから、各論の解説ともなろう。

いまは不安定と不可測の時代といえる。三木清に興味をもち、この人を研究対象にする人は、世間にどれほどいるだろうか。三木の読者は、学者にかぎらず、一般読者のなかにも数多いて、じつはその層は厚いのである。終戦後、『三木清著作集』(全16巻──昭和21・9~同26・5、四年半かけて岩波書店より刊行)、ついで『三木清全集』(第一次全19巻、昭和43・5完結。第二次全20巻、昭和59・7~同61・3完結。岩波書店より刊行)が出版され、また最近では、クレス出版より『三木清研究資料集成』全6巻(平成30・10)が刊行された。これは『三木清全集』に収録されていない三木清の哲学・思想についての論文、資料、随筆、書信、翻訳、対談、座談などを収めたものである。

戦後の昭和二十~三十年ごろ、三木に関する単行本は少なからず刊行されたが、最近では小論をのぞき、論著をみることはほとんどない。一つには出版事情が好ましくないこともあり、また新資料に接することがほとんどないからであろう。既述のものを使い、新しい切り口でものを書くにしても、相当困難を覚悟せねばならぬから、しぜん筆がにぶるためであろう。幸い拙稿は、多くの人の協力により、多少は新しい材料をえたので、それらを余すところなく利用することができた。
それにしても研究者の数は多い。たいていのことは、すでにだれかによってやられているのである。人が手をつけなかった研究を新たにやるむずかしさを知るのは、ひとり著者だけではない。本書に収めた論文四篇は、いままで人があまり注意をむけなかったテーマを講究したものである。

著者しるす

令和七年三月

仮面の奇人　三木清　◉　目次

三木清　略年譜

西暦	和暦	年齢	出来事
一八九七	明治30	0	一月五日　兵庫県揖保《いぼ》郡平井《ひらい》村之内小神村《おがみむら》において、三木栄吉（のち清助《せいすけ》と改名）の長男として生まれる。
一九〇三	明治36	6	兵庫県揖保郡平井尋常小学校入学。
一九〇七	明治40	10	同校を卒業。
一九〇九	明治42	12	高等小学校二年を修了後、兵庫県立龍野中学校に入学。
一九一四	大正3	17	三月同校を卒業。九月、第一高等学校に入学。
一九一七	大正6	20	同校を卒業。帰郷の途中、京都で下車し、京大の西田幾多郎《きたろう》をたずねる。九月、京都帝国大学文学部哲学科に入学。
一九二〇	大正9	23	七月、同校を卒業。大学院に進学し、歴史哲学を研究。
一九二二	大正11	25	岩波書店の出資により、ドイツ留学の途にのぼる。超インフレ下のドイツのハイデルベルクで一年半ほど暮らしたのちマールブルクへ移動。この間、リッカートに師事。
一九二三	大正12	26	秋ごろマールブルクへ移転。ハイデガー、ハルトマン、レーヴィットに師事。

一九二四	大正13	27	八月末、マールブルクよりパリに移動。大学に籍をおかず、エトワール広場（現シャルル・ド・ゴール広場）に近い下宿にこもり、パスカル研究に専念。
一九二五	大正14	28	パスカル研究の第一論文「パスカルと生の存在論的解釈」を書き、日本へ送る。『思想』五月号にのる。十月、日本郵船の白山丸で帰国。
一九二六	大正15	29	四月、三高、龍谷大学、京大法学部の非常勤講師となる。六月、『パスカルに於ける人間の研究』を出版。十二月、京大入りの人事、スキャンダルにより不首尾に終わる。
一九二七	昭和2	30	春、京都におけるいっさいの教職を辞して上京すると、四月から法政大学文学部哲学科の教授となる。かたわら日本大学、大正大学、文化学院の講師を兼任。岩波書店の編集・企画に協力する。
一九三〇	昭和5	33	五月、日本共産党への資金提供容疑で検挙され、十一月中旬まで中野の豊多摩刑務所に拘留。法政大学を辞職。
一九三三	昭和8	36	ファシズムが台頭し、社会不安が広がりをみせるなかで、活発な評論活動を展開。
一九四二	昭和17	45	一月、陸軍報道班員として徴用され、マニラへおもむく。二月下旬に現地につく。十二月、帰国。
一九四五	昭和20	48	三月、治安維持法の容疑者を自宅に泊め、逃亡させた科《とが》で検挙され、東京拘置所をへて豊多摩刑務所へ送られ、九月二十六日〝疥癬《かいせん》〟により死亡。

＊本書内の手描きのスケッチ画は著者自身によるものです。

第一章　三木清のドイツ・フランス留学記

はじめに

三木清（一八九七〜一九四五）が豊多摩刑務所で獄死してから、ことしで八〇年ほどになる。第一次世界大戦後のドイツは、荒れくるう超インフレーションの渦中にあり、国民は貧苦のどん底であえいでいた。が、日本留学生は外貨のおかげでインフレ極楽を享受できた。文部省の在外研究員でない、一哲学徒にすぎなかった三木は、はからずも岩波書店の派遣留学生として、三年半ちかくドイツ・フランスにおいて学究生活をおくることができた。

本章は、岩波書店の〝番頭学者〟とも〝ミキセイ〟とも揶揄《やゆ》された、三木清の独仏における留学生活について記すものである。三木はベルリンなどにいて淫蕩にふけっている国費留学生とことなり、在外期間中、まじめに勉強したようだ。本章をあえて二分すると、前篇は三木がドイツにおいて師事した哲学

三木の終焉の地となった豊多摩刑務所の正門

ハイデルベルクの三木清

者とかれらから学んだもの、後篇はかれがフランス（パリ）においてみずから学んだパスカルの『パンセ』（断章）と、その研究成果としての第一論文「パスカルと生の存在論的解釈」について講究したものである。

筆者は三木がのちに「人間の分析」と改題したこの小論を研究材料として分析し、その構造やそこにみる文体的特徴、三木の『パンセ』（断章）読解が妥当なものかどうかについて検討する。

1　ヨーロッパへの旅立ち

大正九年（一九二〇）九月、京都帝国大学を卒業した三木（二十三歳）は北白川久保町に下宿を移し、ひきつづき大学院に籍をおいて歴史哲学（歴史過程や歴史認識をあつかう哲学の一部門）の研究をつづける一方で、大谷大学や龍谷大学、三高（第三高等学校）の講師となり、哲学や語学を教えた。二年後の大正十一年（一九二二、二十五歳）五月、恩師・波多野精一の推挙により、岩波書店の出資をうけ、ドイツ留学の途にのぼる。かれはなぜ、一書店に資金を出してもらって留学できたのか、その理由は明らかでないが、店主の岩波茂雄は、文化の根底として哲学を重視し（安倍能成《よししげ》『岩波茂雄伝』）、「哲学叢書」の売れゆきがよかったことから、前途有望な若者を海外へやり、将来の著作活動によって新しい読者層を開拓するつもりであったようだ。

波多野は三木が学才に富む尋常でない学生と観て、こういう学生がいる、といった話を岩波にしていたのであろう。留学費を出す岩波は当時四十一歳、三木とは十五、六も歳のひらきがあった。かれは三木にたいしてこまごまとした注文をつけなかったことであろう。おおらかな気持ちで三木を海外に送り出したと思われる。しかし、商売上必要な洋書の購入方を三木に依頼している。

三木の出発直前に岩波がかれに送った手紙が残っている。

宛て先　兵庫県揖保《いぼ》郡揖西村小神《おがみ》

（封書のおもて）　三木　清様

急ギ

東京神田南神保町

岩波茂雄

御機嫌《ごきげん》よく御遊学《ごゆうがく》の途《と》に上《あが》られる事《こと》を希望《きぼう》いたします。

船暈《ふなよい》の薬《くすり》が手に入りましたから御送《おおく》りいたします。御家《おいえ》の皆様に宜敷御願致《よろしくおねがいいた》します。

当店《とうてん》への紹介状封入《しょうかいじょうふうにゅう》して置《お》きました。店《みせ》は伯林《ベルリン》大学の裏手《うらて》と云《い》うことです。

尚《なお》カッシラー版のカント全集五組位《ごくみくらいおく》送る様本屋《ようほんや》に命《めい》じて下さい。御願《おねがい》します。

五月十一日

岩波茂雄

三木様

（注）ルビは引用者がつけたもの。『三木清の生涯と思想』財団法人霞城館《かじょうかん》、平成10・3より。

この手紙は、渡欧前に兵庫の実家に帰っていた三木に宛てたものである。

その後、三木はヨーロッパへむかう船にのるのである。が、かれは大正十一年（一九二二）五月の何日に、どんな船に乗船したかもわかっていないし、本人も何も語っていない。「年譜」（『三木清全集　第20巻』岩波書店、昭和61・3）も、この点になると何も答えてくれない。ただ「年譜」（桝田啓三郎記）にあるのは、「五月　学才を認められ、波多野精一の推輓によって　岩波茂雄の出資を受けて、ドイツ留学に旅立った」といった記述のみである。

当時、いまと違って外国へいく旅客機はないし、外国へ行くときは船を用いるしかなく、それは〝洋行〟といわれるほどの大事業であった。ふつう渡航者はどんなに筆不精であっても、手帳にメモ程度のものを記すが、三木は航海日記やメモを残さず、またそんなことに関心はなかったようだ。

当時、神戸からマルセーユまで、船で四十数日かかる長旅であった。三木はこの間の航海についてほとんどふれていないが、かれを乗せた船（船名不記載）は、六月二十一日スエズに着いたようだ。スエズは、紅海と地中海とをむすぶ〝スエズ運河〟（一六二キロ）の起点になる港町である。このとき三木は、新潟県高田市長門町に住む倉石武四郎という人に絵はがきを出している。

印度《インド》洋で三日ばかり船酔《ふなよい》に苦しめられて　今日《きょう》スエズに着《つ》きました。これから運河《うんが》をゆくのです。明日《あす》ポートサイドでエヂプト模様《もよう》の更紗《さらさ》（もめん地または絹地に、人物・花鳥・幾何的模様をいろいろな色でプリントした布——引用者）の買へるのを楽しみにしてゐます。

六月二十一日

清

（注）ルビおよび（　）内は引用者による。『三木清全集　第19巻』岩波書店、昭和43・5より。

三木が渡欧のとき乗った日本郵船の箱根丸

翌二十二日、船はポートサイド（カイロの北東一八〇キロ）に着き、その後フランスへむかった。

三木が目的地のマルセーユに上陸したのは、六月二十二、三日ごろと推定される。そうすると、かれが神戸から乗った船（貨客船）は、おそらくロンドンへむかう、「日本郵船の箱根丸」（一〇、四二〇トン）であったろう。同船は、五月八日午前十一時に神戸を出帆していたという記録がある（『神戸新聞』大正11・5・5付を参照）。

この箱根丸は、横浜—ロンドン線の貨客船（貨物船であり、旅客をのせる設備もある）であり、おもな寄港地はつぎのようなものであった。

横浜——名古屋——大阪——神戸——門司——上海（中国）——香港——華南（中国南東部）——シンガポール——コロンボ（セイロン島南西

部）――アデン（紅海の入口）――スエズ（エジプト北東部）――ポートサイド（エジプト北東部の港町）――ナポリ（イタリア）――マルセーユ（フランス）――ジブラルタル（イギリスの直轄植民地）――ロンドン。

（注）「第二款《かん》 欧州航路に占むる当社の地歩」『日本郵船株式会社五十年史』所収、日本郵船株式会社、昭和10・12、四一九頁。

ちなみに阿部次郎が欧州留学に出発したのは、大正十一年五月十一日のことであり、門司から箱根丸に乗船している。その後、同船は上海（5・12）――香港（5・16）――シンガポール（5・23）――コロンボ（5・31）――インド洋より紅海に入る（6・12）――ナポリ沖を通過し（6・17）、マルセーユに六月二十日に到着している。

その後、阿部はパリ、スイス、ベルリンに滞在したのち、ドイツへむかい、八月十日ハイデルベルクのシュヴァルツ方に下宿した。三木がこの町にやって来て約一ヵ月半あとのことである。

三木は船中において、「四、五人の仲間」と知りあい、その中にブルーノ・タウト（一八八〇～一九三八、ドイツの建築家）の弟子となった若い建築家・上野伊三郎（一八九二～一九七二、早大理工学部建築科卒）がいたといっている（「読書遍歴」）。上野は京都のひと。御所出入りの宮大工の子孫であり、かねてあこがれていた留学を実現すべくドイツへむかうところであった。かれはドイツ入国後、ベルリン工科大学建築科の聴講生となり構造学を専攻し、そこを修了するとウィーン大学の物

上野伊三郎

理学科に転じ、振動学をおさめ、のちヨーゼフ・ホフマンの建築事務所に勤めた（『上野伊三郎＋リチコレクション』京都近代美術館、二〇〇九年）。

三木が船中で知りあった旅客のなかには、新妻（新潟の豪農の娘）をともなってドイツ、イギリスに留学する文部省の給費生・東大社会学科の藤田喜作（一八八七～一九七三、旧姓・西原）講師もいた。藤田は瀬戸内海の〝中の島〟のひと。生家はまずしく、篤志家の援助によって学校を出た。長崎の鎮西学院中学から六高をへて、東大の文学部社会学科、ついで法学部経済科に学んだ。が、のちに東大教授となる道をすて、一私立中学の経営者となった。非常勤として出講していた某女子専門学校の教え子と親しくなり結婚したために、藤田家に入りむこになるとき世話になった恩師建部教授との関係がまずくなり、退官したと考えられる。

三木は東大講師の藤田にひじょうに慇懃な態度をとった。後年、かれは弟・繁（一九〇八～七六）を藤田が経営する中学校に雇ってもらうために、同人に会いに行っている。

藤田喜作講師

渡欧の船中における三木の動静についてはよくわかっていない。が、藤田に歴史には目的があるというようなことをいった。三木は、船が地中海を通るとき、ギリシャの独立戦争に参加しようとして、あえない最期をとげた英詩人バイロンについて感慨ぶかげに語ったらしい（蔵内数太「耳に残っている三木氏」『三木清全集　第18巻』の月報所収、昭和43・3。蔵内数太は、大阪大学名誉教授。

藤田とは東大の社会学科の同窓)。

谷川徹三(法政大学教授)によると、三木は三年半も外国にいたのに、見聞記をまったく書いていないという。かれはふつうの留学生のように、勉強をそっちのけにし、遊びまわるようなことをせず勉学にいそしんだ。いわゆる〝眼の人〟ではなかったという。つまり、かれは物をみる眼をもたなかった。三木と対照的なのは、和辻哲郎(一八八九～一九六〇、大正・昭和期の倫理学者・文化史家、法大、京大、東大教授を歴任)だという。和辻は留学の成果として『風土――人間学的考察』(岩波書店、昭和10・9)という独創的な書物をあらわしたが、それはふつうの旅行記や見聞記とは違って、独自の眼から生まれた思想だという(谷川徹三「哲学者としての三木清」昭和21・9、三木清記念講演会における講話)。

当時の欧州留学生は、多少旅行記のたぐいを書き、雑誌などに発表することもあったが、三木はそのようなものを一つも書かなかった。谷川によると、三木は〝物をみる眼〟をもたなかったからだという。三木がいちばん関心があったのは、西洋の著名な哲学者の思想性であり、その構成要素を解明することに没頭するあまり、景色や世態人情、風俗などに眼がむかなかったのであろう。

べつないい方をすれば、三木は視野のせまい人――風物のわからぬ人――単眼の人であったといえる。さらに他のことばでいい換えると、視覚型の人間ではなく、思索型のタイプであったといえそうである。

2　ハイデルベルク

さて四十数日あまりの長い航海をおえて南仏の玄関口マルセーユに上陸した三木は、その後どうした

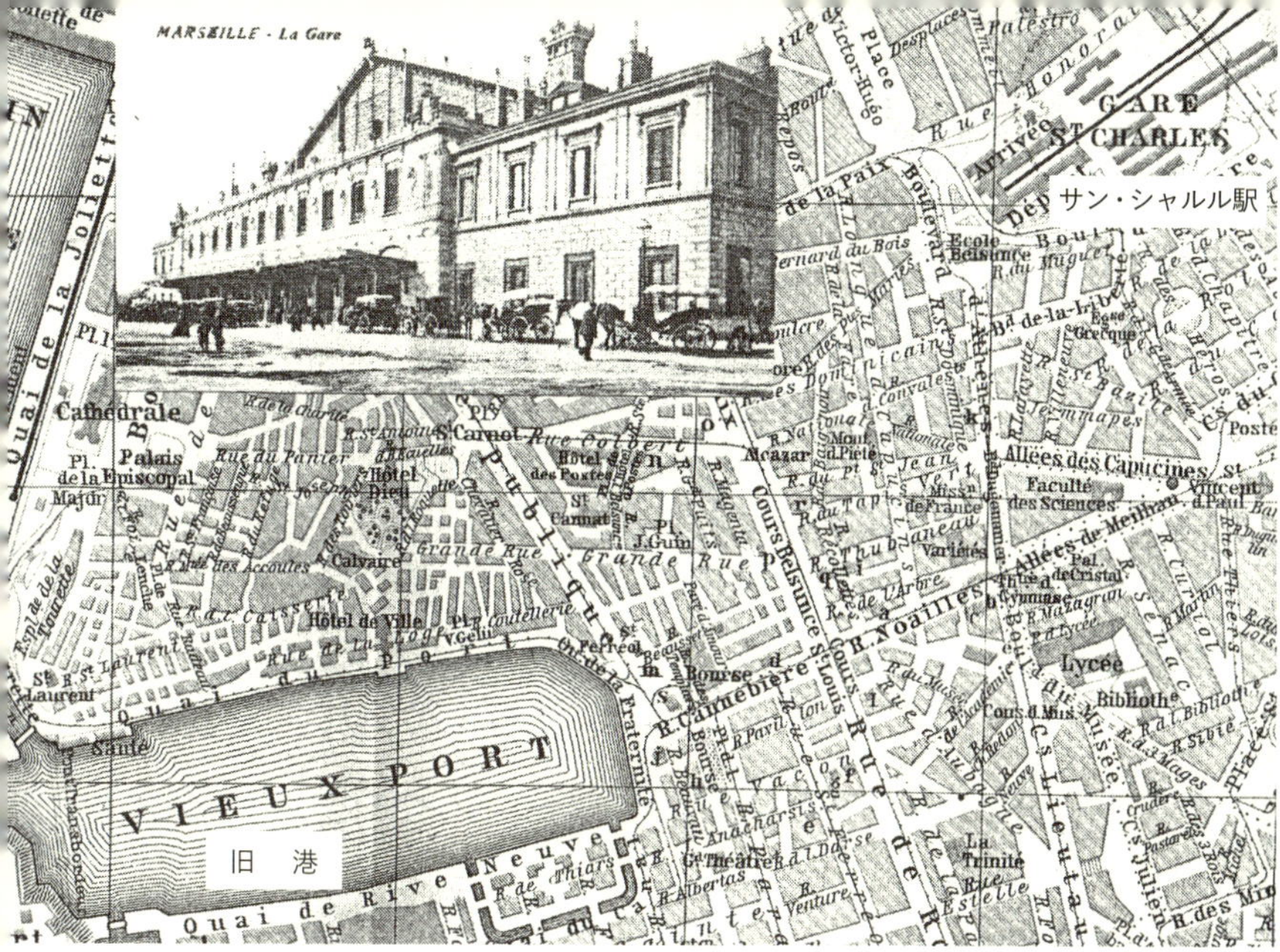

マルセーユの地図とサン・シャルル駅
（マルセーユの駅舎の写真は絵葉書から，地図は Baedeker の *Southern France*, 1907 より）

のか。旅の疲れをいやすためにホテルに宿をとり、市内見物でもしたのか。その間の事情については皆目わからない。おそらく入国審査と荷物のチェックをおえてから、車でサン・シャルル駅 Gare St. Charles（旅行者にとってマルセーユで唯一の重要な駅）にむかい、そこでまずジュネーブ（スイス南西部の州都）までの切符をもとめ、出発時間まで駅周辺で時を費したものであろう。かれのスイスまでの道程はわからぬが、おそらくマルセーユ――ヴァランス――リヨン（フランス中東部）を経て、ジュネーブへむかったものと考えられる。

　ジュネーブで一泊し、その間に市街見物したという（「読書遍歴」）。ジュネーブから再び汽車にのり、ハイデルベルク（ドイツ南西部――フランクフルトの南八七キロ）へむかうのだが、いかなるルートをとったものか明らかでない。おそらくジュネーブ――ローザンヌ（スイス南西部――レマン湖の北岸）――バーゼル（スイス北部――ドイツ、フランスの国境ちかく）――シュトラスブルク――

ハイデルベルクの駅舎（当時の絵葉書より）

ロスタット——ブルッフザルをへてハイデルベルクに着いたものか。かれはドイツ入りをした日の汽車の中で、ヴァルター・ラーテナウ（一八六七〜一九二二、ドイツの政治家、著述家、ヴィルト内閣の外相）が、極右派ににくまれ、テロによって暗殺されたことを知った（一九二二・六・二四）。

三木がハイデルベルクにやって来るというニュースは、この学部にいる一部の日本人に知られていた。大内兵衛（一八八八〜一九八〇、大正・昭和期の経済学者）がそのことを知ったのは、折から留学中の石原謙《いしはらけん》（一八八二〜一九七六、明治から昭和期のキリスト教史学者。のち東北大教授）からであった。石原は、三木という人は大変な秀才であり、将来京大の教授になる人だという話をした（大内兵衛「ハイデルベルクにおける出会い」『三木清全集　第1巻』月報所収、昭和41・10）。

三木がこの町で暮らすとなると、下宿先をきめねばならないが、かれが最初どこに身をおちつけたのか、その場所は不明である。しばらくペンズィオーン（簡易ホテル）でくらしたものと考えられる。またその世話をだれがしたのかもはっきりしないが、おそらく石原謙をわずらわせたものであろう。

三木は大正十一年の六月すえにハイデルベルクに着き、約二ヵ月後にシュトゥットガルト（バーデン・

ヴュルテンベルク州の州都）へ一泊旅行に出かけ、美術館などを見学したことを谷川徹三に、絵はがきをもって報告している。「私はその中《うち》に下宿を変《かわ》ります」といい、宛名は――Bei Prof. Lemme. Heidelberg, Bergstr. 24. としている。この住所はかれがハイデルベルクで身をよせたところであろう。家主の Ludwig Lemme（一八四七～一九二七）は、新教の神学教授であった。のち三木は石原謙が十月にハイデルベルクを去ってから、その下宿に移った。

ともあれ三木はハイデルベルクで、あい前後してつぎのような同胞と知りあいになる（「読書遍歴」）。

大内兵衛《ひょうえ》（一八八八～一九八〇、経済学者）
九鬼周造《くきしゅうぞう》（一八八八～一九四一、大正・昭和期の哲学者）
北《きた》 昤吉《れいきち》（一八八五～一九六一、哲学者・政治家）
大峡《おおはざま》 秀栄《しゅうえい》（一八八三～一九五一、禅僧）
糸井靖之（一八九三～一九二四、東京帝大法科助教授。ハイデルベルクの大学病院で急逝）
鈴木宗忠《むねただ》（一八八一～一九六三、哲学者・宗教学者）
石原 謙（一八八二～一九七六、明治から昭和期のキリスト教史学者）
黒正《こくしょ》 巌《いわお》（一八九五～一九四九、歴史学者）
久留間《くるま》鮫造《さめぞう》（一八九三～一九八三、経済学者）
藤田敬三《けいぞう》（一八九四～一九八五、経済学者）
小尾範治《おびはんじ》（一八八五～一九六四、大正・昭和期の哲学者、のち文部省の課長）
森 五郎（一九〇一～八三、のちの羽仁《はに》五郎、昭和期の歴史家）

阿部次郎（一八八三～一九五九、大正・昭和期の哲学者）
成瀬無極《むきょく》（一八八四～一九五八、大正・昭和期のドイツ文学者）
天野貞祐《ていゆう》（一八八四～一九八〇、大正・昭和期の哲学者・教育者）

三木が修学先にえらんだハイデルベルクとは、いかなる所であったのか。ここはフランクフルト（ヘッセン州）の南八十七キロ――ドイツ南西部――バーデンウェルテン州の古都である。一三八六年創立のドイツ最古の大学があることでその名が知られていた。当時の人口は五万、こんにちは十二、三万ほどか。

ハイデルベルクは、ゆるやかな山にかこまれた、いわゆる〝山あいの町〟である。いちばん高い山といっても、せいぜい、四、五百メートルくらいである。全体のながめは、スコットランドの高地地方《ハイランド》と似ている。中央を流れているのは、ネッカー川。そこに十八世紀に架けられた〝古い橋〟と〝新しい橋〟（十九世紀）が、川の両岸をむすんでいる。旧市街地には〝城〟（十三世紀、シュロスベルクの丘――海抜約六〇メートル――にルートヴィヒ一世によって造られ、十七世紀末にフランス軍によって破壊されたもの。廃墟）や大学の校舎や図書館、大学附属の研究所があるほか、教会や古風な家がたちならんでいる。

川しもにある新市街は、カイスベルクの西の斜面につくられたものである。風情《ふぜい》のない都会の喧騒を逃れて当地にやって来た者の眼には、ここは風光明媚なところに映るらしい。が、その景色はとくに美しいとはおもえない。しかし、川むかいのハイリーゲンの斜面――〝哲学者の道〟――から、古城やそのふもとの旧市街――古い橋とネッカー川など――を俯瞰したときの景観は、格別すばらしいものである。

ハイデルベルクは、ベルリンとは違った意味で、日本の留学生に人気があり、かれらは聖地もうでのように、つぎからつぎへとこの町にやってきた。そのころハイデルベルクだけに限らず、いったいにどこの大学町でも日本人がかなりいたようだ。ドイツに数多くの日本人がやって来たのは、第一次世界大戦後の一九二〇年代に入ってからのことらしい。京大の滝川事件でいちやく有名になった滝川幸辰《ゆきとき》（一八九一〜一九六二、昭和期の法学者、のち京大総長）は、一九二二年の夏八月——友人の田村徳治とこの町をおとずれ、三日ほど滞在し、その間に町を見物した。

そのときリッカートの顔だけでも見ようと、哲学だか哲学史の講義室をのぞいてみた（聴講料をとる夕方からはじまる公開講座か）。すると前列の二列ほどが、黒い頭の日本人で占められていることを知って驚いたようだ（「ハイデルベルクの思出《おもいで》」『随想と回想』所収、立命館出版部、昭和12・12）。このエピソードは、滝川によると、当時いかに日本人が多かったかの証拠だという。

店員に週給を支払うために積みあげた札の山

当時、日本人をドイツに引きつけたのは、通貨マルクの下落と大いに関係があった。三木によると、例のラーテナウ外相が暗殺されて数日後には、為替相場がみるみる暴落した。英貨一ポンドが、千マルク以上になった。やがてそれが一万マルク——百万マルク——千万マルク——一兆マルクにまでなった。日本からやって来た貧乏書生の自分などは、銀行で五ポンド（英貨）を換えると、ポケットに入り切らないほどの紙幣をくれるので、急きょ〝書類かばん《マッペ》〟

を持ってゆかねばならぬほどだったという（「読書遍歴」）。

第一次世界大戦で敗北したドイツは、ヴァイマル憲法のもと新たに共和制をしいたが、戦時賠償金がおもくのしかかり、国内的には失業難、食糧難、住宅難などにより、暴動やストライキがたえなかった。この国は経済的、社会的に疲弊していた。折からインフレは進行中であったが、外相ラーテナウがロシアと友好条約をむすんだために、ドイツの国粋党員によってベルリン近郊で射殺された。この暗殺事件や国内の政治的不安、国際会議の不調など、複合的要因が引き金となって、マルクが暴落をつづけ、それにともなって物価もどんどん上っていった。

インフレの直撃をいちばんうけたのは、恩給や金利によってくらしているレントナー Rentner と呼ばれる人たちであった。かれらは日々のパンにもこと欠くようになっていた。一方、為替相場の恩恵をうけるアメリカ人や日本人は、ドイツに押しかけるようになり、ぜいたく三昧にひたった。ここでいう日本人とは、役人（視察員）——会社員（駐在員、出張者）——教授連（観光、視察、留学でやってきた者）たちのことである。

これらの日本人は、ドイツにおいてインフレーション極楽を経験した。ひとはふだん持ちなれぬ大金を手にすると、考えることといえば、美食をしたり、芝居をみたり、高価な買物をすることであろう。あとは酒をのみ、美妓とたわむれるだけである。

いったい三木は、岩波からどのくらいの仕送りがあったのか不明だが、おそらくぜいたくできるほどの額ではなかったであろう。が、当時の官費留学生がもらった月額三六〇円ほどはあったものか。大正十一年（一九二二）八月中旬から翌十二年（一九二三）八月中旬までハイデルベルクでくらした阿部次郎の場合、ある程度経済事情が判明している。

古城の上手にあるシュヴァルツ夫人方（ヴォルフスブルンネンヴェク十二番地）では——

一ヵ月の経費　部屋代＋《プラス》食費　約六〇〇〇マルク（日本円で二十一円に相当）。

（注）阿部次郎「七　亡きあと　3」『阿部次郎全集　第七巻』所収、角川書店、昭和36・8。阿部の下宿先の家族は、シュヴァルツ夫婦とハンブルクの弁護士に嫁した娘が一人。長男・航空士官（22）は戦死した。りっぱな家庭だったという。

このころハイデルベルクの町で、二十銭もだすと、ちょっとしたものが食べられたという。一円か二円もだすと、すばらしいごちそうにありつけたと、大内兵衛は語っている（『私の履歴書』河出書房、昭和30・4）。

人気教授ハインリヒ・リッカート（一八六三～一九三六）が、一九二二年（大正11）ごろもらっていた月給は、日本円にして三十円ほどであった、と阿部は人から聞いた話として伝えている（「遊欧雑記　獨逸の巻」『阿部次郎全集　第七巻』所収、角川書店、昭和36・8）。この額は、けっして潤沢なものではなかった。阿部によると、一ポンド三万マルクとして計算すると、月に九万マルク、年に約百万マルクになるという。老教授リッカートの給料ですらこのくらいであったから、若い教授や助教授のなかには十円以下の者も少なくなかったはずだという。

こういった若いドクトル連中は、みな生活に困窮していたから、たのめば日本人のためによろこんで個人教授（哲学書の解説）をやってくれた。

リッカートについては、日本人とのかかわりで、あるおもしろいエピソードがある。

ある日のこと、かれは門人のヘルマン・グロックナー（リッカート教授の下宿人）に、耳よりな話があるといってかれを驚かせた。――きょう一人の日本人のために個人講義Privatissime《プリヴァティシメ》をやることにしたという。おとぎの国の金持のサムライである。名はクキ（九人の鬼《ノイントイフェル》）男爵という。カントの『純粋理性批判』をいっしょに読んでくれという。

〝クキ〟とは他でもない、後年京大教授になる九鬼周造のことである。かれは美人の妻をともなってハイデルベルクに来ていた。かれはリッカートの私宅でおこなわれる講義にたいして高価なイギリスのポンド紙幣をたくさんあたえたから、リッカート一家は、インフレ時代を経済的にらくに乗りきることができた。

グロックナーによると、九鬼がリッカートにした大いなる貢献とは、

一　個人教授による経済的利益。
二　胸像*をつくってもらったこと。
三　カントの『純粋理性批判』を再読することによって、新しい意義を発見したこと。

などであった。リッカートは、九鬼からもらう〝エングリッシャー・フウントシャイネ〟（イギリス紙幣）の恩沢《おんたく》（めぐみ）をうけたばかりか、かれに胸像をつくってもらい、またカントの原典を再読する機会をあたえられ、〝新しい発見〟をしたのである。

＊フライブルク在住の息子の彫刻家アルノルトが製作した二体。うち一体は九鬼が日本へもち帰った。

（注）生松敬三『ハイデルベルク　ある大学都市の精神史』ＴＢＳブリタニカ、昭和55・6。加藤将之『随筆ハ

イデルベルクの神話　新カント派時代万華鏡』短歌新聞社、昭和47・12。Erinnerngen von Hermann Glockner: *Heiderberger Bilderbuch*, H. Bouvier u. Co. Verlag, Bonn, 1969 などを参照。

三木がハイデルベルクに入ったのは、例のラーテナウ外相が右翼の凶弾にたおれる直後——大正十一年六月二十四、五日ごろであった。かれを歓迎する意図のもとに、

大内兵衛　（森戸事件で東大をやめさせられてから、大原社会問題研究所に入り、やがてそこから派遣され、ハイデルベルクに二年留学した）

糸井請之　（大正十年（一九二一）文部省の在外研究員としてフランス留学をへてハイデルベルクにやって来た。が、大正十三年（一九二四）当地で病死。商品学、統計学、デュルケム派社会学の専門家）

森　五郎　（歴史哲学と近代史の学徒）

ら三人は、六月末の月が出た夕刻のこと、三木とビールをのみながら夕食をとったという（場所は駅前にある「ホテル・ツゥム・ポスト」の食堂）。

このとき三木は、京大の秀才として人から一目おかれ、いずれ西田幾多郎の後継者となることを自他ともに許しているといった態度であり、うれしそうな様子だった（森五郎「わが師　わが兄三木清」——京大における講演）。

夕食をおえた四人は、ネッカー河畔に出ると、ボートをこぎだした。みなそれぞれボートこぎの腕前

をみせ、やがて舟が中流に出たころ、あることが起こった。それはこのたび日本からやってきた三木という者をいろいろテストし、議論をふっかけようという陰謀だった。それをしかけた張本人は、糸井だった。

京都哲学とか西田哲学といったものは、本物かどうか。未来のドイツの文化は、幾百幾千行もあるゲーテの詩からではなく、ドイツの労働者のハンマー（かなづち）から建設されるのである。大内と糸井は、三木がリッカートのもとで研究しようとしていた文化哲学を批判しようとした。

まず大内が口火をきった。

――君、ゲーテという人は偉いのかね。

三木は突然、この問いを聞くと、ちょっとびっくりしたような顔つきになり、大内の顔をまじまじと眺めた。ついで大内は第二の問いをはなった。

――ゲーテのどういうところが偉いのかね。

それに対して三木は、いわゆるドイツ理想主義的な伝統について、しっかりとした口調で話しはじめ、なぜゲーテはえらいのかを蘊ちくを傾けて語った。が、わきでやりとりを聞いていた森ははらはらしたようだ。

審問者の大内はまたこんな質問をした。

――君は歴史哲学というものをやるそうだが、いったいそれはどんな学問かね。

それに対して三木は、歴史についての哲学だと答えた。が、大内は
――それだけではわからない。われわれの生活そのものが歴史ではないのか。

それ以前に、哲学のうちにも何か歴史の哲学というものがあるのかネ、とたたみかけた。三木は矢つ

ぎばやの大内の問いに圧倒された（大内兵衛「ハイデルベルクにおける出会い」『三木清全集　第1巻』月報所収、昭和41・10）。

森は三木が質問に対してどんなふうに答えるかに興味があった。三木はいどまれたその後の議論（唯物史観）に対しては、ことば少なに答え、聞く側になり、さいごまで自分の立場を弁明しようとしなかった。そして幾分さみしそうに去っていった。森からすれば、京大の秀才、西田の後継者なら、それくらいな一撃でまいるはずはないから、もうすこし反発のしようもあるはずである、と思うと、じれったかった。これがネッカー川の上での三木の学力テストであった。

大正十一年の夏から翌年の秋まで、三木は森とほとんど毎日のように会った。三木がハイデルベルクをまっ先に留学地として選んだ理由は、西南ドイツ学派の書物をわりと多く読んでいたからであった。かれは当地において聴講生 Hospitant《ホスピタント》 として著名な学者の講義に顔をだした。が、なぜかいずれも二、三回出席しただけでやめている。

三木がハイデルベルク大学の入学手続き Anmeldung zur Immatrikulation an der Universität Heidelberg をとったのは、一九二二年十月十六日のことであった。おそらく十一月から始まる冬学期にあわせて登録したものであろう。しかし、かれが用紙にみずから書き入れた記述をみると、間違いが多い。

一　洗礼名および名字……………Miki Kiyoshi
二　生年月日……………………5. Jan. 1898《ママ》
三　出生地……………………Kioto《ママ》, Japan
五　国籍………………………Japaner

六　父母または後見人の洗礼名
および名字、職業、出生地………Miki Seisuke. ein Kaufman in Kiot《ママ》, Nanzenji Katanobomachi 1.
七　信仰告白………………Buddhist
八　研究名………………………Philosophie
九　学歴……………………Kiot（数文字あるが判読できない）zu Univ
十二　学生の住所……………bei Prof. Lemme. Bergstr. 24 Heidelberg
この申告が正しいことを証明する。……Die Richtigkeit dieser Angaben bestätigt Heidelberg den 16 ten Okt. 1922.
Unterschrift des Studierenden: K. Miki

（注）Takara Baumbach und Thomas Lapré : Der Philosoph Miki Kiyoshi (1897–1945), *Japanische Studenter in Heidelberg*, 2013 を参照。

三木の生年月日は、明治三十年（一八九七）一月五日である。かれは一八九八年としている。これは誤りである。出生地は兵庫県なのに、「日本の京都」としている。これも誤りである。かれの父の名は栄吉《えいきち》（のちに清助《せいすけ》に改めた）といったが、その出生地は「京都　南禅寺カタノボ町一番地」となっている。これらの誤った記載は、理解にくるしむが、わるくいえばみずからの経歴を詐称し（いつわり）、虚偽の申請をしたことになる。

三木はいつごろから大学の授業やゼミナールに出るようになったのか明らかでないが、一九二二年（大正11）の冬学期からであろう。かれが受講した講義は、つぎのようなものか。

講義　ハインリヒ・リッカート（一八六三～一九三六）……教場はヘーゲル、クーノー・フィッセル、ヴィンデルバントらが講義したうす暗い教室。講義題目は不明。おそらく一九二二年の夏学期～一九二三年の冬学期は、認識論とゲーテについての講義があったらしい（羽仁五郎「三木清がドイツ文で書いた論文四篇について」）。ほかに「カントよりニーチェまで」（現代の問題への歴史的導入）か。一週に四時間講義した。

（小尾範治「ハイデルベルヒより」『思想』第17号所収、大正12・2）

ハインリヒ・リッカート
（松永材『リッケルトの価値哲学』より）

ハイデルベルク大学の校舎

このリッカートという先生は、ちょっと変わった持病があり、自宅（シェッフェル街四番地）を離れると〝不安〟を感じた。それは一種の神経性の病気であり、学生たちはそれを**Platzangst**《プラッツアングスト》（息苦しさ、臨場苦悶、広場恐怖症の意）と呼んでいた。そのため大学へ行くときは、馬車か自動車を用い、いつも夫人とアウグスト・ファオストが書生のように付きそった。教授会はきわめてまれに出席するだけ、社交会はまったく出ず、ごくたまに弟子のヘリゲルと〝哲学者の道〟を散歩するくらいであった（北昤吉『哲学行脚』、五四頁）。

三木によると、リッカートの著書はすべて読んでいたので、その講義から「あまり新しいものは得られなかった」が、この老教授の風貌に接することができ、あたかも哲学の伝統に接したように思われ楽しかったという（「読書遍歴」）。しかし、聴講を途中からやめたようだ。

なお、当時のハイデルベルク大学では、以下の著名な学者たちも教鞭をとっていた。

カール・ヤスパース（一八八三～一九六九、ハイデルベルク大教授。実存哲学者）……ニーチェやキルケゴールについて講義していた。

エルンスト・ホフマン（一八八〇～一九五二、プラトン研究家）……ホフマンはギリシャ哲学について講義していた（前掲、羽仁五郎）。三木はインフレに苦しむ同人を救済するため、論文「アリストテレスの教説に於ける神と存在」を執筆させ、それを和訳し、『思想』（大正13）に発表し、その原稿料を本人にあたえた。後年ホフマンはハイデルベルク、ルプレヒト・カー大教授を歴任した。

フリードリヒ・グンドルフ（一八八〇～一九三一、ドイツの文学者・詩人。ハイデルベルク大文学部講師、のち教授）……『シェイクスピアとドイツ精神』（一九一一）、『ゲーテ』（一九一六）その他の著作がある。講義名は不明。ドイツ文学に関したものか。

しかし、三木はヤスパース、ホフマン、グンドルフの講義も、数回出席しただけでやめている。なぜか。理由はなんとでもつけられるが、主な原因は語学力（聴解力）にあったと思われる。つまり、講義についていけなかったのではないか。明治以降——昭和五、六十年代ごろまで、日本人はほとんど外国人から直接教授法で外国語をならうことなく（いまと違って外国人が少なかった）、おもに日本人教師から漢文を習うように語学をおそわった。英語を例にとると、学力がじゅうぶんでない日本人教師から、日本語で訳読・文法・英作文をならい、会話に至っては空白のままであった。それは外国語の授業なのか、国語の授業なのか区別がつかないものであった。ただし、キリスト系の学校は別であり、外国人教師から口頭教授法で授業をうけたようだ。

日本人は、およそ実用的語学からほど遠い、いびつな英語をならった結果、大半は聴き取ることも、文章を正しく読むことも、書くことも話すことも満足にできない国民となっている。中途半端な学力しか身につかず、いびつなままに終わった。

旧制高校（修学三ヵ年）は、ふつうの私大の予科（修学二ヵ年）よりも語学時間が多く、週に十二時間

カール・ヤスパース

フリードリヒ・グンドルフ

あって、語学学校のようであったという。が、そこでドイツ語やフランス語を数年間専修しても、とても修得できるものではなかった。学校秀才たちも形なし、語学的には不完全であった。

三木のドイツ語の学力は、相当なものであったと想像されるが、ドイツでかれと親しく交わり、リッカートの演習にいっしょに出席した森五郎によると、かれのドイツ語はあまり上手とはいえず、そのふつうのドイツ語をきくと、人からばかにされるほどのものであった。三木のドイツ語の発音はきれいとはいえず、たとえば zeitigen《ツァイティゲン》（熟させる、成果などをもたらすの意）を〝ツァイチィーゲン〟と発音し、人を笑わすほどユーモラスなものであった（「わが師　わが兄三木清」）。

日本人は語学へたに加えて、恥じらい、引っ込み思案の性格から、進んで人前で自分の意見をのべたり、研究発表をすることなく、ただ座して、だまりこくっている場合が多いが、三木はリッカートのゼミナールにおいておくすることなく、例の変なドイツ語で三回もレポートを読んだ。じつにみあげた度胸である。

肩書きがものをいう日本社会では、官学の先生は高等官であり、いばっておれるが、いったん外国に出ると、大学教授でありますといっても、人から何とも思われず、へたな発音で変なことばを聞かされた者からバカにされるだけである。まして白人社会では、東洋人なぞあなどられ軽んじられるきらいがあったから、しぜん語学のできぬ日本人は寡黙にならざるをえない。

吉野作造（一八七八〜一九三三、明治から昭和期の政治学者。欧米留学後、東大教授）は、明治四十三年（一九一〇）から三ヵ年、政治学・政治史研究のためドイツ・イギリス・アメリカに留学した。ドイツではまっ先にハイデルベルクをおとずれ、大学の講義を聴講したが、著名な学者の講義も「頗《すこぶ》るツマラヌものである」ことを知り、ばかばかしくて聞いておれぬ、と酷評した（『新人』一九一一・三）。が、かれのドイツ語の力、その聴解力もおそらく、実際のところ大したことはなかったのではないか。その手記を読むかぎりでは自分のドイツ語の力をたなにあげ、負け犬の遠ぼえのように講義者を罵倒しているようにもみえる。

守屋貫教（一八八〇〜一九四二、明治三十九年［一九〇六］東京帝大文科大卒、のち立正大学学長）は、大正十年代にドイツに二ヵ年半ほど留学し、ベルリン大、マールブルク大で受講した。ベルリンでは一ヵ年滞在し、大学に入る予備段階としてベアリッツの語学学校に通ったり、若い大学生をやとって哲学書を読んでもらったりした（「伯林《ベルリン》の一年」『法華《ほっけ》』大正13・6）。

ベルリン大学の入学式は五月におこなわれ、その後講義がはじまると、守屋は一週七、八時間聴講した。が、どの講義もよくわからなかった。「自分の知《し》って居《い》る事《こと》のいくらか見当《けんとう》がつく位《くらい》の程度《ていど》」であったという。それでも守屋は、ずいぶん辛ぼうして聞いたという。語学力のせいで、よくわからぬ講義を二時間もつづけて聞くのは、苦痛以外の何物でもなかった。（いっそう下宿に引っこんで、本でも読んだ方がました……）と、何度も思った。しかし、聴かねば、いつまでたってもわからぬ、と腹をくくって大学に通った。聴き取れなかったのは、大学の講義だけでなく、子どもや女中が話すことば、人の談話すらさっぱりわからなかった。

守屋貫教（立正大学第12代学長のころ。『立正大学の120年』より）

阿部次郎の場合は、ハイデルベルクで大学の講義を受けず、この「大学町に隠《かく》れるやうな気持になって引籠《ひきこも》った」のである（「私の外遊中に与へられた問題」日本女子大における文芸研究会歓迎会における講話、大正12・10)。
かれはどうせ受講しても、よくわからないだろう、とおもい、隠者のように家に引きこもり、読書だけに専念したものか。

和辻哲郎（法大教授、京大助教授をへてドイツ留学後、京大・東大教授）は、昭和二年（一九二七）二月中旬、道徳思想史を研究するために、文部省の在外研究員として神戸よりドイツへ旅立った。

船がマルセーユに着いたのは三月二十七日のこと。この港町で一泊したのち、パリへむかい、翌日の夜パリについた。十日ほどパリですごしたのち、四月上旬にベルリンに着くと、ヘルマン方に下宿した。かれにはドイツでどうすごすべきかといった明確な計画も目的もなかったようだ。ドイツの本をたくさん読もうとか、また何かをせねばならぬ、といった義務はなく、気が楽であった。

ただドイツに入国して早々、教師のもとへ通ってドイツ語のけいこを始め、作文などを添削してもらっている。ベルリン大学の夏学期の聴講生Hörer《ヘーラー》となったのは、四月末のこと。それが一ヵ月もたたぬうちにやめてしまった。「今日は講義のある日だが、もう講義は見限《みかぎ》った（見込みがないとおもい、あきらめてやめる意）」という。なぜか。それはやはりことばの壁に原因があったようだ。

かれはドイツ文を読むことにさほど不自由しなかったにせよ、ドイツ語を二時間ちかく（実際講義は定刻より十五分おくれて始まるので、一時間四十五分ほどか）心をひきしめて聴くことはできなかった。本人によると、よくわかる講義は、内容が簡単すぎてつまらなくなり、早口でまくし立てられる講義は、わからないのでバカバカしくなったという。「結局第二週目の中程《なかほど》からずべって（なまけて）了《しま》ってあまり出なくなった」。

和辻はことばが不自由であったために、講義は半分ほどしかわからなかった、といい、集中して聴くことができなかったようだ。ドイツ語をしゃべったり、聞いたりする点では、「こちらは話にならない程低能《ほどていのう》だが」と、運用面の力のないことをすなおに認めたが、ベルリン大の教授らの学問上の理解や仕事が、自分よりはるかにすぐれているとは思えなかったという。これなどは自分の学力の自信のほどを買いかぶったことばであろう。

　かれも吉野作造とおなじように、自分の語学力をたなにあげ、講義者をそしる側に立ち、講義内容も感心できなかったと岩波茂雄に書簡をもって知らせている（昭和2・5・15付、『和辻哲郎全集　第25巻』所収）。

ハイデルベルクの夜景

　実際講義を半分聞いて理解できれば、じゅうぶんそれについてゆけるはずだが、和辻は半分はおろか、ほとんどわからなかったのではなかろうか。そこでかれは自分の聴解力不足や半解を相手のせいにし、自分の語学修練不足を正当化したものであろう。

　和辻は十一月一日、ベルリンを去り、パリへむかうのだが、途中でヴュルツブルクをへて十日にハイデルベルクに着いた。汽車がネッカー川の谷に入ったとき、山の形からふと日本の風景をおもいだし、蘇生した気持ちになった。ハイデルベルクには二晩とまり、有名教授リッカートの講義をきいてみた。が、「老衰《ろうすい》のせいか声《こえ》が低《ひく》くてはっきり聞きとれなかった」という。当時、リッカートは六十四歳。病身ということで、教壇にあがらず、教室のすみの机のわきに座って講義していたという（11・15付、妻・照子宛書簡）。

三木がハイデルベルクにいたころ、ドイツ人は超インフレに苦しみ、黒パンとじゃがいもを食べ、かろうじて飢えをしのいでいた。民衆の話題はいつも物価のこと。物質的窮迫はかれらの顔色や身なりにも現れるようになっていた。同国の窮迫したドイツ人をみたらふびんに思うのが人情であろうが、他をかえりみず、自分本位に生きている者もいた。というのも、一部の日本留学生は、学問より為替相場のほうがおもしろくなり、それに熱中し、大もうけするまでになったようだ。阿部次郎は、銀行で得意気に大金をうけ取っている二、三の日本人の顔をみるのが何となく恥ずかしかった。かれはハイデルベルクに来る前の七月八日、午前十一時ごろ、ベルリンのドレスデン銀行で金をおろした。信用状で三〇ポンドひき出したとき、六万八〇〇〇マルクあまりのドイツ紙幣をくれたが、分量が多くて持ちきれぬほどであった。相場は一ポンドが約二三〇〇マルクということだった。

阿部次郎

阿部はドイツ人に対して何かわるいことをしているような気がし、だんだん銀行へ行くのがいやになった。かれは一ヵ月分の予算に相当する金だけをおろすようになり、みすみす損をした。ハイデルベルクの若いドイツ人フィロゾーフ（哲学者）はみな貧乏であった。だから為替相場のめぐみを受けている裕福な日本人から、これこれしかじかの本を読んでくれといわれると、みな喜んで要望にこたえ、個人教授してくれた。三木や森は、左記のドイツ人を家庭教師として学んだ。

オイゲン・ヘリゲル……三木は他の日本人留学生とともに、ヘルダーリンの『ヒュペリオン』を読んでもらった。

ロベルト・シンチンゲル（一八九八～一九八八、ドイツの哲学者。ハンブルク大卒）……三木はホフマン教授の紹介でプラトンを読んでもらった。大正十二年（一九二三）来日し、旧制大阪高校、東北、京都、東京帝大、学習院で教鞭をとった。

ヘルマン・グロックナー（一八九六～一九七九、リッカート教授の下宿人）……三木は羽仁五郎といっしょに、ヘーゲルの『精神現象学』を読んでもらった。グロックナーは、後年、ブラウンシュヴァイク工科大教授になった。

カール・マンハイム（一八九三～一九四七、ドイツの社会学者）……三木は羽仁五郎といっしょに毎週おとずれ、二、三のドイツ人学生とともにマックス・シェーラー（一八七四～一九二八、ドイツの哲学者、社会学者）の知識社会学の話を聞いた。

三木によると、インフレ下のドイツ人の不幸は、日本人留学生にとって幸福であったという（「読書遍歴」）。

三木はハイデルベルク——マールブルク——パリと修学先を変えてゆくのだが、どこへ行ってもあまり人と交際せず、多くの時間を下宿での読書に使った。人間ぎらい《ミザントロープ》かと思われるが、そうではなく、気があう人間とならよく会ったようだ。たとえば、美青年の森とは毎日のように会っている。両人はゼミナールや読書会の帰り、よく大学前にあるワイスという本屋に入り、本をあさり、求めたりした。三木は惜しげもなく本を買うと、それをどんどん日本に送らせた。三木の弟・繁は、洋書がいっぱいつまった大きな木箱がときどき届くと、それをバールを使って開けねばならなかった（筆者はこの話を繁氏から直かに聞いた）。

このようにドイツ語をよむことにかなり習熟した学者ですら、会話や聴き取ることとなると、おてあげであった。だから早々に受講にみきりをつけたものと考えられる。しかし、かれは演習《ゼミナール》や読書会には熱心に出席している。

演習　ハインリヒ・リッカート……ゼミナールは山のふもとにある自宅でおこなわれ、用書としては、自著『自然科学的認識の限界』およびマックス・ヴェーバー（一八六四～一九二〇、ドイツの政治経済学者・社会学者）の『学問の方法論』などを用いた（羽仁五郎）。

一九二四年（大正13）の夏学期――リッカートと近所に住むホフマンは共同ゼミをひらき、プラトンの『テアイテトス』を用書として用いた。リッカートは体系的に、ホフマンは歴史的、語学的に学生を訓練した。このころ三木はマールブルクに移動しているから、当然このゼミをとっていない。

リッカートがつねづねいっていたのは、哲学徒が大学で目標とせねばならぬのは、〝論理的訓練と歴史的育成〟logische Schulung und historische Bildung の二点であった（天野貞祐「ハイデルベルク学派の人々」『天野貞祐著作集　Ⅳ』所収、昭和24・10）。

演習　エルンスト・ホフマン（一八八〇～一九五二、プラトン研究家）……三木は朝早くから、同人のギリシャ古典演習に出ていた（羽仁五郎）。

講義および演習　オイゲン・ヘリゲル（一八八四〜一九五五、ハイデルベルク大私講師、のち東北帝大教授。西南ドイツ学派の思想を日本に伝えた。一九二九年［昭和4］エルランゲン大教授）……ヘリゲルは一九二三年（大正12）の夏学期、講義のほか、演習として「むずかしい論理学上の問題——ボルツァーノ、ロッツェ、ヴィンデルバント、リッカート、ラスクなどを参照して」Übung: Schwierigere logische Probleme (unter Bezugnahme auf Bolzano, Lotze Windelband, Rickert, Lask) をおこなっていた（土、午前10〜12）。このとき三木は、「論理学における客観主義」Der Objektivismus in der Logik を発表した。

またヘリゲルは、このころカントの『プロレゴメナ』をテキストに用いる演習をおこなった。ヘリゲルは、当時ハイデルベルクにいた日本人留学生の指導者（メントア）のひとりであった。三木はこのゼミでベルンハルト・ボルツァーノ（一七八一〜一八四八、チェコの数学者・哲学者・神学者）について報告し、のち『思想』に発表した。

私的な演習　ヘルマン・グロックナー（リッカート教授宅の下宿人。のちブラウンシュヴァイク工科大教授）……日本人留学生のためにヘーゲルの『精神現象学』Phänomenologie des Geistes を用書とする演習をひらき、大峡《おおはざま》秀栄《しゅうえい》（東大文卒、禅僧、成蹊高校教授）が借りていたボルンハウゼン夫人宅の二階にあつまった。このとき三木も出席した（四五頁の写真を参照）。

（注）羽仁五郎「三木清がドイツ文で書いた論文四篇について」『三木清著作集　第二巻』所収、岩波書店、昭和24・7。

三木がハイデルベルクで知り合った日本人のプロフィールについてまとめてみよう。

かれがこの町で最初に会った日本人は、おそらく石原謙（一八八二～一九七六、明治から昭和期のキリスト教史学者。留学後、東北大教授、東京女子大学長を歴任）であったかと思える。かれは三木のために、下宿その他の世話をしたふしがある。三木を石原に紹介したのは京大の波多野精一であったろう。

東京帝大の文科大学講師として古代・中世哲学史を講じていた石原は、早稲田や東京女子大へも兼任講師として出講していた。が、大正十年（一九二一、三十九歳）、文部省在外研究員として渡欧することになり、五月上旬貨客船「加茂丸」にのり神戸を出帆し、五十日の洋上生活ののち六月末にマルセーユに上陸した。その後、パリにむかい、この市《まち》で十日ばかり見学に時をすごしたのち、七月八日ドイツへむかった。ベルリンでは森戸辰男にむかえられ、この市で二週間ほどすごした。七月末にハイデルベルクに赴き、大内兵衛の出むかえをうけ、下宿その他の世話になった。

山の中腹にある老夫婦のシュヴァルツ家に旅装をとき、この家で夏の三ヵ月をすごし、のちにレンメ教授宅に移った。午前中は読書し、午後はドイツ語のけいこのために教師宅をおとずれた。十月より神学科のヴォッバーミン、ディベリウス、シューベルト教授らの講義や演習に出席し、翌年の十月までハイデルベルクですごした。その後、スイスのバーゼルに転じ、イギリス、アメリカをへて大正十二年（一九二三）十月帰国した。翌年、東北帝大の招聘をうけ、法文学部の教授に就任した。

石原は、二ヵ年半にちかいドイツやスイス（バーゼル）における留学の成果について、「些少《さしょう》の語学を習得し、大学の講義を聴講し、学界の見聞を広くした」が、それは自分の教養にこそ役立っても、日本の学界への土産にはならなかったという。

旅行の範囲は、ドイツ語圏内のドイツ、スイスとイタリアに限られ、あとは帰国時にフランス、イギ

1922年（大正11）大峡秀栄の下宿での読書会
（於ハイデルベルク　『三木清全集』第13巻より）

小尾範治
能代猪三雄
羽仁五郎
三木　清
中央の外国人は、ハイデルベルク大の私講師オイゲン・ヘリゲル
大峡秀栄
花戸龍三
藤田敬三
後藤富夫

リス、アメリカを通過したにすぎなかったが、どこの国も語学力不足のため親しめなかったようだ（「学究生活五十年」）。

滝川幸辰（一八九一～一九六二、昭和期の法学者。京都地裁判事をへて京大教授）は、文部省在外研究員として留学先をドイツに定め、大正十一年（一九二二）四月末にベルリンに着くと、夏学期からベルリン大学で法哲学・法学史・犯罪心理学・教会法などを、冬学期にはフランクフルト大学において、国家哲学・刑法・刑事訴訟法・労働賃金法・一般社会学などを聴講した。が、講義を聴き取ることに困難を覚え、ときに簡単なことばも聴き取れず、不安になったり、いらだたしい気持ちになったようだ。

ベルリン大における夏学期には、講義の「内容《ないよう》の理解《りかい》よりも聴《き》き取《と》ることに骨《ほね》が折《お》れ随分《ずいぶん》もどかしく感《かん》じた」と記している（「フランクフルト大学」『随想と回想』所収、立命館出版部、昭和12・12）。この文章などは、本人の負けおしみを示すものか。内容の理である。

解と聴き取りが転倒している。なぜならちゃんと聴き取れてこそ、講義内容が理解されるものだからである。

三木を最初にいじめ役として審問した大内兵衛（一八八八〜一九八〇）は、森戸事件で東大をやめさせられたのち、大原社会問題研究所から森戸といっしょにドイツに留学させてもらった。第一次世界大戦がおわった直後のことであり、日本がドイツからとりあげた太洋丸の一等船客として渡欧したのである。マルセーユに上陸し、パリで一週間ほどすごしたのち、ドイツに入った。ベルリンでは革命後の荒廃した市民社会を見、約一ヵ月滞在したのちハイデルベルクに移った。

大内はマルキストではなかったが、マルクス主義を勉強する必要を感じていた。マルクが安いときであったから、生活にこまらず、洋服のポケットはいつも紙幣でいっぱいだった。大内はハイデルベルクに二年いた。ドイツ・インフレのおかげで金はいくらでもあるし、景色はいいし、酒はうまいし、毎日酒をのみ、うっとりとした気分でいた（大内兵衛『私の履歴書』河出書房、昭和30・4）。

昼間は週に三、四回、大学の講義をきき、夜は週に一回エミール・レーデラー助教授（一八八二〜一九三九、ドイツの経済学者。のちにナチスに追われアメリカに亡命）の演習に出席した。その他、課外として、久留間鮫造の下宿屋の娘さん（学校の先生）にドイツ語をならい、ゲーテの『ファウスト』やハウプトマンの作品を読んでもらった。ほかにポーランドから来た亡命女教授に、ローザ・ルクセンブルク（一八七〇〜一九一二、ポーランド生まれのドイツの女性社会主義者。ドイツ共産党の創設者）の『資本蓄積論』（一九一三年）などを読んでもらった。

いちばんよく聴いたのは、マックス・ヴェーバーの弟——アルフレート・ヴェーバー教授（一八六八〜一九五八、ドイツの経済地理学者・社会学者。のちナチスに追われる）の講義だったという。大内は対談で講義はよく理解できたのかと聞かれたとき、「だいたい筋はわかったけれども……」といい、七、八〇パーセントはわかったと、自信のほどをのぞかせているが、このことばは実力以上に大きなことをいったものであろう。また「筆記していたけど、うまくできなかった」と答えている。満足にノートを取ることができぬ者が、どうして講義のあらましがわかるのか、ふしぎな気もする。

糸井靖之は、数え年の三十二歳のとき、ハイデルベルクの大学病院で亡くなった（大正13・12・13）。糸井は京都のひとである。宮津中学、一高をへて東京帝大の法科大学商業学科に学んだ。統計学を専攻し、卒業後、助手、助教授となり、文部省在外研究員としてまずフランスに留学し、パリ大のフランソワ・シミアン教授に師事した。かれはオーギュスト・コントやデュルケムの社会学、数学、統計学、物理学的哲学などにくわしく、フランス文化畑の人であった。ドイツ語はじゅうぶん出来なかったから、大内などに助けられた。ハイデルベルクでは、ドイツ哲学、リッカートの文化科学、物理的自然科学の哲学などを大内とともに勉強し、議論した（米沢治文「資料　糸井靖之について」『統計学』第18号所収、経済統計研究会、昭和43・3、大内兵衛『私の履歴書』河出書房、昭和30・4）。

業績としては、論文「世界ゴム価格変動の研究」（助手の任期満了のとき執筆したもの）があるらしい（未見）。ほかに『国家学会雑誌』（大正8）に発表した翻訳が三篇（「仏国労働組合の近況」「優生学と経済学」「生活費変動の測定」）あるほか、大田信吉との共訳、E・W・ケムメラー著『物価決定の法則』（内田老鶴圃、大正10・9）がある。書いたものは少なく、公に発表したものはぜんぶ翻訳ばかりであり、「何としても物足りない感じが残る」（米沢治文）という。翻訳は、人が書いたものを国語に移したものにすぎず、研究した成果でないからであろう。

森五郎は、三木と知りあったころ二十歳の好青年であった。糸井のあとハイデルベルクにやって来て、大内らとの付きあいがはじまった。かれは大内や糸井らから、毎日むずかしい問題を提起され、さんざんいじめられた。森は大正十年（一九二一）に一高を出ると、東大法学部に入り、上杉慎吉や美濃部達吉らの講義をきいたが、やがてそこで法律を学ぶことの意義について疑いをもつようになった。

ドイツでは第一次世界大戦がおわってからインフレがはじまり、マルクがひじょうに安くなってきた。そのころ日本で月四、五十円で生活できる金があれば、ドイツで勉強できると思われた。そこで人にも相談したところ、大方の者は留学計画に賛成してくれた。大正十年九月、森は日本を発ってドイツへむかった。かれがハイデルベルクを目ざしたのは、そこにいるリッカートに就いて歴史哲学を学ぶためであった。

この学問をまなぼうとしたのは、学問上の問題からではなく、自分自身の人生問題——自分が滅びゆく過去の階級（ブルジョア）に生まれ、そこに埋没して死んでゆくことに対する疑問——からだった。大正七年（一九一八）の米騒動がきっかけとなり、各種の社会主義運動が活発になり、労働階級によって新しい社会がつくられつつある状況を知り、そういう階級に対してどんな貢献ができるかを考えるようになったからである。また歴史の過去と未来とのつながりを考えたとき、リッカートからそのような問題が聞かれるかもしれぬとおもってハイデルベルクにやってきたのだった。

大内、糸井、森、三木らは、毎日出る歴史哲学の小冊子《ブロシューレ》（五〇ページくらいのもの）をよむのが忙しく、それを読んで、夕飯のあとネッカー河畔にあつまると、みなで討論をした（「わが師　わが兄三木清」）。

久留間鮫造《くるまさめぞう》は、岡山のひとである。大正七年（一九一八）東京帝大法科大学政治学科を卒業し、翌八年大原社会問題研究所に入ると、マルクス経済学（とくに『資本論』）の研究に従事した。大正九年（一九二〇）十月から十一年（一九二二）八月までドイツ・イギリスに留学し、社会・労働関係の貴重書の収集に努めた。かれがハイデルベルクにやって来たのはいつのことか不明だが、一九二二年（大正11）の晩夏にこの学部を去っている。昭和二十一年（一九四六）法政大学教授に就任。昭和二十四年（一九四九）同研究所が法大に移管されると所長となり、昭和四十一年（一九六六）までその任にあった。多くの編著書があるが、代表的なものに『経済学史』河出書房、昭和23・7、『恐慌論研究』新評論社、昭和28・6、『マルクス経済学レキシコン』（全十五巻）大月書店、昭和43～昭和60などがある。

北昤吉《きたれいきち》は、新潟県佐渡のひとである。大正・昭和期の国家社会主義者・北一輝《いっき》（一八八三～一九三七、二・二六事件で刑死）の弟である。明治四十一年（一九〇八）の秋に早大文学部哲学科を卒業後、茨城県立土浦中学校の英語教師となり、このときのちにハイデルベルクに渡る大峡秀栄と知りあいになった。大正三年から七年まで（一九一四～一九一八）早大講師を務め、その後大東文化学院教授となった。大正七年（一九一八）九月のはじめ、三土忠造《みつちちゅうぞう》（一八七一～一九四八、明治から昭和期の政治家。『東京日々新聞』の記者をへて衆院議員、のち文相、蔵相）の支援により外遊の途にあがり、横浜より諏訪丸にのってアメリカへむかい、それよりヨーロッパに渡り、各国を巡遊して、ハンブルクより船客となり、同十一年（一九二二）十二月末、神戸に帰った。この間、外国で四年四ヵ月すごした。

北は大正十年（一九二一）の春、ベルリンを辞し、ハイデルベルクをめざした。当時、マルクはどん

ハイデルベルクの北昤吉
（北昤吉『哲学行脚』より）

どん下落し、月百円もあれば裕福な生活ができた。はじめこの学部で四ヵ月ほどくらすつもりであったが、計画を変更し、翌年の秋のおわりまで滞在した。ハイデルベルクの下宿は、新聞広告でみつけた。そこは四人のかなり大きな子女をもつ未亡人宅であった。亡夫はマンハイムの有名な会社の副技師長であったが、三、四ヵ月前に亡くなった。

北の下宿の向い側の家に、二十一年の冬から、親友の禅僧・大峡秀栄が住んでいた。そこも三人の子供をかかえた家であり、夫からの月々の仕送りだけでは一家を支えてゆくことができなかった。大峡は家族の生活のすべてのめんどうをみ、自分と同じ食事を子供たちにも分けあたえた。夫人は大峡のことを、「天から送られて来た人」（苦しむ人の真の友）とたたえた。

そのころ比較的くらしむきがよかったのは、つぎのような人びとだったという。

資本家……専業の経営者は、マルク相場がひくいため、従業員の賃金をひくく抑えられた。輸出がふえ、
　　利益をえた。外貨で取引する者は、それをマルクにかえ、有利に利用できた。

小商人……マルクが下落すると、自由に物価をつりあげることができた。

農夫………とくにバイエルン方面の農夫は、マルクが下落すると、農作物を高く売った。

労働者……輸出の伸びにともない生産性があがると、失業する心配がへった。マルクが下落すると、労賃

の値あげを要求したから、生活は大きく悲惨にはならなかった。

当時、ドイツで最もみじめであったのは、戦争未亡人であったという。ついで教師、官吏、牧師、会社員など、いわゆる月給とりであった。生活苦から、ベルリンなどでは春をひさぐ女性が急増し、街に大勢すがたをみせるようになった。

北はベルリンよりハイデルベルクに移る前に、ハイデルベルク大学の事務局に入学できるかどうか問い合わせの手紙を出している（一九二一・三・九付）。また手書きのきれいな筆記体の履歴書を書き送っている。すなわち、つぎに引く文章がそれである。

内容は、佐渡島《さどがしま》に生まれ、小学校を出たのち、中学（ドイツのギムナジウムに相当する）を卒業し、早稲田大学で文学や哲学を学んだという。大学卒業後、茨城や東京の中学校の教員となり、その後母校の早稲田に招かれ五ヵ年哲学を教えたという。その後ハーバード大で一年学び、いまベルリン大で勉強しているといい、以下それまでに発表した業績にふれ、署名している（五二頁参照）。

北は大学の講義がはじまる前に講堂《アオラ》にあつまった学生のすがたをみたとき、一驚を喫した。戦場から帰った者が多く、中には片目の者、手足に負傷の痕がある者、顔に弾傷や刀傷の痕跡をもつ者もいた。みな粗末な衣服を身につけ、粗食をとり、蒼白い顔をしていた。それにくらべ北は、為替のおかげでよい身なりをしていたから、恥ずかしい思いをした。

あるとき北は、両替のために銀行へいき、邦貨百円ほどをマルクにかえた。そのときマルクの札たばを受けとったが、財布はもとよりポケットにも入れきれぬほどの量であり、カバンの中に入れて持ち帰った。かれはそのときドイツ人らのうらやましげな視線が気になった。成金の誇りよりも、悪いことをして不正の利益を得ているようで、良心がとがめたという。
北は、リッカートやグンドルフのつぎのような講義や演習をとった。一九二一年（大正11）の夏学期

Lebenslauf

Ich, Professor Reikichi Kita, bin geboren am 1885 Juli 21 in Sado, Japan. Ich besuchte die allgemeine Schule neun Jahre und dem die Chugakko, etwa dem deutschen Gymnasium endsprechend, fünf Jahre. Ich habe das Abgangesexamen dieser Schule bestanden und dann an der Wasseda《ママ》-Universität zu Tokio Literatur und Philosophie studiert.

Nach Absolvierung der Universität und Ablegung der vorgeschrietenen Examina wurde ich Lehrer an der Chugakko in Iwaragi《ママ》 und dann an der Chugakko in Tokio. 1913 bekam ich einen Ruf an die Universität zu Tokio (Wasseda-Universität) und lehrte dort 5 Jahre lang Philosophie, 1918 bis 1919 studierte ich wiederum an der Harvard-Universität. Seit 1920 studiere ich an der Universität Berlin.

Meine Veröffendlichungen sind,

1. Übersetzung: Prof. T. K. Rogers' Students' History of Philosophy.
2. 〃 : Prof. Höffding's Geschichte der neueren Philosophie.
3. Kritische Darstellung der Philosophie von Bergson.
4. Zwei Bücher über sociale und moralische Probleme.

Berlin, Spessartstr. 13. R. Kita
(Wilmersdorf)

Japanische Studenten in Heiderberg, Verlag Regionalkultur, 2013, p. 50 より

から二十二年（大正12）の冬学期にかけて受講したもの。

一九二一年の夏学期《ゾンマーゼメスター》。

講義　哲学入門　月、火、木、金の夕方五時から六時まで。（注）リッカートの担当か。

演習　論理学　水の午前十一時から午後一時まで。

一九二一年〜一九二二年の冬学期《ヴィンターゼメスター》。

講義　ゲーテの『ファウスト』　月、火、木、金の夕方五時から六時まで。（注）グンドルフの担当か。

ヘーゲルの論理学　水の午前十一時から午後一時まで。

講義　科学、芸術、宗教における感想的な生活哲学（世界観の教え）　月、火、木、金の夕方五時から六時まで。（注）リッカートの担当か。

演習　ドイツの神秘家の著作に関連しての宗教哲学　水の午前十一時から午後一時まで。

（注）Julika Wilbert, Der Philosoph und Politiker Kita Reikichi (1885-1961) を参照し、手をくわ

えた。Japanische Studenten in Heidelberg, Archiv und Museum der Universität Heidelberg, Schriften 19 所収、herausgegeben von Werner Moritz, 2013

えた。

なお北は、リッカートの自宅におけるゼミナールで、二度ばかり研究発表をおこなった（時期は不明）。

演題　ヘーゲルの「概念論」について……北はヘーゲルとヘルマン・コーエン（一八四二〜一九一八、カント哲学を論理主義として把握するといった新しい解釈方法の開拓者）との意外な一致点を指摘した。ヴィンデルバントの事実判断と価値判断の区別は、ヘーゲルから来ていること――クーノー・フィッシャーは、ヘーゲルの判断論の四分法を攻撃しているが、かれはヘーゲルの事実判断と価値判断の違いがわからなかったと、北は主張した。

北のこのような意見は、エルンスト・カッシラー（一八七四〜一九四五、ドイツの哲学者、当時ハンブルク大教授、のちアメリカに亡命。近代哲学と科学における認識問題を研究。知性の構造、象徴形式の哲学を探究し、概念の認識は具体的形式において受容せねばならぬと主張した）の『認識の諸問題』（一九〇六〜二三）のある一節からヒントをえたものであった。

北によると、この発表に要した時間は三ヵ月、それまでにない努力をしたという。内容についてのリッカートの講評は、ヘーゲルの論理中の最もむずかしい個所だから、多くの参考書をあさった労を多とした。が、ドイツ語の発音のまずさを指摘された。

演題　日本の神秘主義について（禅との関わりで）……ドイツ人の観るところ、日本人というのは政治がたくみであり、好戦的であり、実際的な民族である。だから日本人は、神秘主義に染っていないはずであるといった先入見をドイツ人はもっていたので、この演題そのものがかれらの興味をひき、ゼミ生以外の女子学生も傍聴した。

話の中心は、観照的な宗教が、実際の現実生活においてどのような意義をもつのか――禅でいう悟《さとり》（心のまよいが解け、真理を会得すること）と行《ぎょう》（宗教上のきめられた行為）との関係――リッカートからいえば、未解決の観照（対象の本質を客観的かつ冷静にみつめること）と活動との問題であった。

北は草案のドイツ文をヘリゲルに訂正してもらい、また別人から、発表の前夜、発音を直してもらった。東洋人による研究発表のせいか、大目にみてもらえたようで、ドイツの聴衆は床を足でたたいて祝意を表してくれた。が、三木清の眼には、北の発表は、大道芸人《だいどう》の大みえ（大道でみせる大げさな芝居）のように映ったようである（加藤将之『随筆　ハイデルベルクの神話』短歌新聞社、昭和47・12、一五四頁）。

北によると、日本の留学生が「ハイデルベルクに流れ込んだ」のは、一九二三年（大正12）の四月からだという。

石原謙や大峡秀栄、近藤博士（金沢医大）などはすでにこの地に住んでいたが、やがて大内兵衛につづいて、森五郎（東大の学生）や三木清（岩波書店の派遣留学生）、能代某（『日本新聞』経済部長）、山下某（日本大学）、藤田敬三（彦根高商教授）、増田慈良《ますだじりょう》（真言宗僧侶、初期インド仏教の研究家、大正大学）などがやって来た。

北、石原、大峡ら三人は、ヘリゲルにたのんでゲーテやカントの講義をしてもらったが、のちに大峡の下宿に場所を移してやってもらうころには、三木、山下、増田、藤田、森、能代らも参加するように

大正大学教授時代の増田慈良
（『大正大学学報』より）

なった。しかし、北の下宿ではヘリゲルによる別途の研究会がおこなわれ、それには大峡やヴィンクラーのほか、三、四人のドイツ女性が出席したという。

一九二三年（大正12）十月――北はハイデルベルクを去ることになり、その送別会が一流ホテル「ヴィクトリア」（駅にちかいレオポルド街六番地。ベランダと庭園がある――Baedeker, *The Rhine*, 1911）で開かれた。この学都をはなれるとき、大勢のドイツ人や日本人が駅まで見送ってくれた。北の下宿先の夫人とその姪たちは、ハンブルクまで北に同行し、この港町で別れをおしんだ。……

大日本主義、アジア主義をとなえた北は、帰国後『日本新聞』（大正14）、哲学雑誌『学苑』（昭和2）、雑誌『祖国』（昭和3）を創刊、主宰した。この間、帝国音楽学校校長、大正大学教授を務めた。のち多摩美術大学を創設した（昭和10）。その後、衆院議員（昭和11）に当選、戦後は自由民主党議員として活躍した。

北の親友であった大峡秀栄は、山形県のひとである。東大の文科大学を出たのち、土浦中学の英語教師となった。あとから同校に赴任してきた北とおなじ下宿に住み、兄弟とおなじように親んだ。大峡はのちに成蹊高等学校の教授となり、一九二一年（大正10）十二月ハイデルベルクにやってきた。大峡はあとからやって来た北と、十三、四年ぶりで再会した。両人は下宿は別々であったが、夕食はうまい料理を出してくれる北の下宿でとった。信仰は禅宗であった。

いつもポケットにチョコレートを用意し、近所の子供たちにそれをあたえた。あるとき、かれは北に提案した。生活上の快をむさぼらず、その一部を周囲のこまっているドイツ人にわけ与えようではないか、と。その後、苦境にある家族の家計をたすけ、一片の肉も主婦と子供たちと分けあった。

大峡と北は、週に一、二度、ドイツ人と夜会をもよおした。そのとき大学の二、三の私講師、下宿先の二人の主婦、彼女らの女友だちが二、三人あつまった。その集会は、生活苦にあえぐドイツ人には大きな慰安であり、大峡らにとってはドイツ語会話を学ぶよい機会であった。

じゃがいもを買い求め，ベルリンに帰る市民（『太陽』大正 13・1・1 より）

大峡はかれらから見れば異教徒であったが、キリスト教徒のような人性をもち、他人の幸福や利益を行為の目的とする人であったらしい。かれは留学中に『禅――日本における生ける仏教』*Zen der lebendige Buddhismus in Japan* をドイツ語で書いて出版した。帰国後、昭和十一年（一九三九）まで成蹊高校に勤め退職した。その後、日暮里駅ちかくに禅道場「拓木寮《たくぼくりょう》」を創設し、昭和二十一年（一九四六）八月十六日亡くなった。享年六十三。

（注）北昤吉『哲学行脚』新潮社、大正15・5、西山松之助（一九一二～?、東京教育大学名誉教授）の記事「めぐりあい　大峡秀栄先生」『毎日新聞』昭和56・7・29付を参照。

鈴木宗忠《むねただ》（一八八一〜一九六三）は、愛知県のひとである。明治から昭和期の宗教学者、哲学者。明治四十年（一九〇七）東京帝大文科大学哲学科において宗教学（大乗仏教）を専攻した。大正二年（一九一三）郷里の臨済宗妙心寺派東観音寺の住職となった。大正十三年（一九二四）東北帝大教授。のち立正大学（昭和19）、駒沢大学（昭和27）、日本大学（昭和30）の教授を歴任した。宗教関係の多くの著作がある。三木とはじめてどこで会ったのかは不明。

阿部次郎（一八八三〜一九五九）は、山形県のひとである。大正・昭和期の哲学者。一高をへて東大文科大学哲学科に学んだ。『三太郎の日記』（大正3）でその名がひろく知られた。かれは生前、慶大・日本女子大・東北大で教鞭をとったが、東北大に着任する前の大正十年（一九二一）十二月、文部省在学研究員として、美学研究のためドイツへの留学を命ぜられ、帰国後に東北帝大教授に就任した。

すでに一度のべたのでくり返しになるが、大正十一年（一九二二）五月十一日、かれは門司から箱根丸にのって、欧州留学の途にのぼり、六月二十日マルセーユに到着した。

上陸後、この港町で一泊し、その後リヨンをへてパリに出、この市で二週間ほどすごした。その間にオペラをみたり、ルーブル美術館などを見学して時をすごしている。

ある夜、オペラ「サン・セバスチァンの死」（ダヌンツィオ作）を観、芝居がはねて夜十二時ごろ、広場に出たら、肩をたたく者がいた。ふりかえると女であった。女は笑いつつ去っていったが、それは〝夜の女〟のようだった。第一次大戦後のヨーロッパには、そうした女性が多くみられ、のちにベルリンでかれは〝町の女〟につかまった。

阿部は七月上旬にベルリンに着くと、一ヵ月ほどノイエバイロイト街二番地の下宿に滞在し、戦後急転直下びんぼうになったドイツ人とその社会や文化にふれた。が、やがていろいろな理由からベルリンがいやになり、汽車で十二時間ほどの所にあるハイデルベルクに移動する。

ドイツに入国してほどなく、故国からの手紙がきていないかたしかめるために、日本大使館を訪ねようとしたとき、道に迷ってもたもたした。そのとき、むかし横浜にいたというドイツ人が、日本の大使館はこちらだといって案内してくれた。別れぎわに、貧しくて妻子をやしなうことができぬから、いくらかめぐんでくれないか、というので、五マルクあたえた。

阿部が下宿したシュヴァルツ一家の人々（ハイデルベルク）

七月七日、日本大使館のY氏（矢野正雄――東京帝大法科大学を卒業後、陸軍省主計課に入省し、おもに赴任先の情報収集に努めた）宅に招かれ、そこで二、三の一高仲間と会った。十二時ちかくまで昔ばなしは尽きなかった。そのあと、深夜の夜道をあるいて下宿に帰るとき、ギッテンベルクの広場で〝夜の女〟につかまった。女はかれに腕を組みかけてきた。そのとき、相手の女性と、つぎのようなやりとりをした。

女（甘い声で）　あなたは女がこわいんですか？
阿部（大げさに微笑しながら）　ええ、ぼくはひじょうに女がこわいんです。

女　わたしはいい家《うち》を知っています。ホテルではない……。あなた、わたしといっしょにそこへいらっしゃらない？

阿部　いや、いや。

女　あなたは「いや、いや」とおっしゃる。しかし「ええ、ええ」の方が、ずっといいことですよ。

阿部　ええ。

女　わたしといっしょにいらっしゃる？

阿部　いや（行かない）！

するとその女は、あきらめたのか、かれの腕をはなすと去っていった（「遊欧雑記　独逸の巻」）。
また阿部は、ベルリンのノイエバイロイト街二番地の下宿（ジークフリート未亡人宅）にいたとき、Gというブロンドの髪をした美人の女中と親しくなった。阿部がベルリンに来て四日目――七月八日の朝のことである。家主（学士夫人《フラウドクトル》）と小さな娘は、外出していた。阿部がこの家の奥にあるトイレへ行ったとき、台所で働いていたGから呼びとめられた。

G　Wollen《ヴォレン》 Sie《ズィー》 Milch《ミルヒ》 haben《ハーベン》?（ミルクいりませんか）

阿部は、このドイツ語を聞くと、なぜ女中はミルクのことをいうのか、真意がわからなかった。そこでMilch? と問い返すと、それがMilchでなくmich《ミヒ》（私）であることがわかった。つまり彼女は「わたしが欲しいか」と尋ねたのである。

Gは金持になりたい。金持で善良なあなたのような人と結婚したい。日本へもいきたい。しかし、あなたは婚約者がいるんでしょう、といった。阿部は、日本へ行きたければ、連れて行こうかというと、彼女はHa《ハー》, ha《ハー》, ha《ハー》! と高笑いした（「伯林の夏」）。

十三日に阿部は、一週間分の部屋代その他、計一七八〇マルクの支払いに、二〇〇〇マルクをGにわたし、家主につりはいらぬ、といって来いと命じた。このとき彼女は「あなたは侯爵《フュルスト》か」と聞いた。「そうじゃない」と答えると、「それではつりをもって来ます」といった。阿部はつり銭で新しいスリッパ、菓子などをもとめ、その家に贈った。

ベルリンの物価は徐々にあがっていった。Gと阿部との関係は親密の度をふかめていった。かれはベルリンを去るときに、Gに二〇〇〇マルク相当の金をあたえたが、それはせいぜい邦貨にして十円にすぎなかった。妻子もちの阿部がベルリンで抱いた苦悩は、欲望が充たされぬことから来る緊張と性のまひ的な飢餓であり、女に惑溺したときの堕落であった。教養に恵まれているわけではないGとねんごろになったとき、そこから得られるものは少なく、かれはそれでは生きていけなかったであろう。Gがかれに与えられるものは、その美貌と肉体だけであった。かれは女から逃げるような形でベルリンをあとにせねばならなかった。

ハイデルベルクにいた石原謙にしばらく滞在できる下宿を捜してほしい旨の手紙を送ったのは八月上旬のことであった。石原は前年（一九二二）の夏——休養のためしばらく住んだシュヴァルツ夫人の邸宅（古城公園の上手のヴォルフスブルンネン道に位置）がよいと考え、同夫人と会ってたのんだら快諾をえたので、折り返しその家の大体を書いて阿部のもとへ送った。
八月八日の夕方七時半ごろ――阿部は一高のときの旧友・林久男をともなってハイデルベルクにやってきた。石原は両人と予定しておいたグラントテル（ローアバッヒャー街六番地にある一流ホテル）へ行こうとしたら――

矢野正雄（スウェーデンへ転任する前のベルリンの日本大使館書記官）夫妻
吹田順助《すいたじゅんすけ》（一八八三～一九六三、明治から昭和期のドイツ文学者。山形高校教授をへて、後年一ッ橋、中央大学教授）

らといっしょになり、図らずも五人の一高同級生が二十年ぶりで異郷で再会した。そこで一行六名は、駅ちかくの「レストラント・ライヒスポスト」で夕食をとったのち、灯火のくらい街をぶらつき、新しい橋《ノイエブリュッケ》まで来ると、そのほとりからハイリゲン山《ベルク》のすがたを仰ぎながら、心おきなく日本語で語りあった（阿部）。

阿部は八月十日から新居に移った（石原謙「ハイデルベルクの『山腹の家』」）。

かれは講義をうけるのに先立って、履歴書《レーベンスラオフ》を書き、それを大学に提出していた（六三頁参照）。

この略歴は、生年月日にはじまり、小・中学校を出たのち、一高、東大に入学したことを伝えている。一高に入ったのは、大学の哲学科に入るための準備のためという。ついで東京帝大に学び、博士号を得て卒業したのち、慶応大の教授になったといっている。そして一九二二年三月、政府の命によりヨーロッパ留学の途にのぼったと記している。

阿部は不精な人間であった。毎日、下宿では〝どてら〟（綿を入れた防寒用の和服）を着て本を読んでいた。が、十一月二十日ついに山をおりると、大学の会計課にいき、三つの講義の聴講料を払った。それは一九二二〜二三年の冬学期《ヴィンターゼメスター》に出席するための手続きであった。

Lebenslauf.

Ich bin am 27 sten August 1883 zu Yamagata (Japan) geboren worden,

1889-1896 besuchte ich die Elementarschule zu Yamagata,

1896-1901 die Mittelschule (Gymnasium) zu Yamagata,

1901-1904 habe ich in der Ersten Hochschule (humanistischem Ober gymnasium) zu Tokyo die Vorbereitung für die philosophische Fakultät in der Universität bekommen,

1904-1907 habe ich in der Kaiserlichen Universität zu Tokyo Philosophie studert, und am Schlusse der Periode das Reifezeugnis (Doctor《ママ》 philosophie) erhalten,

1920-1922 bin ich Professor an der Keio Universität gewesen,

Im März 1922 bin ich von des Regierung zum Studium nach Europe gesandt worden.

Jiro Abe

（注）ここに在ドイツ日本大使館の㊞がある。

（注）ここに大学側の受領㊞がある。ハイデルベルク大学の文書館・博物館蔵。原文は筆記体。

Japanische Studenten in Heiderberg, Verlag Regionalkultur, 2013, p. 15 より

かれは人から講義についての情報をえていたが、どの講義もあまり気のりがしなかった。服を着がえて出かけるのがおっくうであったからである。しかし、ドイツの大学の講義とはどんなものか、その様子を知りたい気はあった。

かれが登録したのは——

講義　リッカートの「カントからニーチェまで」　教場は二階の奥の小教室か。月、火、木、金の夕方五時から六時まで。

講義　フリードリヒ・グンドルフの「十九世紀ドイツ文学史」　教場は三階の奥の大教室。

講義　カール・ノイマンの「デューラーとその時代」

などであったと考えられる。

夕方の五時きっかりに講義室に電灯がつくと、聴講生はそこへつぎつぎ入っていった。そこはけっして大きな部屋ではなく、東大文科の二十番教室くらいの大きさであった。かってヘーゲルが講義したのもその部屋であった。白い壁はよごれて黒ずんでおり、下半分はグレー色であった。横長の机のうえには、学生がナイフで刻んだ自分の名や落書きがみられた。授業をうける者は、年齢も国籍も雑多であり、寝るときかぶる帽子（ナッハト・ミュッツェ）のようなものをかぶったおじいさんがおれば、けっして美人とはいえぬ女性たち、ユダヤ人の利口そうな学生、二、三の日本留学生もいた。

そこへせかせかと白髪の老人が入ってきて、教壇にあがると、椅子に座った。これこそリッカート教授であった。阿部はリッカートはやせた、落ち着きのある人であろうと想像していたが、実物はそうではなく、皮膚のたるんだ、ぜい肉のついているような、すこしぶかぶかな感じがする老人であった。

リッカートはどのように講義したのか。それは張りや落ち着きのない調子で、草稿を読み上げるものであった。朗読のとき、神経質に手をうごかし、講義に濃淡をつけようとする。が、受講者の緊張はそう長くはもたない。例のナイトキャップをかぶった老人は、居ねむりをはじめている。ユダヤ人の学生は熱心に教壇をみあげている。

ときどきリッカートは、フリードリヒ・パウルゼン（一八四六〜一九〇八、ドイツの哲学者・倫理学者・教育学者。ベルリン大教授）やコーヘンの名を引き、自分とは違った解釈をしていることを指摘する。そのとき〝誤　解《ミスフェアシュテントニス》〟ということばを多用する。講義がおわるころ、このつぎの講義で大事なことをいうと予告する。

一時間の授業を聞いたあとのタバコはうまかったが、これから山をのぼって下宿に帰る阿部の頭のなかは、ざわついており、いらだっていた。帰宅すると、老夫人がリッカートの講義はどうでした、と聞いたので、大したことはありませんと答えた。するとヴィンデルバント党の彼女は、それはうれしい《エス フロイト ミッヒ》といった。そのあと、夫人と弁護士のところへ嫁にいった娘が、口をそろえて、ヴィンデルバントが生きていたら、あなたはきっと毎日かれの講義を聴きに行くことでしょうといった。が、阿部は内心では、行くかどうかわかりゃしないと思った。

阿部はリッカートの講義を一度聴いただけで、その後出席することをやめた。リッカートは講義そのものより、その書物のほうがずっとすぐれていた。講義に出まいと決心したのは、かれの哲学の学問的価値を否定したからではなく、そのときの気分の問題によるものだった。講義に出るより、家にいて本を読んだほうがましだと思った。

その後二週間、阿部は家に閉じこもって暮らした。老夫人はかれが運動もしないで家に閉じこもっていることを心配した。洋服に着がえず、キモノ（どてら）のまゝでよいから庭に出て、ぶらつくようにいった。道を通る者も、キモノすがたの東洋人をみて、カトリックの坊さんが散歩しているぐらいにしか思わないでしょうといった。

十月の末ごろ、三日つづけて雪がふった。晴れた日でも中空に雪がちらつくことがあった。冬の到来である。

十二月四日の午後――阿部は早めに昼食をすませると、山をおりた。午後二時から始まるグンドルフの講義を聴くためである。教場はリッカートの教室の倍くらいの大きさであり、ほとんど満席であった。聴講者の三分の一は女性であった。

やがて卒然とし、長身のヤセぎすの中年男が部屋に入ってきて教壇に上ると、しゃべり始めた。蒼白い顔に、黒いまゆげが付いている点は、いかにもユダヤ人の顔のようでもあった。ことばは明晰であり、はっきりとアクセントがついていた。それがおおげさに感じられるときもあった。この人物からうける印象は、秀才にちがいないといったもので、気取り屋と大人物がいっしょになったような感じであった。

ロマン主義の思想家ヨーゼフ・フォン・ゲレス（一七七六～一八四八、ドイツの作家。「ドイツ民話集」［一八〇八］を発表。政治新聞『ライン・メルクール』の主筆。のちミュンヘン大教授）にふれたが、リッカートと違って草稿をはなれた講義ぶりであり、阿部はかれの講義はおもしろいと思った。著作とは別に、何か心にじかに伝わるものがあるような気がした。阿部は一度きりでなく、また聴きに来ようとおもった。

その後、阿部がグンドルフやノイマンの講義に出席することを続けたかどうかは定かでない。おそらくやめたものであろう。かれは下宿にこもり、どてらを着、炉ばたで好きな本を読んですごしたものであろう。おおみそかの夜《ズィルヴェスター》は、下宿の人びとと燗《かん》をしたブドウ酒をのみながら行く年を送り、十二時に教会の鐘の音——花火の打ちあがる音を聞いて新年を迎えた。年越しの風景は、日本とおなじであった。

……

留学中の成瀬無極

成瀬無極《なるせむきょく》（一八八四〜一九五八）は、東京のひとである。本名を成瀬清《きよし》といった。大正から昭和期にかけてのドイツ文学者、劇作家である。東大を出たのち三高教授となり、大正九年（一九二〇）京大教授に就任した。翌十年秋ドイツに留学し、十二年（一九二三）の冬帰国した。著訳書はドイツ近代文学関係のものが多い。

外遊中の二年間、かれはアメリカ、イギリス、フランス、ドイツと居住地を転々としたが、いちばん長くくらしたのはドイツのベルリンであった。一九二二年から翌二三年にかけて、ベルリン大学の夏と冬の二学期を受講したようである。いつハイデルベルクにやって来たのか定かでないが、一九二三年（大正12）春には当地にやって来たようである。ハイデルベルクでは、一学期を送ったという（『夢作《ゆめをつく》る人《ひと》』内外出版社、大正13・7、「緒言」を参照）。

大学の学籍簿には、一九二三年四月三十日に登記したことが記されている（Fabienne Laun, Martina Springweiler, Der Germanist Naruse Mukyoku (Kiyoshi) 1885-1958, *Japanische Studenten in Heidelberg,* p. 69)。下宿は旧市街のヴレデプラッツ（現フリードリヒ・エバートプラッツ）四番地のフォークト博士夫人方であった。かれがいつどこではじめて三木と会ったものかは明らかでない。

天野貞祐は、神奈川県のひとである。一高をへて京都帝大哲学科に学び、主としてカントを専攻した。大正三年（一九一四）七高に赴任し、八年（一九一九）学習院教授に就任した。一九二三年（大正12）の春から翌二四年（大正13）夏までハイデルベルクですごした。

かれが聴講したのは、——

講義　エルンスト・ホフマン教授（一八八〇～一九五二）　近世哲学史　午前八時～十時まで。

（注）これは一般公開用の講義であったか、元気はつらつとした女子学生らの中に、野菜カゴをもった主婦、哲学小辞典をもった老人のすがたもあったという（「ハイデルベルクの思い出」）。

講義　オイゲン・ヘリゲル私講師

（注）哲学概説（客観主義の一例としてプラトン哲学をあげ、イデア説を講じたもの）

演習　ハインリヒ・リッカート教授　自宅における演習

などであった。

藤田敬三（一八九四～一九八五）は、香川県のひとである。昭和期の経済学者で、専門は工業政策、中小企業経営論。大正十年（一九二一）京都帝大経済学部を卒業後、十三年（一九二四）彦根高商教授となった。このころ文部省在外研究員としてハイデルベルクにやって来たものであろう。その後の経歴は、大阪商大助教授（昭和4）、同大学教授（昭和8）、大阪市大商学部長（昭和24）、大阪経済大学長（昭和35）、のち同大学理事長。

多くの著書、編著がある。

黒正巌《こくしょういわお》（一八九五～一九四七）は、岡山県のひとである。昭和期の農業史家、農村社会史学者。大正九年（一九二〇）京都帝大経済学部を卒業後、大学院に進み、十一年（一九二二）講師となり、十五年（一九二六）教授に就任し、六高校長をかねた。ハイデルベルクにやって来たのは、ドイツ留学中のことか。のち大阪経済大学長になった。多くの著訳書があるが、実証主義的な『百姓一揆の研究』（岩波書店、昭和三年）の著者として、その名が知られている。

小尾範治（一八八五～一九六四）は、山梨県のひとである。明治から昭和期の行政官。東京帝大文科大学哲学科を卒業後、文部省に入り、学務・社会教育畑をあるいた。スピノザの研究家でもある。

かれが文部省の在学研究員として、ベルリンからハイデルベルクにやって来たのは、一九二二年（大正11）の九月上旬のことであった。すでにこの学都の山々は、すっかり黄葉していた。かれはネッカー川の水と山にかこまれたこの静かな町が気に入った。下宿先の住所は不明だが、電車の音さえ聞こえぬ町の片すみというから、旧市街のはずれか。そこにある、老女ひとりの家に寄寓した。ときどき聞こえてくるのは、近くにある教会の大時計の鐘の音であった。

小尾がはじめから知っていた日本人といえば、阿部次郎と三木清ぐらいであった。この二人はすっかり落ち着き、読書にひたっていた。小尾は近々大学の講義がはじまると聞いたので、「きりつめた聴講をしよう」とおもった。かれが聴講したと考えられるのは、ハインリヒ・リッカート教授の――

講義「カントよりニーチェまで」(週四時間)
演習「歴史と生物学の方法論」マックス・ヴェーバーの学説を顧慮したもの。

などであった。ほかに大峡や北の下宿でひらかれたヘリゲルの読書会にも顔をだし、フリードリヒ・ヘルダーリン(一七七〇〜一八四三、ドイツの詩人)の『ヒュペリオン――ギリシャの隠者』(哲学小説)などを読んでもらったようだ。

九鬼周造(一八八八〜一九四一)は、東京のひとである。男爵九鬼隆一の四男。一高、東大をへて、大正十一年(一九二二)から昭和四年(一九二九)まで、フランス、ドイツに留学し、京大文学部講師(昭和4)、京大助教授(昭和8)をへて教授(昭和10)に就任した。かれは実存哲学的な立場から時間論、偶然論を論じた。

九鬼はいつハイデルベルクにやって来たのか。その時期は、一九二二年(大正11)の初夏ごろではなかろうか。かれは妻をともなっていた。夫妻は個人宅に下宿することなく、街の一流ホテルである「グランドホテル」でくらした。阿部次郎は週に一回、山をおりると、九鬼夫婦のところに、入湯に行った。

とりあえず九鬼は、一九二二年から二三年の夏学期から冬学期に、つぎのような講義と演習をとった。

夏学期　講義*　ハインリヒ・リッカート教授　認識論および形而上学の入門。
〃**　芸術哲学。
演習***　直観の概念。
講義　ハインリヒ・リッカート教授　カントよりニーチェまで――現代の問題における歴史的入門。
冬学期　演習　オイゲン・ヘリゲル私講師　カントの先験的哲学における感情移入。

* 月、火――午後五～六時。
** 木、金――午後五～六時。
*** 水――午前十一時～午後一時。

ほかにリッカート教授に、一対一の講義（Privatissimum《プリヴァティスィムム》――〝二人だけ〟の意のラテン語）をたのみ、カントの『純粋理性批判』を読んでもらった。

九鬼の細君は、品のある美人であり、ドイツ人から日本女性がもつ恥らい、優美さを称賛された。彼女はSという名の若いユダヤ人女性からドイツ語を習っていた。

三木がハイデルベルクにいたのは、一九二二年（大正11）の六月末から、一九二三年（大正12）の十一月中旬（?）までの、約一年半である。三木によると、かれのハイデルベルク時代は、京都時代の延長であり、あつめた本も論理学や方法論に関するものが多かった。

当時、この学部の哲学を代表していたのは、リッカート教授であった。三木はこの先生に師事し、さらに歴史哲学の研究をふかめたいと思った。ほかに有名教授のヤスパース、ホフマン、グンドルフらの講義に登録し、二、三度授業に出てみたが、なぜかその後出席しなくなった。心変わりの早さもかれの性格の特徴のひとつであろうか。しかし、少人数のゼミナールや読書会、討論会などへの出席はひじょうに熱心であった。

かれがハイデルベルクにいたとき、いちばん勉強したのは、

マックス・ヴェーバー（一八六四～一九二〇、ドイツの経済学者・社会学者）

エミール・ラスク（一八七五～一九一五、ドイツの哲学者。新カント派から出発し、価値哲学を基礎に論理学の新体系をつくった）

であったという（「読書遍歴」）。オイゲン・ヘリゲルは、ラスクの弟子であり、その著作集を編んだ人である。

三木はリッカートのゼミに出席をつづけ、一九二二年（大正11）の冬学期に「個別的因果性の論理」を報告し、翌二十三年（大正12）の夏学期に「真理の確実性」を、またヘリゲルのゼミでは「論理学における客観主義」を報告した。さらにリッカートの紹介によって、「日本の哲学に対するリッカートの意義」Rikerts Bedeutung für die japanische Philosophie を『フランクフルター・ツァイトゥング』紙（一九二三・五・二七付朝刊）に寄稿した。

三木はリッカートの自宅におけるゼミナールで、左記のような若い博士連中《ドクトーレン》と知りあいになり、その

演習に出たり、個人教授をうけたり、本を読んでもらった。

演習　オイゲン・ヘリゲル……………………「むずかしい論理学上の問題――ボルツァーノ、ロッツェ、
　　　私講師　　　　　　　　　　　　　　　ヴィンデルバントなどを参照して」。
演習　　　　　同　　　　　　　　　　　　カントの『プロレゴメナ』。
読書会　　　　同　　　　　　　　　　　　ヘルダーリンの『ヒュペリオン』。
演習　ヘルマン・グロックナー……………ヘーゲルの『精神現象学』。（大峡秀栄の下宿にて）
読書会　ロベルト・シンチンガー…………プラトンのもの。用書名は不明。
　　　（一八九八～一九八八）
講義　カール・マンハイム……………………同人からは、マックス・シェーラーの知識社会学の話を森
　　　（一八九三～一九四七、ハンガリー生まれの　といっしょにきいた。
　　　社会学者、のちナチスに追放され、ロンドン
　　　大に移る）
講義　ロベルト・ヴィンクラー……………ヴィンクラーは、ゲオルグ・ヴォッバーミン教授（一八六九
　　　（一八九四～一九八三、プロテスタントの牧　～一九四三、ドイツの神学者・宗教心理学者）の弟子とい
　　　師、宗教哲学者。のちハイデルベルク大教授　う。『現象学と宗教』という論文で、私講師（？）の地位
　　　［一九二八］）　　　　　　　　　　　　　をえたという（「読書遍歴」）。用書は不明。

3　マールブルク

かくして一年半ちかく、ハイデルベルクで哲学修業した三木は、この学部で知りあった同胞と別れてマールブルク（ドイツ中部、フランクフルト＝アム＝マインの北九六キロに位置する大学都市）に移った。移動した時期は、一九二三年（大正12）の秋ごろか。

かれはマールブルクに移る前に、夏の中旬、一週間ほど予備調査をかねてこの町に滞在し、冬の学期にそなえ、教授連とも会った。かれの目的は、マールブルク学派のパウル・ナトルプ（一八五四～一九二四）やニコライ・ハルトマン（一八八二～一九五〇）に就いて学ぶためであった。ハルトマンは軍服を着てすがたをみせた（岩波茂雄宛書簡、一九二三・五・一六付）。三木は当初、この小さな大学町に移っても、日本人はいないだろう。たぶん一人で暮らさねばならぬだろう、と思っていた。が、この町にも日本人はいたのである。

マールブルクとは、どのような町なのか。

パウル・ナトルプ
（三木清編『現代哲学辞典』より）

この町の地勢やたたずまいは、ハイデルベルクと似たところがあった。が、この町があまりにも田舎なのにおどろいた。見るべきもの、聴くべきものは少しもなく、本屋に行ってもろくに本がなかった。静けさだけが取り柄の町であり、落ち着いて勉強できるとおもった。ドイツ中部の州ヘッセンを東から西へ流れているのがラーン川（ライン川の支流）。そのラーン川の谷あいに位置しているのがマールブルクである。その起源は古く、十二世紀にさかのぼる。ゆるやかに流れるラーン川の右岸から、地勢は半円を置いたようにじょじょに高くなる。山地を登りつめた頂上にあるのが、ヘッセン侯の居城《シュロス》（12〜15世紀の建造）である。城は町全体を俯瞰している。

マールブルクは、この城と周囲の山を中心につくられた町である。ハイデルベルクと同じように、町は古い街、新しい街からなる。旧市街は城を中心として、だらだらとした傾斜地にある。街区は規制的に整然とできたものではなく、家はあちこちに点々とある。どの家も赤い屋根をもつ木組みのふるい家屋である。町は山地にあるから、広い道路はなく、小路《ガッセ》や横町が多いのもこの町の特徴である。マールブルクは、人口が三万にも満たない、小さい〝山の町〟にすぎないが、町としての機能をじゅうぶん果たす施設は備えていた。

駅舎は二つある。市電が街なかを走っている。町には城、教会、郵便局、庁舎、税務署、裁判所、刑務所、兵営などがある。市営の電気・水道・ガス会社があり、社会的施設としては病院、孤児院、感化院、養老院、職業紹介所、各種の学校などが設置されている。しかし、マールブルクを代表するものは、なんといっても城と大学である。大学とそれに付属する図書館、研究所、病院などであり、いずれも街中に分散してある。

ヘッセン侯フィリップは、十五世紀中葉に、ドイツで最初のプロテスタントの大学――マールブルク大を創設した。この大学はのちに新カント学派――マールブルク学派（コーエン、ナトルプ、カッシラーなど）によって世間に知られるようになった。町の人口や学生数の推移をみると、つぎのようになる。

一九〇四年（明治37）……人口は約一万七五〇〇。学生数は約一一〇〇名。

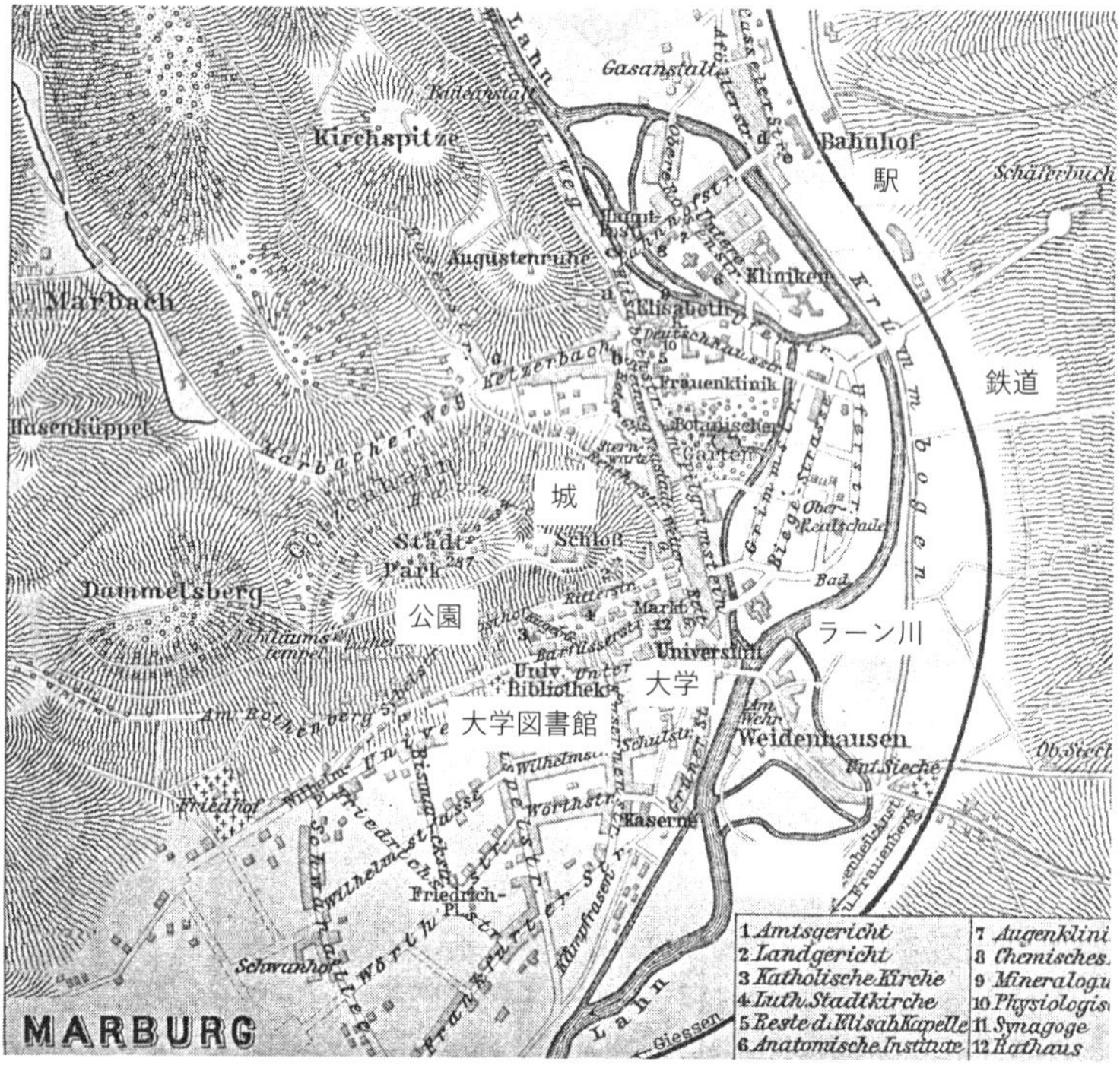

マールブルクの地図。1910年代のもの

マールブルクの町とラーン川（絵葉書より）

一九二三年（大正12）……人口は約二万三五〇〇。学生数は約二千数百名。

（注）三木がいたころの数字。

三木がマールブルクに来たころには、一五〇名ほどの教師が約二千数百名の学生の教育を担っていた。

三木はこの大学町で、新たにつぎのような日本留学生と知りあいになったといい、つぎの五名の名前だけをあげている（「読書遍歴」）。

（注）（　）内および説明文は引用者による。

鈴木　弘《ひろむ》（一八九〇～一九五六、明治から昭和期の僧侶）……大谷大学の派遣留学生。『聖なるもの』（一

マールブルクの城と家なみ
（*Geschichte der Stadt Marburg*, 1934 より）

マールブルクの小路（同上）

九大教授時代の四宮兼之

九一七年）の著書で有名になったルドルフ・オット教授（一八六九～一九三七、プロテスタント神学者）に就いて学ぶことを目標にしていた。

守屋貫教《もりやかんきょう》（一八八〇～一九四二、僧侶）……立正大学の派遣留学生。東京帝大文科大学卒（明治39）。ルドルフ・オット教授に就いて学ぶことを目標にしていた。のち立正大学学長。

四宮兼之《しのみやかねゆき》（一八八四～一九四五、明治から昭和期の哲学者）……愛知県名古屋のひとである。東京帝大文科大学卒（明治44）。カント以降のドイツ哲学を研究。コーエン研究家。マールブルクでは、ハルトマン教授を目標とした。留学後、九州帝大教授をへて満洲建国大教授。昭和二十一年（一九四六）骨となって妻子とともに帰国。

長屋喜一《ながやきいち》（一八九五～一九九三、昭和期の倫理学者）……岐阜のひとである。十八歳まで農業をやり、その後東京帝大文科大学で倫理学を専攻した。マールブルクでは、ニコライ・ハルトマン教授を目標とした。大正十一年から四年間、ベルリン大、マールブルク大で哲学を学ぶ。マールブルクでオット教授の導きで禅と出会う。帰国後、東京高師で哲学・倫理学を教えながら座禅につとめ、のち東京文理科大、専修大学教授となる。

山下徳治《やましたとくじ》（一八九二～一九六五、教育者。教育運動家）……鹿児島のひとである。鹿児島師範を卒業後（大正2）、西田小学校に勤め、大正十一年（一九二二）ペスタロッチ研究のためドイツに留学し、マールブルクにやってきた。マールブルクでは、ナトルプやイエンシュ教授を目標とした。帰国後、新興教育研究所を創設したり（昭和5）、『教育』（岩波書店）の編集長となった。

しかし、守屋貫教の「滞欧雑感――其一《そのいち》、マールブルクの生活」（『法華《ほっけ》』所収、大正15・12）によると、そのころすでに計七名の日本人がおり、そこへ守屋と三木がやって来て、九名になったという。しかし、守屋は日本留学生全員の名前を明記せず、ローマ字の頭文字だけで読んでいる。

四宮兼之――→S博士　（守屋による説明文、以下おなじ）九州大学の教授になる人。
長屋喜一――→N学士　東大倫理学科の出身で、おちつきのある人。
三木　清――→M学士
？　――→O学士　ドイツ化学界の権威ガダーマ教授のもとで、薬物化学を研究している人。
？　――→K博士
山下徳治――→Y君　東京の有名な私立小学校の教師で、教育学を研究するため、ナトルプ教授をしたい、一家三人とこの町に住んでいる。

三木についての記述は――

その外《ほか》に若《わか》き学士《がくし》（大学卒業生の称号）が三人居《い》る、その一人《ひとり》は京都から来《き》て居《い》るM《エム》学士で、日本哲学界の唯一人者《ゆいいちにんしゃ》たるN《エヌ》博士（西田幾多郎のこと）門下の高材《こうざい》であり、……

（注）ルビおよび（　）内は引用者による。

となっている。

三木によると、そのころマールブルクを目ざした者は、哲学の方面では――

ニコライ・ハルトマン教授（一八八二～一九五〇、ドイツの哲学者）……第一次大戦に従軍。フッサールの現象学の影響をうけ、のち独自の客観的形而上学を樹立。マールブルクにいたのは一九二〇～二五年まで。のちケルン、ベルリン、ゲッティンゲンの各大学教授を歴任。

マルティン・ハイデガー私講師（一八八九～一九七六、ドイツの哲学者）……実存哲学者。マールブルクにいたのは、一九二三～二八年まで。その後、フライブルク大教授、同大学長。

宗教学の方面では――

ルドルフ・オット教授……シュライエルマハー（一七六八～一八三四、ドイツのプロテスタント神学者）の流れをくみ、宗教を道徳や哲学と異なる次元のものと考えた。モロッコ、インド、日本を旅行し、神秘主義を研究した（一九一一～一二）。マールブルク大教授（一九一七）。

を目標にしていたという（「読書遍歴」）。

三木のねらいは、フライブルクからマールブルクに招聘されたハイデガー（一八八九～一九七六）に就いて学ぶためであったというが、三木がマールブルクへの移動を志向した事情に関して疑問を呈したのは、ギリシャ哲学研究家・田中美知太郎（一九〇二～一九八五、京大教授）であった。田中によると、マールブルクはマールブルク学派の聖地であったから、三木は第二の勉学の地としてそこを選んだのではないかという（「第二章　三木清のこと」『時代と私』〔新装版〕所収、文藝春秋、昭和59・5）。田中の疑問点を摘記すると、つぎのようになる。

一　当時、まだあまり仕事ぶりについて知られていなかったハイデガーだけを目ざしてマールブルクへ行ったとは考えにくい。

一　リッカートからフッサールのもとへ移っていったハイデガーのことを、三木はうちわの批評やうわさとして、その名を聞き、好奇心をもったのではないか。

一　三木がいうように、アリストテレスを勉強するために、わざわざマールブルクのハイデガーのもとへ行ったというのは、どうみてもおかしい。

三木のマールブルク行の動機には、いくつかの選択肢があった。そのひとつがニコライ・ハルトマンだった。が、その講義に出てみて〝失望し〟（森五郎宛書簡）、代わって未知の人物ハイデガーをえらび、当人に師事することにしたようだ。

三木の研究者によってよく引用される「読書遍歴」（昭和16）は、あとからの回想であり、はじめからハイデガーだけを目ざしてマールブルクへ行ったと書いていることには疑いがあるというのである（田中「三木清のこと」）。

ハイデガーは三木がマールブルクに移動したころ、この町にやってきた。三木はこの山の町にやって来てほどなく、紹介状なしでかれを訪ねたという。そのころハイデガーは間借りをしていた。

そのとき三木はアリストテレスを勉強したいが、自分の興味は日本にいたときから歴史哲学にあるから、この方面の研究をつづけたい。ついてはどんな本をよむのがよいかと尋ねた。すると相手は、アリストテレスを勉強したいそうだが、かれを勉強すること自体が、歴史哲学を勉強することなのだ、といった。そのとき三木にはこの言葉の意味がよくわからなかった。が、のちにかれの講義に出るようになって、初めてその意味がわかった。歴史哲学は解釈学にほかならないのである。解釈学とは何かは、自分で古典の解釈に従えば、おのずから習得できると思った（三木「ハイデッゲル教授の思ひ出」）。

マールブルク大の講義やゼミナールに出席するには、まず大学に転学願書（ハイデルベルクからの）を差しださねばならない。そして入学を許可する知らせが来たら、大学へおもむき、書記室で署名する

マールブルク大学

マールブルクの三木清の下宿
（ティンメ牧師宅）

必要がある。が、おそらく三木は冬学期に合わせて登記したものであろう。
マールブルクの三木の下宿だが、かれはこの町に滞在した一年ほどの間（一九二三年［大正12］の秋から翌二四年［大正13］の夏まで）に、下宿を一度かえている。

第一の下宿……モルトケ街二十一番地。

著書が数冊あるティンメという名の牧師宅。この下宿は、町の南の郊外にあった。近くに野菜畑や牧場があり、また遠くに山をのぞむことができた。のち同人はフランクフルト大学に招聘された。

第二の下宿……シュヴァレ四十一番地。

ベッカー夫人宅。家はラーン川の河畔にあったものか。

（注）ハイデガーも同じ通りに住んでいた。この下宿を紹介したのはティンメ牧師であった。

三木が受講したと考えられる教師名・科目名は、つぎのようなものである。

講義（午前七時からはじまる）　マルティン・ハイデガー……アリストテレスの解釈。

（注）アウグスティヌス、トマス・アクィナス、デカルト、カントらのテキストの部分の評釈。

同　　　　アウグスティヌスの購読。

（注）一九二四年の夏学期。

演習　　　同　　　　用書はアリストテレスの『自然学』、フッサールの『論理学研究』。

講義　ニコライ・ハルトマン……何の講義なのか不明。認識論か。

（注）守屋、鈴木、Kらは、一九二四年（？）の夏学期、ハルトマンの「範疇論《カテゴリーエン》」を聴いている。

演習　同　用書としてカントの『純粋理性批判』とヘーゲルの『論理学』を用いた。

（注）長尾喜一によるマールブルク大の哲学科講義題目報告（『哲学雑誌』第461号所収）を参照。

ほかに読書指導をうけたのは左記の人びとである。

ガダマー博士（一九〇〇〜二〇〇二）……ハイデガーの紹介により、その家に通ってアリストテレスの「形而上学」「ニコマコス倫理学」を読んでもらった。

カール・レーヴィット（ハイデガーの助手）……その家に通い、フッサールの『論理学研究』を講釈してもらった。さらに同人からシュレーゲル兄弟、フンボルト、ディルタイ、ニーチェ、キルケゴール、ヤスパース、マックス・シェーラーなどへの眼を開かれた。

（注）レーヴィットは後年マールブルク大学の講師になったが、ユダヤ人であるというので危険を感じ、来日し東北大で教鞭をとった。が、太平洋戦争がはじまる前に、ロックフェラー財団の援助でアメリカへ渡った。

ティンメ牧師（下宿の主人）……三木がラテン語の辞書をひきながらアウグスティヌスを読んでいるのを

みかねて、『告白録』を読んでもらった。
フランス語の女教師（名は不詳）……パリへ出る準備のため、一ヵ月ほど教師宅に通い、フランス語会話をならった。

三木はハイデガーの講義を独創的《オリギネル》でおもしろいと思ったが、ハルトマン教授のそれには失望した。その講義は人気があったが、三木の眼には、講義ぶりは芝居がかっていて、技巧の多いものであった。ハルトマンは手品師のように、手ぎわよく問題をとりあつかう。しかし、かれの考え方は安易なものであり、かつ深みのないものであった。ヘーゲルの演習では、『論理学』に出てくるいろいろな概念をあっちこっちへと動かし、空虚な概念でチェスをやっているような気がした（森五郎宛書簡、一九二三・一一・二六付）。

三木はハルトマンの講義や演習に感心しなかったが、生活にこまっていた同人のために、ギリシャ哲学に関する小論文を三つ書いてもらい、その三篇を『思想』に斡旋し、三木が訳し、大正十四年（一九二五）三月まで同誌に発表した。

ニコライ・ハルトマン

三木はナトルプのプラトン講義とプラトン演習、言語学者フリードレンダーの演習に出てみたいと思ったが（ハイデガーの解釈学に感化され、言語哲学に興味をもつ）、実際にはこれらの科目をとらなかったようだ。三木は守屋がとっていたラーデ教授（不詳）が月一回ひらく〝学生会《オッフェアーベント》〟に、守屋とともに出席した。それは教授宅に夕方六時か七時ごろ、二、三十人の学生があつまる茶話会であった。人があつまり、落ち着くと、教授がそのころ呼び物になっている文芸や詩歌の一節を朗読したり、宗教上の事件が報道されると、それについて学生の意見をもとめたりする集いであった。

そのあとコーヒーや菓子が出るのだが、こういうときはふだんあまりしゃべらぬ者も多弁になる。そうしている間にも夜はふけてゆく。十一時ごろになると、むかし牧師だった教授はかんたんなお祈りをし、夫人のピアノで皆いっしょに讃美歌をうたい、それで散会する。

三木はルドルフ・オット教授の授業をとらなかったが、守屋、四宮らと、よく午後四時のカフェに招待された。そのあとオットは愛犬をともない、日本留学生と邸宅の裏山からラーン川の下流まで散歩した。その間、よく中国や日本の仏教についての質問をした。

三木はフランス文化への憧れから、パリへ移る計画でいたが、マールブルクを去りがたかった。ここでくらした一年間はかれの一生で最も静かな、落ち着いた時期であった。

年のくれにかれは岩波に無心の手紙をだした（12・22付）。物価があがり、個人教授してくれる教師のレッスン代が値上げになり、少々予算が狂ってきたこと。外国人は大学の月謝だけでも、一学期に八〇円から九〇円とられることを理由としている。そこで大変恐縮ですが、今回は半年分として、一四〇〇円送ってほしいといっている。

一九二四年（大正13）一月――マールブルクに寒波が到来し、ラーン川がすっかり凍ってしまい、徒歩でわたれるようになった。三木（27歳）は休暇中、どこへも出かけず、下宿でディルタイのものを読んですごした。月末ごろ、ハイデルベルクに森五郎を訪ねた。

三月――二月末に届くはずの岩波からの送金が郵便のおくれでとどこおり、生活費に窮したため、ハイデルトマン教授が執筆し『思想』にのせてもらった原稿料百六十円に手をつけてしまった。三木はハイデ

ヴィルヘルム・ディルタイ

ルベルクで岩波からの送金を受けとるために、三月中旬ごろに再びこの町をおとずれ、ほどなく帰国の途につく森五郎と会った。この間三木は、アリストテレス、アウグスティヌス、ディルタイ、フリードリヒ・シュレーゲル、ハルトマンなどの著作を多く読んだ。ディルタイやジンメルのものを読むことによって、人間学や生の存在論への志向が生まれつつあった。

三月末、三木は二週間ほどの予定で旅行に出、まずミュンヘンを訪れた。みぞれが降るこの町で、ホテルの部屋に閉じ込もると、デカルトを読み、夜は音楽会に出かけた(3・30付、森五郎宛絵はがき)。ミュンヘンよりウィーンにむかい、この市で美術館をおとずれ、ベラスケスの絵をみたり、書店をひやかし、ツインマーマン、ベルンハイム、アウグスティヌスなどのものを手に入れた。ウィーンでは、渡欧のとき船中で知りあいになった建築家・上野伊三郎と再会したようだ。

ある本屋に入ると、アンドレ・ジード(一八六九～一九五一、フランスの小説家・批評家)の書がたくさん並んでいた。そのころ三木は、著者のジードのことを何も知らなかった。が、棚にたくさんその者の本が並んでいたことから、著者は重要な流行作家であろうと思い、何冊かもとめ、カバンの中に入れた。そしてウィーンからの汽車の中で、『背徳者《インモラリスト》』をひもといた。そのとき何か新しいものにふれたような気がした。マールブルクに帰り、レーヴィットにその話をすると、この博学なドクトルは当然ジードのことを識っており、いろいろ著者について語ってくれた。

ウィーンは三木にとって、やわらかな町。シュニッツラー(一八六二～一九三一。オーストリアの劇作家・小説家)の町であった。ひじょうに居心地のよい町。かれはウィーンよりハイデルベルクにむかい、

マルティン・ハイデガー

リッカート教授と会った。かれは近々刊行する自分の仕事の話をしていた。

マールブルクに戻った三木は、大学の授業にふたたび顔をだしたり、下宿で読書にひたったりして、時をすごした。陽気は寒い冬から急に夏になったような気がした。ラーン川の河原の草もいつの間にか伸びていた。空を飛んでいる鳥のすがたをみた。川の水の色は、もう夏をおもわせた。朝は四時半に明るくなる。かれはいつも六時に起きると、七時から始まるハイデガーの講義に出席した。はじめのうち早朝の授業には閉口したが、いまではそれにすっかりなれていた。あるとき、二人はこんな会話をした。

ハイデガー――君も〝夜鳥《ナッハトフェーゲル》〟ですか。

三木――先生は時計ですね。〝起こす人《ヴェッカー》〟ですね。

こういうと両人は大いに笑った。

暖気がまし、むしあつくなるにつれて、勉学の意欲がそこなわれ、何ごとにも手がつかなくなるときもあった。倦怠《けんたい》、もの憂《う》さに襲われた三木は、野原に出て草のうえに寝ころび、空をながめてくらした。ふたたび元気になったときは、ラーン川の対岸の小高い丘を歩いたりした。草の色をみると、うさが晴れるような気がした。

その間にもパリへ行く心ははやっていた。八月上旬、かれはハイデルベルクを訪れると、リッカートやホフマンに別れのあいさつをした。三木はドイツを去り、その後は〝旅《たび》の者《もの》〟となって、新しい土地をたがやす必要を感じていた。哲学における体系的な研究をおこない、自分の思想をまとめねばならぬと思っていた。ドイツを去るにあたり、自分の行動のあり方を振りかえり、考えてみた。――ドイツで学んだものは何だったのか。何を経験したのか。何を信じることができたのか。

三木はこれらの問いに対する答えを出さないまま、〝旅人〟としてドイツを離れるつもりだったようだ（7・31付、森五郎宛書簡）。

4　パリ

一九二四年（大正13）八月二十日の夕ぐれ――三木はあわただしくマールブルクを発った。汽車はマールブルクからギーセン（ドイツ中部、フランクフルト＝アム＝マインの北六六キロ）――ジーゲン（ケルンの東一〇一キロ）――ボン（ケルンの南三五キロ）をへてケルンにむかったものか。その晩は大聖堂《ドーム》があるケルン（ドイツ中西部、ライン川河畔の町）で一泊した。翌日は市街見物にあて、ふたたび車中の人となり、アーヘン（ケルンの西七〇キロ、オランダ・ベルギーとの国境ちかく）をへて、二十二日の正午前にパリの北駅に着いた。

下宿はソルボンヌ大学に通っている小林市太郎（一九〇一～六三）にたのんであった。小林は京都のひと。同志社中学をへて、大正九年（一九二〇）九月京都帝大文学部哲学科選科に入学し、十二年（一九二三）三月に修了した。同年四月フランスに渡り、十月ソルボンヌ大に入学すると、美術を専攻し、十五年五月修了した。三木と小林はいわば同門、京大哲学科の出身であったから、お互いよく知っていた。

小林がみつけてくれた下宿は、凱旋門があるエトワール広場（現・シャルル・ド・ゴール広場）のすぐ

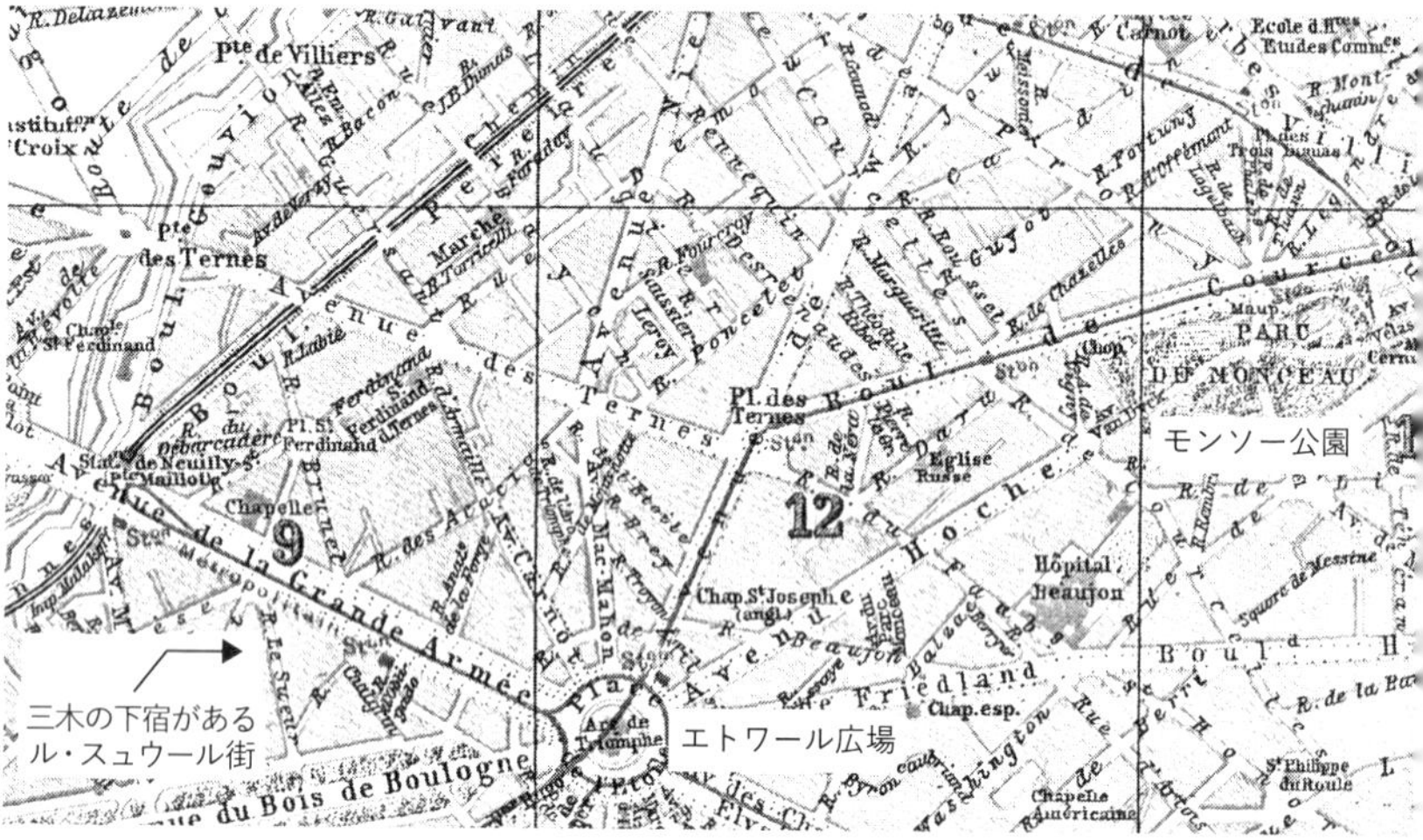

エトワール広場と三木の下宿があったル・スュウール街（*Baedeker* の *Paris and environs*, 1913 より）

近く、パリ十六区、ル・スュウール街二十六番地、グイユロ夫人方であった。そこは安倍能成《あべよししげ》や速水滉《はやみひろし》らが下宿したところでもあった。その下宿は路地にあるから、通行人や馬車の音が聞こえる、すこしうるさいところであった。が、パリのことだからがまんすることにした。

当時、このアパルトマンの一階は、居酒屋のようなキャフェであり（いまはトルコ式浴場）、三木の部屋は、三階のあまり陽の入らない、細長くて暗い部屋であった。窓は一つしかなく、窓ぎわに粗末な机とイスをおいて勉強していた（芹沢光治良「巴里の三木清君」『回想の三木清』所収、文化書院、昭和23・1）。

はじめパリでくらすのは、三、四ヵ月ぐらいと思っていたが（イギリス、オクスフォードに移ることを考えていたので）、計画に反し、約一ヵ年の逗留になった。知らない土地でいちばんこまるのは言葉であるが、早くそれに慣れる必要があった。会話ができないと、用がたせないから、元小学校の先生であった年配の女性にフランス語会話をならった。

三木ははじめからパリに長逗留する気がなかったから、今回は大学に籍をおかなかった。フランス語を聴くことにすこ

エトワール広場（『世界地理風俗大系』第12巻より）

し自信がもてたので、見物のつもりでソルボンヌの公開講義にでかけ、哲学者のブランシュヴィク教授（パスカルの専門家）の講義を数回きいた（「読書遍歴」）。しかし、三木はそれを聴いて理解できたかどうか何も語っていない。おそらくよくわからなかったのではなかろうか。

　三木はドイツ時代とおなじように、下宿にこもると、読書に多くの時間をさき、テーヌ、アナトール・フランス、ルナンのものを読みはじめた。やがてむかしレクラム版の独訳で読んだことがあるパスカルの『パンセ』を手にとった。三木はいう。

「私はふとパスカルを手にした」と。そしてそれを原語で読むうちに、こんどはこの書のとりこになった（「読書遍歴」）。

　かれのことば通りだと、パスカルの『パンセ』を再発見したのは、パリにおいてということになる。その時期は秋から冬にかけてのことか。が、すでにハイデルベルクにいたとき、森との会話のなかで、パスカルのことが話題になったふしがある。森はいう。「そのころ（三木がアリストテレスの研究に没頭していたとき）わたくしはパスカルを読んでいたが、そのときのかれはむしろそれに反対した。しかし、後にかれは

パスカルの肖像
（*L'Illustration* 紙，1923・6・16 付より）

パスカルに没頭した」（羽仁五郎「三木清遺書　第一巻のために」『三木清著作集　第一巻』所収、岩波書店、昭和21・9）。羽仁こと森がいう「それに反対した」とは、どういう意味なのかよくわからないが、三木は森がパスカルの『パンセ』をよむことに不賛成であったということか。

　三木はハイデルベルクやマールブルクにいたころから、すでにパスカル研究をはじめる意図なり、腹案があったように思える。守屋貫教は、一九二四年（大正13）の夏学期がおわると、K博士はベルリン大学へもどり、「M君（三木）はそのパスカル研究を仏蘭西《フランス》に於《お》て大成《たいせい》すべく巴里《パリ》へ移《うつ》られる」と記している（「滞欧雑感　其一　マールブルクの生活」）。

　したがって三木が「読書遍歴」において語っている「そうだ、パスカルについて書いてみようと私は思い立った」（新たな考えをおこした意）とある記述は、読者を煙にまく、三木一流の欺瞞かもしれぬ。

　三木はドイツ哲学にこそ造詣が深かったが、ことばの問題があって、フランス哲学にはそれほど精通していなかったかと思える。しかし、かれはつねに未知のものに対して憧れがあった。長いあいだ考え慣れていたドイツ哲学の土地をはなれて、フランスに移り住んだのも、未知のものに対する憧憬《しょうけい》からという。

　かれはパスカルをはじめとするフランスのモラリスト（人間探究家）――モンテーニュ（一五三三～九二）の『エセー』、ラ・ブリュイエール（一六四五～九六）の『カラクテール』、スイスのプロテスタント神学者ヴィネ（一七九七〜一八四七）の『十六、七世紀のモラリスト』に興味をおぼえ、それらの本をあつめだした。が、いちばん関心があったのは、パスカルであった。かれは

　ストロウスキー*の『パスカル』　＊ Fortuna Strowski.

　ブトルー**の『パスカル』　＊＊ Pierre Boutroux.

等々の文献をあつめ、読みはじめたといっている（「読書遍歴」）。

しかし、三木が収集したパスカル文献はこれだけにとどまらない。三木文庫に独仏語のものが計四十余冊ある。もちろんかれはこれらの文献のすべてを読んだわけではない。が、『パンセ』は、かれの枕《ちん》頭《とう》の書（まくらべに置いてよむ本）になったという。のちにかれがパリのうす暗い部屋で執筆した第一論文「パスカルと生の存在論的解釈」は、原稿用紙がなく、洋けい紙に書いて、日本へ送ったもので、『思想』（第42号、大正14・5）に掲載された（二五三〜二八五頁）。この論文（のちに「人間の分析」と改題）は、どのような内容のものか。一章、二章…といった章立てではなく、［一］〜［三］までの三部構成である。

　かれがこの小論の中で問題提起したものは、つぎの点であった。

パリの三木清の下宿（26, Rue Le Sueul 16 arr. Paris)。1階はトルコ式浴場。(By Courtesy of Prof. P. Navailh)

5　三木清の「パスカルと生の存在論的解釈」

〔一〕

パスカル研究において等閑視されていたものは——人間の研究。

三木はハイデガーの方法である解釈学（人間精神の産物は、人間が体験したことを表現したもので、表現を通してもとの体験を理解しようとするやり方）にならい、パスカルの多岐にわたる思想研究のうちなおざりにされていた点としての〝人間研究〟に光をあて、その部分を切りとり、解剖し、六篇の論文を一冊にまとめ、岩波書店から刊行した。それが三木の第一出版、『パスカルに於ける人間の研究』（大正15・6）であった。

三木はパスカルについてまず論文「パスカルと生の存在論的解釈」（『思想』第42号、大正14・5）を発表し、のち『パスカルに於ける人間の研究』（岩波書店、大正15・6）を出版するとき、本稿に手を入れた。そのさいに精読し、かつ依拠したものは——「原稿を見直した新版。よりすぐれた本文。序論、注、分析的な索引つき」と謳った、つぎの書であった。

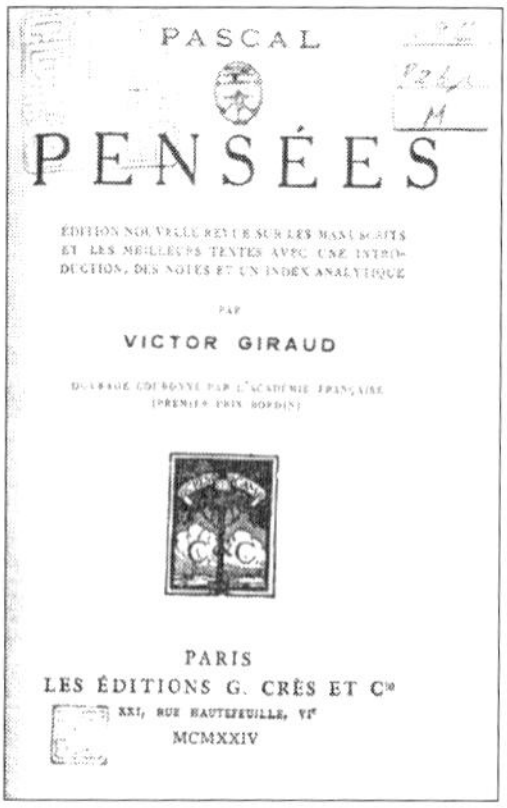

三木が精読したヴィクトール・ジロー編『パスカル　パンセ』（1924年）

Victor Giraud éd. Pascal, *Pensées*, Les Éditions G. Crès et Cie, Paris, 1924

ヴィクトール・ジロー編『パスカル　パンセ』ジェ・

クレ出版社（パリ）、一九二四年刊。

本書はタテ15・3㎝ヨコ10㎝、計四五二頁。本書は、つぎのような内容から成っている。

三木はジローが編んだ『パンセ』の文章を少しずつたどり、その意味をさぐろうとした。かれは『パンセ』を読み、それについて考えるにつれて、「ハイデッゲル教授から習った学問が活きてくるように感じた」という（「読書遍歴」）。三木がハイデガーから学んだもの、示唆をうけたものとは具体的にどのようなものであったのか。本人はそれについて何も語っていない。が、志した研究は、認識論上のさまざまな学説を批判する仕事（研究）をはなれ、もっと具体的な事実の研究――自分の問題（自己の存在の解釈と生の批評）――すなわち、現実的存在の自己開示《じこかいじ》（自分の存在を意識しているのは、人間だけであり、そのことを明らかにすること）であったのであろう。

三木はいう。

パスカルの思想において、中心的な意義をもつものは〃人間の概念〃である。人間について、独自な方法、特殊な見方が、かれの思想に個性と光彩をあたえている。

かれは人間とは何かという問いを追う（激しさ、やさしさ、おそれ、あわれみをもって）。しかし、この問いは、長いあいだ学問の前景（前面）にもち出されなかった。この忘れられた問いを思いだすことが至急を要することである（人間にふさわしい、真の研究――パスカル）。

人間とはいかなる動物か。

パスカルが問題にした人間とは、心理学者の意識や精神ではない。かれが取りあつかう人間は、〝対象〟でなく〝存在〟である。それは認識主観にたいして成立する〝客観〟ではなく、存在のうちの特殊なる存在である。それは純粋自我や〝先験的自我〟でなくて、論理学や認識論でいう理念としての人間でもなく、具体的な現実である。

パスカルの人間研究とは。

人間的存在の研究である。人間の存在を分析し、解釈することをめざしたものである。われわれの存在は、〝自然における存在〟である。自然におけるわれわれの存在は、〝中間者〟である。

中間者とは何か。

自然の高さ、大きさ、宇宙にくらべると、地球は点にすぎない。

われわれの体は、宇宙全体において知覚できぬもの、虚無に対しては、ひとつの世界、むしろ全体である。それは無と全（すべて）との間の〝中間者〟である（パスカル）。人間という中間的存在。われわれは自然における存在である（天使と動物との中間者、と「パスカルの人間観」ではいわれている）。

私（三木）は、単に世界のうちにあって、宇宙的感情を感じる。人間は世界の中にあるとともに、ある状態性にある。人間の存在は、自然における存在として規定される。

この形式的な規定をどのように充実させてゆくか。

〔二〕

人間の具体的なる存在性の概念は、〝生〟vie《ヴィ》である。現実的存在は、運動せる存在である。〝生〟とはこの運動の具体性の概念である。われわれの本性は、運動にある。全《まった》き休息は死である（パスカル）。

・運動の概念は、時間の概念とともに与えられねばならぬ。
・時間の分析。生の動性の第一の契機、不安定。
・生の動性の第二の契機（きっかけ、動因）――人間は矛盾にみちた存在である。パスカルにとっての娯楽は、倦怠と不安定を否定することから生まれたたのしみである。想像（物を在るがままに見ることを妨げる能力）
・虚偽――存在の特殊なる〝存在〟のしかた、在るがままをおおうこと、かくすこと、すなわち人をあざむくことを意味する（パスカル）。

〔三〕

〝生〟の動性は、まず〝不安定〟と〝倦怠〟、第二に〝娯楽〟として現われ、しかもその後の契機が、あたかも動性の否定としてはたらく。生はひたむきなる〝前進の過程〟ではないという（三木）。

〝意識〟の意味を明らかにするために、想像について考えてみよう。想像はわれわれの魂を拡大し、縮小する能力である。それは多くの場合、生の不安をしびれさせ、にぶらせる。パスカルのいう〝意識〟（自覚的なもの）は、人間的存在の動性である。パスカルは自覚的意識をもつ者を〝哲学者〟と呼んだ。哲学は生そのものの自覚にほかならない。

人間がすむ世界は、〝問われるべき〟性質をもっている。人間の存在そのものも、問われるべき存在である。それはそれ自体において問われるべき性質をもっている。

われわれにとって最も主要なことは、〝生〟の発見であり、論理的な斉合した（矛盾のない）体系ではない（三木）。

人間は天使であり、動物でもある。人間は固有なこと、自己意識（自覚）を有する存在である。しかし、人間は自覚において、その悲惨を知る。人生は不幸にみちている。不幸を考えないようにするため、人間はさまざまの〝慰戯《いぎ》〟を考えだす。それは遊戯、娯楽だけを意味せず、人間が営むすべての活動を意味する。不幸の絶頂は、〝死〟である（三木）。

世に真実、真理は、ひとつしかないのである。しかし、解釈は多様である。千差万別である。三木が描いたパスカルの人間像は、生地《きじ》（実際）のパスカルと、やや違ったものになっているらしい（由木）。

三木が後年、『パスカルに於ける人間の研究』を上梓するとき加筆した「序」をよむと、かれの論題（議論の題目）がよくわかる。その「序」を意訳し、摘記すると、つぎのようになる。

問　フランス文化を知るために読まねばならぬ本とは。

答　ファーブル、モンテーニュ、ラ・ブリュイエール、パスカルのもの。

問　これら四人の共通点とは。

答　人間の研究をめざしていること。人間の研究は、フランス思想史において伝統がある。

この小書は、パスカルにおける人間を研究したものである。といい、研究対象を人間に限定するつもりだという。パスカルの思想は多方面にわかれているが、自分が取り扱うのは、人間についてのかれの考えであるという。

問　『パンセ』の主な目的とはなにか。

答　宗教的なもの。
問　パスカルの宗教的思想の特色とは。
答　人間について観察したこと。
さらに三木はいう。『パンセ』には、心理学（感覚、情緒など精神のはたらきを研究する学問）を発見できない。アリストテレスの『デ・アニマ（魂、生命）』を心理学書とみなすことをやめるべきと同じように、パスカルのこの書を心理学として考察してはならない。
もしこれらの書を心理学として呼びたければ、心理学の概念によって何を意味するかを、あらかじめ説明する必要がある。
問　われわれが『パンセ』において見いだすものは何か。
答　われわれは意識や精神の研究をみいださない。われわれがそこに見いだすものは、具体的な人間の研究――すなわち、アントロポロジーである。アントロポロジーとは、人間の存在についての学問である。
三木によると、アントロポロジーは、人間の〝存在のしかた〟（存在の方法？）、一つの存在論（存在そのもの。存在とはなにか。その根本的な問題を研究する学問）だという。かれがもくろんだのは、『パンセ』を〝生の存在論〟として取り扱うことであった。
三木はパスカルの『パンセ』を解釈するとき――すなわち文章を読者の側から理解しようとするとき――、わざと一つの方法を用いたという。かれがいう〝解釈の仕事〟とは、別ないい方をすると、つぎのようなことだという。つまり、概念（大まかな認識内容）の与えられているところではその基礎経験を、基礎経験の与えられているところではその概念を明らかにすることであった。

三木はいう。ある書物においては、あまりにも多くの経験とあまりにも少ない概念がある。また他の書物では、この逆の場合もある。あまりにも多くの概念と、あまりにも少ない経験が。そのときわれわれは、それらの概念を破壊して、経験までさかのぼる努力をする必要がある。こうしてこそ完全に理解することが可能である。三木が解釈において目ざしたのは、経験を概念において、概念を経験において理解することであった。

三木は『パスカルに於ける人間の研究』において、手はじめに「パスカルと生の存在論的解釈」を書き、そのあと五篇の論文を書き、そのうちの三篇はパリで執筆し、さいごに一書とするのである。が、その排列はそのまま三木のパスカル研究の過程（みちすじ、プロセス）と生長を物語るものであった。六つの論文は、それぞれ独立したものであるが、全体としては一つの構造をもったものという。第一篇は、第二篇によって補われ、第三篇はその前の第二篇によって準備されたものである。すなわち、個々の論文は、お互い足りない点を補いつつ、完全にしたということであろう。

三木はいっている。どんな文章も、それを書きおえ、いったん印刷にふされ、書物となると、その本は著者からはなれる。その書は独立した運命をもって存在する。著者は自分の本がもつ運命を愛すべきである、と。かれは自分が書いたものが、読者によって好きなように読まれ、好きなように理解されることに満足した。が、できれば六つの論文を書かれた順序で読んでもらいたかったようだ。

いずれにせよ三木は、「パスカルと生の存在論的解釈」のあと、「賭」「愛の情念に関する説」を書き、それらを日本に送ると、帰国後さらに「三つの秩序」「方法」「宗教における生の解釈」を書き足した。

そしてパスカル論六篇をまとめ『パスカルに於ける人間の研究』と題して岩波から出版した（大正15・6）。しかし、この本の売れゆきはわるく、返品が多かったという。パスカルの名は、わが国では一部の専門家をのぞき、よく知られていなかったからだった。『……人間の研究』ということばも、読者にはなじみのないもの、親しみがもてぬものであった。何よりも一哲学徒にすぎぬ三木の名は、無名にちかく、読書界において知られていなかった。

かれが書いたものが売れだしたのは、新聞や雑誌などに文章を書きはじめてからのことである。いずれにせよ、三木のパスカル論の評判は、悪口かほめことばかのどちらかであり、評価を二分するものであった。

好意的でない評価を下した者……カトリックの哲学者・吉満義彦。同人は三木を「あまり高く評価しなかった」という（由木康《ゆうきこう》『私のパスカル体験』春秋社、昭和56・9、一四頁）。

評価した者……「わたしはこの書（『パスカルに於ける人間の研究』）によって、パスカルとの結びつきをいっそう決定なものにすることができた」（由木康、前掲書、一四頁）。

谷川徹三は、三木のこの本に、思想の根源性をみいだすことはできなかったが、「日本の哲学の今後の発展のうえには、大きな意味をもっている」という（『谷川徹三集』日本書房、昭和33・3、一六四頁）。

これはハイデガーの存在論的解釈学の方法を用いての「独自の『パンセ』解釈である。これはきわめて水準の高いものであり、その文体の特徴もあわせて、わが国の思想界に与へた影響は多大である」（前田陽一編『世界の名著　パスカル』中央公論社、昭和41・11、五八頁）。

ベルリンやパリといった大都市で一人でくらすことは、孤独なものという。三木はパリでいつも多くの日本人をみたが、あえてかれらとの交際を求めなかった。たまに会い、つきあった同胞は――

小林市太郎（一九〇一～六三、京大の学友、当時ソルボンヌで美術を学ぶ）
芹沢光治郎《せりざわこうじろう》（一八九七～九三、のち農商務省の役人をやめ、小説家に転身。当時、休職し、ソルボンヌ留学中）
安倍能成（一八八三～一九六六、哲学者・教育家）

らであった。

偶然出会った日本人に、斎藤茂吉《もきち》（一八八二～一九五三、大正・昭和期の歌人、医師）や板垣鷹穂らがいた（「読書遍歴」）。三木は散歩や食事に出たり、セーヌ河岸の古本屋《ブキニスト》、カルチエ・ラタンの書店をひやかしたり、美術館をみたり、たまに友人と会って話をすることを除くと、下宿にひきこもり、読書や執筆に没頭した。

パリもベルリンと同じように、第一次大戦後、日本の円がつよく、フランが弱かった。だから日本人がつぎつぎとやって来て逗留するようになった。三木がパリにいたころ、どのくらいの日本人がこの市にいたのか。その数は明らかでないが、おそらく千人や二千人はいたのではないかという（芹沢「巴里便り」）。天長節（天皇誕生日）のとき、日本大使館が招待した日本人は六百数十名というから、ある程

芹沢光治郎

パリ，シャンゼリゼ大通り（H. Sutherland Edwards, *Old and New Paris* より）

度の数が推定できよう。

芹沢によると、大通り《ブールヴァール》を歩いていると、かならず妙に深刻な顔をした日本人と会ったという。黄色い顔をし、メガネをかけ、カメラをぶらさげていたら日本人であった。もしカルチエ・ラタンの古本屋で、目をさらにして古本をあさっている東洋人がいたら、その者は日本人であった。古本屋の主人の話だと、みんな申し合わせたように社会主義の本をさがしていたという。音楽会に行っても、芝居をみに行っても、数軒ある日本料理店、中華料理店へ行っても、日本人に会わないことはなかった（芹沢「巴里便り」）。

パリを遊興の地とおもっている日本人――、日ごろ日本政府から金と暇をもらっている日本人は、三木の下宿がある、右岸の十六区を〝日本居留地《コロニー・ジャポネーズ》〟とおもっていた。こういった日本人は、日本大使館を中心に、世界のブルジョアの仲間入りをして、一つの居留地《コロニー》をつくっていた。一方、まじめに仕事や勉強をしているプロレタリア（貧しい人々）は、お高くとまっている居留地の人々から、「むこうの人」とさげすまれていた。かれらは左岸の国際街――ラテン区やモンパルナスに分散していた。この二つの種類の日本人は、同胞でありながら、セーヌ川を境とし、互に越せない〝垣根〟を作っていたのである（芹沢「明日を逐《お》うて」）。

パリにおける三木の私生活については、わからぬことが多い。日記でもあれば、かれの動向がわかっておもしろいだろうが、かれは毎日の出来事を記録しなかったようだ。しかし、三木が帰国するまでの二・三ヵ月のあいだ、交際したのは芹沢光治郎であった。

芹沢は、ある程度パリの三木について書き残しているから、三木の動きについて知ることができる。芹沢が農商務省の山林局を休職あつかいにしてもらい、新妻《にいづま》をともない、神戸より貨客船・白山丸により、四十数日の船旅をへてパリに着いたのは、大正十四年（一九二五）七月のことであった（三木はすでに約一年前にパリに来ている）。夫婦は二週間ほど日本大使館（9 Rue Perouse）に近いホテルに滞在したのち、パリ十六区ボアロー街四十八番地――バルザックの研究家アンドレ・ペルソール家の一階の部屋を借りることにした。下宿はパリの西部――ブローニュの森とセーヌ川に近い、閑静な通りにあった。

当時、パリにいる日本人は三つの方法で下宿したという。

一　フランス人の家庭に入り、間借りをする者。
二　パンスィヨン（三食つきの下宿屋）に入る者。
三　ホテル（朝食つきの部屋を貸す下宿屋）に入る者。

ほかに、五、六階の大きな建物のなかの幾間かを借りる方法もあった。

芹沢夫妻が借りたのは、通りに面した門口に、Pension《パンスィヨン》 de《ドゥ》 Famille《ファミーユ》（下宿屋）と書いてある、庭つきの古い三階家であった。このような住宅はパリでは珍しく、ぜいたくなものであった。

パリの中産階級の家庭では、インフレ地獄を切りぬけるために、外国人を下宿人にむかえ、その外貨をあてにして暮らしていた。芹沢夫妻の家主は親切なうえ、たいへんな親日家であった。そのころフランスは、インフレにより、フランが暴落し、逆に日本円の価値は高かった。一円が二百円、三百円にもなり、一ドルが二円であった。

芹沢が文部省からもらう留学費は、月平均三八〇円であった。当初、円のおかげでぜいたくな暮しができたが、インフレが落ち着くにつれて、円価がさがり、生活がしだいに苦しくなった。そのためカルチエ・ラタンの大学に近い、小さなホテルの一室に移らねばならなかった。

芹沢は一高に入学する前から、三木のことを知っていた。芹沢の兄が一高のボート部のコーチをしていたので、三木の写真をみていたからである。一高では、三木は芹沢の三年先輩であった。寮で会うことがあっても、とくに親しくしなかった。三木と同じボート部にいた菊池武一は、芹沢がパリにおもむくとき、三木さんがパリにいるから会ってみろ、といった。が、同人は三木の住所を知らなかった。

芹沢はパリに着いたとき、三木を訪ねる気はなかった。しかし、パリ大学のめんどうな入学手続をおえ、講義に出ても、フランス語がよく聴き取れず、めざすフランソワ・シミアン教授の研究室に入れるかどうかも分からなかった。いろいろ不安になり、三木の名を思いだし、会ってみようと思った。三木は哲学をやっている人だし、勉強について何かよい忠告をしてくれるかもしれぬと思った。

三木の住所を日本大使館で聞いたら、すぐわかった。かれの下宿は、大使館からそう遠くなく、雨がふってきたが、帰途をたずねたらすぐ会ってくれた。そのとき三木はどのような部屋で、なにをしていたのか。

——その部屋はひじょうにくらく、装飾のないもので、机とベッドと本しかなかった。三木はその部屋の机で、パスカルの論文を書いていた。それを日本へ急いで送るのだといった。パイプにタバコをつめ、それを吸いながら、パリ生活についていろいろ助言をした。このとき三木は、パリの日本人とつきあってはいけないといった。いずれ論文を書きおえたら、また会いましょうといい、その日は別れた。

会話のなかでテーヌが話題になったようで、三木から同人の著述をよむことを勧められたので、帰途古本屋に寄って五冊もとめた。それはアシェット版の読みやすい版であり、フランス語の勉強にとってよさそうであった。

三木から、パリの日本人と交際しないように、と忠告をうけたが、芹沢の下宿は、日本の外交官補を下宿人として置くようなところであり、日本人の客が多く、日本人の〝小さなたまり場〟でもあった。だから芹沢の下宿は、かれのパリ生活にとって不むきな所であった(「四　三木清君」「巴里便り」)。

それから数日後の午後二時ごろ、三木が芹沢の下宿をおとずれた。

——ムッシュ　セリサワ　お客さんです。

というから、庭におりてみると、黒い帽子(ソフト)をかぶり、くたびれた黒い服を着、色あせたよれよれのレインコートを着た男が椅子に座っていた。三木はいつも黒い服を着、黒いネクタイをしていたから、葬式の帰りのようであった。

三木はその家に通されるとき、マダムにろくにあいさつをしなかったらしい。ましてや庭で帽子をかぶったまゝであったことが、あとでひんしゅくを買った。

三木は芹沢を散歩につれだした。二人はセーヌ河畔にそってサンクルー橋のほうまで歩き、その橋の

三木　清

たもとのカフェに入ると酒を注文し、それを飲みながら、よもやまの話をした。酒は夏ならばビールを、冬ならばアペリチーフをたのみ、焼グリを酒の肴《さかな》にした（芹沢「巴里の三木清君」）。

が、雑談のなかで、三木がいちばん夢中になってしゃべったのは、〝人間学〟についてであった。芹沢は三木が熱っぽく語る〝人間学〟の話にひじょうに興味を覚えた。両人は夕方別れたが、芹沢が下宿に帰ると、かれの旧友で外交官のTから、家のマダムが、あんな無作法な者をみたことがない、とぶつぶついっていた、と、聞くと、胸にこたえた。

芹沢はその詰問にたいする反論として、

——あれは三木清といって、将来の日本の哲学を背負ってる人だよ。

と、勢いこんで答えるしかなかった。

芹沢がはじめて三木をたずねたとき、三木は日本へ帰る船がきまっていた。かれはパリ生活に未練があるようにみえた。三木がさいごにいっていたのは、フランスの事物を勉強するにしても、ヨーロッパ精神、フランス精神を忘れてはならぬ、というものであった。

三木との最初の出会いがきっかけとなり、芹沢はその後かれとよく会った。二人は三木の下宿にちかい、ブローニュの森大通り（ブールヴァール・ボア・ド・ブローニュ）や森《ボア》の中を歩いたりした。

三木は勉強の疲れをいやすために、土曜日の晩などときどき下宿のマダム（庶民階級の出身で小ぶとりな女性）と場末の劇場に映画をみにゆくことがあった。が、音楽会やオペラには出かけなかった。

芹沢には「閉《と》ざされた庭《にわ》」という短篇小説（『中央公論』昭和21・12）がある。それは焼跡にたてたバラックで暮らす小説家一家の物語である。この一家のあるじの夢は、第一次大戦後パリでくらしたように、再び二人の子供らとパリで数年くらすことであった。二人の子供――むすこは絵描き、娘は音楽家であった。二人は焼け残った書庫のなかに入って金目《かねめ》のものをあさっていたら、こんなものが出てきたといって一枚の写真と一枚の書簡箋を父親にみせた。写真は軍国主義の犠牲になって倒れた一木《いちのぎ》が、パリの記念にミジェ Midget という写真館でとったものであった。書簡箋のほうは借用証書であった。

写真は礼服を着た一木が、パリを去るときに主人公にあたえたもので、「西田博士がこう署名して、ぼくに写真をくれたから、まねておきましょう」といってサインしたものであった。その写真の左のすみに、活字のような特徴ある筆蹟で――

杉　敏介殿恵存　　巴里　一木　浩

千九百二十五年十月

と署名した。また借用証のほうは、

借用証書

一　金《きん》四千五百法也《フランなり》

右借用仕候也《みぎしゃくようつかまつりそうろうなり》　然《しか》ル上《うへ》ハ大正十四年十二月一日ヲ期限《きげん》トシテ

返済《へんさい》致《いたし》候《そうろう》コト相違《そうい》無之《これなき》依《よっ》テ　後日《ごじつ》ノタメ証書《しょうしょ》如件《くだんのごとし》

大正十四年十月一日

一木　浩

杉　敏介殿

〇大学文学部

（注）ルビは引用者による。

とあった。一木は日本からの送金をまっていた（岩波は震災後も三木の留学費を送るつもりであった）が、送金はとどこおり、やむなく杉に借金を申し込んだ。杉は帰国できないでいる一木の窮状をみかねて、妻の反対にもかかわらず、金を用立てた。が、金は返済日である十二月一日になっても返ってこなかった。妻はあなたはお人よしだから、だまされた、と夫をなじった。

翌大正十五年（一九二六）の春すぎ、杉の親友Bから手紙がとどいた。パリに来てはじめて受けとるBからの手紙であった。それを読みながら杉の顔色がかわった。文面は、一木が帰国してから、親しい仲間がひらいた歓迎会のようすを知らせるものであった。一木はこんなことをいったという。杉に金を借りて帰国したが、杉のような金持ちの息子の金はつかってやるべきで、返さなくてよいのだ、と。Bは杉よりも一木としたしかった。Bはウソをいうような男ではない。

杉は一木の借金問題を永久に胸にしまっておくつもりであったが、なぜかれが仲間に公表したのか理解できなかった。杉は日本の将来のために、一木の学問に期待し、人格を信頼して金を用立てたのに、やりきれぬ気持ちであった。杉は一木に釈明をもとめる手紙をだした。折返し返事がきた。酒の席のこと、ことばが足りなかったであろうし、聞き手も誤解したのであろう。自分の力で稼いだ金で返さいするから、もうしばらく待ってもらいたいといった内容であった。

けっきょく一木は、杉に四五〇〇フラン返さずにおわったようである。かれは杉に負い目があったから、杉から遠ざかるようになったが、著書が出るとかならずサインして贈ってくれた。しかもときどき思い出したように、ひょっこり訪れて来るときもあったが、すぐ帰った。

芹沢が「閉された庭」の中で、杉としるしているのは、自分のことであり、一木は三木のことである。三木にはほかにも金にまつわる黒いスキャンダルがある。京大の院生のころ家庭教師をした藤江家の未亡人（子供が三人ある）と親密な関係になった。三木は帰国するとき、その藤江夫人から、五、六百円の金をもらったらしい（田辺元宛西田書簡——大正15・3・25付）。が、これは何のための金であったのか不明である。

芹沢から借りた四五〇〇フラン、藤江家から出たと考えられる、当時の五、六百円は、いずれもちょっとした大金であろう。フランと邦貨を合わせると、いまの数百万円にも相当する額であろう。ちなみに大正時代の値段をみると、つぎのようになる。

うな重（並）…………40銭（大正4）。
『コンサイス英和辞典』……1円30銭（大正6）。
小学校教員の初任給………12～20円（大正7）。
『週刊朝日』…………10銭（大正11）。

大正十四年（一九二五）十月——三木はドイツ、フランス留学をおえて帰国した。かれはいつ、どこの港から、どんな船にのって帰国したのかも不明である。乗船した所はマルセーユ、乗った船は日本郵船の「白山丸」であろうか。この船は大正十四年十月十五日神戸に入港した。ロンドン——マルセーユ——ナポリ（イタリア）で乗せた乗客（四十五、六名）の名は、「白山丸の帰朝者」として『神戸新聞』（10・10付）に掲載されている。が、なぜか三木清の名はみあたらない。おそらくかれは三等船客であったために、新聞に名前がのらなかったと思われる。

ともあれ、三木は神戸に着いたとき、母や兄弟らが待ちわびる実家に「アスカエル」という電報を打った。かれは田舎の駅から人力車にのって帰宅したが、外国から帰ったというより、ちょっとそこいらの旅から帰ったような感じであった。変なソフト帽を無造作にかぶり、着古した黒っぽい背広を着、カバンを一つもっていた。洋服の裏地は破れていた。二日ばかり家にいたが、土産はないし、外国の話も一つも出てこなかった（高井春江「思ひ出の糸」）。京都にもどるとき、神戸から荷物を送ったから受けとってもらいたい、というから、家の者は外国土産かと期待したが、それは洋書のつまった大きな箱三つであった。それでも家族は、かれが無事帰国したことをよろこんだ。

帰国した三木は、翌十五年（一九二六）四月から、講師として三高や大谷大学に出講した。京大には迎えられなかったが、その翌年の昭和二年（一九二七）に上京すると、法政大学文学部哲学科の教授に就任した。以後、独得の文体でさまざまな論文や論評を文学界や哲学界の諸雑誌に発表し、はなばなしい活躍をした。

6　同論文にみる三木清の文体

三木の文体とは、かれの文章がもつ独得な様式《スタイル》——奇異な文体の意である。かれの文章は、一読してすぐわかるものではない。いったいにわが国の社会科学者の書いたものは、一般大衆むきの新聞や雑誌をよむようなわけにはゆかぬ。一読して、内容がすぐ頭に入ってこないような文章やわかりにくい文章がほとんどであり、そういう文章をふつう悪文というらしい。が、三木の文章にもむずかしくて分かりにくい箇所がたくさんある。

三木にとっての最初のパスカル論「パスカルと生の存在論的解釈」は、けっしてやさしい読物ではなく、それを通読することはかなり辛気な仕事である。この論文は『パスカルに於ける人間の研究』の序奏をなすものであり、何か重要な伝言板の役割をはたしているに違いないが、つかえながら読了したとき、漠としたものしか頭に残らなかった。それは読み手の哲学論文の読書量の少なさ、理解力の低さだけに起因するものでなく、かれの文体がもつもっと根源的な欠陥にその理由があるのかもしれない。

三木の文体は、独得なものである。発想法があまり日本語的でない。まるで欧文を直訳したような表現が、かれが用いる日本語に溶け込んでおり、斬新な様式《スタイル》をつくっている。それは文語体と口語体の混交文――教壇から教師が学生にむかってむずかしい内容のものを講義するような口調のものである。ふんだんに出てくる『パンセ』からの引用文――その訳文をくわしく吟味すれば、書き手が原文を正しく読んでいたかどうかわかるであろう。

三木の文体の特徴を列挙すると、つぎのようになる。

不定人称代名語の多用。

一　ドイツ語の Man《マン》、またはフランス語の On《オン》を直訳し、「ひとは……」として用いる。世間一般の人をさすこの語は、ふつう訳出しないか、受身に訳して使う。「ひと」という表現をこのように使ったのは、三木が最初であるらしい（大久保孝治「清水幾太郎における文体の変遷」）。
一　欧文でいう単文章（主語、述語からなる）は少なく、複合文章（二つ以上の単文章）が多い。
一　欧文（ドイツ語）をそのまま直訳したような表現が多い。
「……ことではなく、却《かえっ》て……」（... nicht ... sondern）

（注）否定の文（句）のあと、反対を強調する表現。

「……ことは疑はれない」（Es besteht kein Zwelfel, daß ...）
「……のは明瞭である」（... ist klar, daß ...）
「……と彼は記してをる」（... Er schreint, daß ...）
「……と述べてをる」（... sagt, daß ...）
「……られねばならぬ」（... muß ...）
「……しようと関心する」（... interessiert sein ...）

田中美知太郎によると、三木の森五郎あての手紙にも興味ぶかいものがあるという。まずその文体が奇妙な感じをあたえる。かれは「…のである」といった論文口調の手紙を書いているからである。しかもそれは翻訳文のような口調なのである。

三木が外国から森にかぎらず、恩師や知人に宛てて出した手紙は、いったいにドイツ語やギリシャ・ラテン語などを散りばめた、混交文である。三木の翻訳文口調の文体は、枚挙にいとまがないが、たとえばつぎに引くものからもうかがえる。

「そしてそれ以来私はひそかにそれらの人々を軽蔑した」（マールブルクより森五郎宛書簡、一九二四・一一・一〇付）。

「私は多分マルセーユへ宛てて君へ次の手紙を書くことが出来るだろう」（マールブルクより森五郎書簡、一九二四・三・一六付）。

さらに森宛の「君の東京の宛名を私へ、まで通知しておいて欲しい」という文章における前置詞の使い方をみると、擬似ドイツ語的に感じられるという（田中）。

ふだんドイツ語を耳で聞いたり、話したりする世界にどっぷりつかっていると、発想がだんだんドイツ人のようになるのかもしれぬが、三木清は講演においても、書いた文章そのままの口調でしゃべったという（田中）。つまり三木は、自分が用いる書きことばも話しことばと大きな違いがなかったということであろう。それにしても三木の文体は、上下《かみしも》をまとったような、堅苦しいものである。

7　三木清の『パンセ』読解

パスカルが書いた思索の断片を、後代の者が一書に編んだのが『パンセ』である。が、フランス語を母国とせぬ日本人が、この〝瞑想録〟を正しく読みとくことは容易ではなく、装備としてまず信頼できる原典や辞書・解説書・訳本などが必要になる。読解の方法とプロセスは、通読（ひととおり読む）――精読（細かいところまで注意してよむ）――味読（味わいながらよむ。鑑賞）――批評（作品のよしあし、価値を決定する）である。原典批評は、解釈操作そのものである。解釈とは、読み手が原典の意味を理解する行為である。

三木はパスカル論を書くとき、邦訳を利用することなく（注・最初の『パンセ』訳は、前田長太《ちょうた》訳『パスカル感想録』洛陽堂、大正3）、原文（フランス文）にいきなり入っていったかと思える。が、『パンセ』

理解の第一段階として、かれは原文を正しくよむことができたかどうか知る必要がある。これより原文をひき、三木訳を検討してみよう。

まずかれは論文の冒頭において、「二　神をもたぬ人間の不幸」（ヴィクトール・ジロー編『パスカル・パンセ』の六七〜一二三頁）から一節を引用している（Victor Giraud éd. Pascal *Pensées*, 1924, p. 67–123)。

*144. — J'avais passé longtemps dans l'étude des sciences abstraites; et le peu de communication qu'on en peut avoir m'en avait dégoûté. Quand j'ai commencé l'étude de l'homme, j'ai vu que ces sciences abstraites ne sont pas propres à l'homme, et que je m'égarais plus de ma condition en y pénétrant que les autres en les ignorant. J'ai pardonné aux autres d'y peu savoir. Mais j'ai cru trouver au moins bien des compagnons en l'étude de l'homme et que c'est la vraie étude qui lui est propre. J'ai été trompé; il y en a encore moins qui l'étudient que la géométrie.

「私は永い間抽象的な學問の研究に時を過した、そしてこの研究ではひとは僅かの交際しか得られぬと云ふことがこれに對して私に嫌惡の念を懷かせた。私が人間の研究を始めるやうになつたとき私は、これらの抽象的な學問が人間に適はしくないこと、そしてそれを突込んで知つてゐながら私はそれを知つてゐない他の人々よりも一層多く私の狀態に就て迷つてゐることを見た。私は他の人々がかの學問に關して僅かしか知らないことを宥した。然し私は少くとも人間の研究に於ては多くの友達を見出すこと、そしてそれが人間に適はしい眞の研究であることを信じてゐた。私は欺されてゐたのであつた、人間を研究する者は幾何學を研究する者よりも更に少數しかゐない。」(144)註。

三木訳をよむと、回りくどい日本語であることがわかる。原文がいわんとするところを、おおむね伝えているように思えるが、すっきり頭に入ってこない、理解にくるしむ箇所もある。たとえば、「そしてこの研究（抽象的学問）ではひとは僅《わず》かの交際しか得られぬと云《い》ふことがこれに対して　私に嫌悪《けんお》の念を懐《いだ》かせた」の原文は、et le peu de communication qu'on en peu avoir m'en avait dégoûté.

である。
三木がいう「この研究」とは、いうまでもなく「抽象的な学問」のことである。つぎの「ひとは僅かの交際しか得られぬ……」とある箇所は、抽象的な学問をやっている仲間との交際の意であろう。

この一文は、前田陽一訳（『世界の名著　パスカル』中央公論社、昭和41・11）では、「そして、それらについて、通じ合うことが少ないために、私はこの研究に嫌気《いやけ》がさした」となっている。「それら（抽象的な学問）について、通じ合うことが少ないために……」も、文意がはっきりしない訳である。だれと通じ合うことなのか。「通じ合う」とは、人と意思の疎通をはかることができることであろう。パスカルの原文を直訳すると、「そしてひとはそれ（en——中性代名詞）についての交際をわずかしか持てぬため、それにうんざりした」となろうか。communication の語（人とのつきあいの意）をどう解するかが、この一文を正しく解釈する決めてとなる。由木訳では、「そしてそれによって交はり得る人々が少いのに嫌気を催した」（『パスカル瞑想録（上）』白水社、昭和22・7）となっている。

平易に訳すと、「そしてそれ（抽象的な学問）によって交際できる人が少ないために、嫌気がさした」となろう。

「私は、これらの抽象的な学問が人間に適《ふさ》はしくないこと、そしてそれを突込んで知つてゐながら私はそれを知つてゐない他の人々よりも一層《いっそう》多《おお》く私の状態に就《つい》て迷《まよ》つてゐることを見た」の原文は、Quand j’ai commencé l’étude de l’homme, j’ai vu que ces scinces abstraites ne sont pas propres à l’homme, et que je m’égarais plus de ma condition en y pénétrant que les autres en les ignorant. である。この三木訳もわかりにくい。

原文を直訳すると、「わたしが人間の研究をはじめたとき、そういった抽象的な学問が人間にとってふさわしくないことを知った。またそれを知らぬ他の人たちよりも、それに深入りするわたしの方が、ずっと自分の状態に迷っていることを知った」となろう。三木は ma condition を直訳し、「私の状態」とし、前田は「自分の境遇」、由木は「自分の状態」と訳している。日本語で〝境遇〟というと、ふつう人が置かれている環境や状況を意味する。

由木康は des sciences abstraites を三木や前田のように「抽象的な学問」と訳さず、思いきって「数学」としている。Je m'égarais plus de ma condition en y pénétrant que les autres en les ignorant は、三木訳では、「私は、……そしてそれ（抽象的な学問——引用者）を突込んで知っていながら私はそれを知っていない他の人々よりも一層多く私の状態に就て迷っていることを見た」と、まわりくどく、わかりにくい訳となっている。この一文は、前田訳では、「またそれ（抽象的な学問——引用者）に深入りした私のほうが、それを知らない他の人たちよりも、よけいに自分の境遇から迷いだしていることを悟った」となっている。

由木訳は、前掲二者の訳よりもさらにわかりいいものであり、「私は、……それを知らない人びとよりも、それに深入りしている私の方が、より一層自分の状態について迷っていることを覚《さと》った」となっている。

つぎの三木訳もわかりにくい。

「我々の叡智は叡智的なるものゝ秩序に於て我々の自體が自然の廣袤に於けると同一なる順位を占めてをる」（72）。

（注）「二　神をもたぬ人間の不幸」（六七～一二三頁）。

Notre intelligence tient dans l'ordre des choses intelligibles le même rang que notre corps dans l'étendue de la nature.

これは前田訳では、

「われわれの知性は、知的なものの次元において、われわれの身体が自然の広がりのなかで占めるのと同じ地位を占めている」

となっている。三木はl'ordreを「秩序」とし、前田は「次元」と訳している。由木は「位置」と解している。des choses intelligiblesを三木は「叡智的なるもの」、前田は「知的なもの」、由木は「思惟的な事物」としている。

由木訳のこの箇所は、「我々の知性は、我々の身体が自然の広がりの中で占めているのと同じ位置を、思惟的な事物の世界で占めているのである」となっている。また三木はnotre corpsを「我々の自体」と訳し、一方前田は「われわれの身体」、由木は「我々の身体」としている。三木が用いている「叡智《えいち》」は深い道理を知ることができる知恵の意であり、ふつう「英知」とも書く。日本語の「自然の廣袤《こうぼう》(土地の広がりの意)」は、難語である。また三木はle même rangを「同一なる順位」と訳し、前田は「同じ地位」由木は「同じ位置」としている。

つぎの三木訳も、わかりにくい。

「在る快樂の徒らなることの感情と、在らぬ快樂の空しきことの無知とは不安定を結果する」(110)。

前田は原文のこの文章に相当する箇所を、「今ある快楽が偽りであるという感じと、今ない快楽のむなしさに対する無知とが、定めなさの原因となる」としている。

***110.** — Le sentiment de la fausseté des plaisirs présents, et l'ignorance de la vanité des plaisirs absents causent l'inconstance.

この部分の由木訳は、「現に味はっている快楽の虚妄を感じ、未《ま》だ味ははない快楽の空虚を知らないところから、移り気が生まれる」となっている。

Des plaisirs présents とは、「いま心に残っている快楽」ということであろう。fausseté は「誤り、いつわり」の意である。et l'ignorance de la vanité des plaisirs absents は、「いま心に残っていない快楽がむなしいものであることを知らぬから」、causent l'inconstance「移り気の原因となる」が原意である。つぎに引くものは、三木が意味をとりちがえた例である。かれは des orgues（オルガンの意）を「楽器」と訳している。ふつう orgues と複数形で用いられるこの語は、厳密にいうと〝パイプ・オルガン〟の意という。à la vérité は「たしかに」という意の副詞句である。

111. — *Inconstance*. — On croit toucher des orgues ordinaires, en touchant l'homme. Ce sont des orgues, à la vérité, mais bizarres, changeante, variables

「ひとは人間に觸れるとき普通の樂器に觸れると信じてをる。けれど眞實を云へば、それは奇體な、變り易き、定めなき樂器である」(111)。

前田訳は、「定めなさ。人は、普通のオルガンをひくつもりで、人間に接する。それはほんとうにオルガンではあるが、奇妙で、変わりやすく、多様なオルガンである」となっている。toucher は、本来ものや人の体にふれる意か。この文を由木は、「移り気。――人は普通のオルガンを弾くつもりで、人間に接する。確かに人間はオルガンである。だが、奇異な、むら気な、変り易いオルガンであり、…」と訳している。指示代名詞 ce のあとに複数名詞 des orgues が来ており、由木だけが、「人間は……」としている。

つぎの原文にある副詞 naturellement は、「自然に」と「生まれつき」の二つの意味がある。

が、三木は「自然に」と訳している。しかし、前後の文脈から、ここでは「生まれつき」か「生来」と訳すべきものであろう。前田と由木訳では、「生来」となっている。

125. — *Contrariétés.* — L'homme est naturellement crédule, incrédule, timide, téméraire.

「人間は自然に信じ易く、疑ひ深く、臆病で、大膽である」(125)。

つぎに引く三木訳も難点があるようだ。三木はただ字ずらを、そのまゝ日本語に写し変えたような印象をあたえる。冒頭の文に「我々」が四回も出てくると、くどくなる。かれは notre propre être（われわれ自身の生の意）を「我々の本体の存在」と訳している。La vie que nous avons en nous は、直訳すると、「われわれが持っている生（活）」であるが、これは「われわれの精神生活」とでも訳せそうである。de paraître（外見をかざる、人目をひくの意）は、前田訳では「外見を整える」、由木訳では「世に顕《あら》はれようと……」となっている。travailler は前置詞 à をともない、「……することに努める」意が本義である。

「我々は、我々に於て、我々の本體の存在に於て、我々のもつてをる生に滿足しない。我々はひとつの想像的な生をもつ他の存在の觀念に於て生きることを欲ひ、そしてそれに對して顏を出さうと努める。我々は我々の想像的な存在を美しくし、そしてこれを保つために絶えず働いてまことの存在を忽せにする」(147)。

*147. — Nous ne nous contentons pas de la vie que nous avons en nous et en notre propre être : nous voulons vivre dans l'idée des autres d'une vie imaginaire, et nous nous efforçons pour cela de paraître. Nous travaillons incessamment à embellir et conserver notre être imaginaire et négligeons le véritable.

前田訳は、「われわれは、自分のなか、自分自身の存在のうちでわれわれが持っている生活では満足しない。われわれは、他人の観念のなかで仮想の生活をしようとし、そのために外見を整えることに努力する。われわれは絶えず、われわれのこの仮装の存在を美化し、保存することのために働き、ほんとうの存在のほうをおろそかにする」となっている。

この一節を由木は、「我々は自己のなかで、自己自身の存在のなかで栄《さかえ》む生活に満足しない。他人の観念のなかで、或る架空な生活を送らうと欲し、それがために世に顕《あら》はれようと努《つと》める。我々は絶えず自己の架空な存在を修飾し且《か》つ保持しようと力《つと》め、真の存在を等閑《とうかん》にする（なおざりにする意――引用者）」と訳している。

三木は **la vie** を「生」、前田と由木は「生活」と訳している。

つぎの三木訳は、わからぬでもないが、いかにも直訳調であり、あまりすっきりしない。**allées et venues** は共に名詞であり、「行くことと戻ること」の意である。前田訳では、「人間の本性は、いつでも進むものではない。進むこともあれば、退くこともある」と、かみくだいて訳してある。

「人間の本性は常に往くことではない、それは彼の往と還とをもってをる」(354)。

つぎの三木訳は、「その」といった所有形容詞をあいまいにしたままの直訳文である。

前田訳では、この一文は「ところで、考えの順序は、自分から、また自分の創造主と自分の目的から始めることである」となっていてわかりやすい。由木訳は、「ところで、思考の順序

354. — La nature de l'homme n'est pas d'aller toujours elle a ses allées et venues.

は、自己から始め、自己の創造主と自己の目的とに向ふにある」となっている。三木、前田、由木らは、おなじように訳し、commencer par… 「から初め（始め）……にむかう」としている。

「思索の順序は自己から初めて、そしてその創造者、そしてそ(の)目的に向ふ」(146)。

三木の「パスカルの生と存在論的解釈」に引用されている順序に従い、いくつかかれの訳文をひろって検討してみたが、大観すると、三木訳は直訳を特徴としている。訳文は読み手が原文をどのように読み、理解したかを如実に示すものとすれば、もしそれがぎこちないものであったり、意味不明なものであったとしたら、訳者は原典を正しく読んでいることにならない。三木は原意をかならずしも正確に読みとれず、よくわからぬまま、自己流に解釈したものであろう。したがって三木のパスカル解釈は、なまかじりなもので、それが十分に自分のものになっていない。かれは半解の徒であった。

むすび

早稲田の煙山専《けむやません》太郎《たろう》（一八七七〜一九五四、明治から昭和期の政治学者。早大教授。東大の卒論を本にした『近世無政府主義』［一九〇二］で知られる）が、外遊に出かけ、ベルリン入りをしたのは、一九二三年（大正12）十月十五日の夕方のことであった。翌十六日、ベルリンやライプチヒでパン騒動が起こったことを耳にはさんだ。電車やバスの上から市内をみたところでは、とくに変わったところがなかった。

***146.** — Or l'ordre de la pensée est de commencer par soi, et par son auteur et sa fin.

しかし、新聞をのぞいてみると、ドイツ各地で不穏な出来事が起こっていることがわかった。この年の一月十一日、フランスとベルギー両軍は、ドイツが賠償金の支払いをひき伸ばしているのを怒り、ルール地方（ヨーロッパ最大の大炭鉱地帯、大重工業地帯）を占領した。ドイツ側はこれにたいして消極的な抵抗をしめしたにとどまった。ルール地方が占領される前から、マルクが大暴落するまでの間の為替相場（レート）は、つぎのようなものであった。

一月初旬……………英貨一ポンドに対して　一万マルク
一月末………………〃　七万マルク
五月～八月中旬ごろ……〃　一四六〇万マルク
十月初旬………………〃　一五億マルク
〃下旬…………………〃　六〇〇億マルク

ドイツの大インフレーションは、単にルール地方を占領されたことにその原因があったのではない。ドイツの戦費は、直接課税によらず、もっぱら公債（国家や公共団体が負う債務）の発行によってまかなってきた。これらの公債は、戦勝後の、敵国からの戦利品を当てにして出されたものであった。が、ドイツは戦争に負けたばかりか。復員兵や失業者の救済などに多くの支払いをよぎなくされた。

さらに不換紙幣（金、銀の正貨ととりかえられぬ紙幣）が市中にあふれ、マルクはますます低落した。また戦後の社会不安から国内の生産は低滞したばかりか、多額の賠償を戦勝国に支払わねばならなかった（林健太郎『ワイマル共和国』中央公論社、昭和59・1）。

すなわちドイツは、重層的な悪条件につきうごかされ、インフレ地獄への道をつき進んでいたのである。結果において、ドイツは、同年秋にレンテン・マルク（インフレを克服するためレンテン銀行が発行したマルク紙幣。一兆マルクの紙幣）を発行し、それを一新マルクと交換することによって奇跡的にインフレを鎮静化できた。

一九二三年（大正12）秋といえば、三木がハイデルベルクからマールブルクに移動した時期である。かれは外貨のめぐみをまだ受けていたころであろう。かれが大量の洋書を購入できたのも超インフレ下の外貨のおかげであった。

煙山はベルリンに着いた日の夜に、電車にのっているが、そのとき払った電車賃は、二千万マルク。数日後、それは五千万マルクになり、二十日には一億マルクになっていた。ドイツ政府はこの需要に応じるために、さかんに不換貨幣を刷るのだが、とても刷りきれないので、ついには古い紙幣のうえに新しい金額を赤インクで印刷せざるをえなくなった。一九二三年十一月末のドイツ国内の流通紙幣は、四二五クインチリオン（一クインチリオンは、一にゼロを三十くわえたもの）であった。

十月二十三日前後に、煙山はハンブルクに行ったが、泊まった高級ホテルの宿賃は、二六〇億マルクであった（邦貨にして四円くらい。この額はけっして安くはなかった）。そのホテルで昼食をたべると、定食が五〇億マルク。パンとコーヒーの代金が、それぞれ十億二千万マルクであった（煙山専太郎『再生の欧米を観る』実業之日本社、昭和3・6）。

文科系の人間（とくにアカデーミカーと呼ばれる教師、研究者、学生）は、斬新な研究テーマがみつかると、まず先行研究の有無について調べ、ついで素材として文献資料をあつめようとする。そして材料がじょじょに集まると、それらに目を通すようになる。やがて研究の構想がだんだん煮つまってくる。書きたい題目や問題点がすがたを見せるようになる。研究論文の作製は、職人がものを作ったり、調理師が料理をつくるのと何ら変わらないのである。

素材のよしあしも大事であるが、粗材であっても扱いしだいで命の通ったものになり、よいものを作れるかもしれぬ。

三木清が書いたものは独創性に富むものかどうか何ともいえないが、戸坂潤（一九〇〇～四五、昭和期の哲学者・評論家。元法大教授、獄死）によると、三木は「無から何かを創り出すというような意味での独創家ではない」という。かれが唱えだすものは、すでにそこに現われているもの。その思想の中味もすでに知られているもの。かの文章がときに中味がなく、持って回って難解であっても、通俗性と常識性をそなえているという。三木は発明家というより〝発見家〟〝応用家〟であるという（「19　三木清氏三木哲学」『戸坂潤全集　第5巻』所収、勁草書房、昭和42・2）。

戸坂と似たようなことをいっているのは、大内兵衛（一八八八～一九八〇、大正・昭和期の経済学者。森戸事件で東大をやめ、戦後復職し、東大教授のち法大総長）である。一言でいうとかれは三木を哲学者として高くかっていない。大内によると、三木は死して時代の英雄になった。三木が英雄になったのは、その死に方（死にざま）が英雄的であったからだという。またかれは思索家としての三木を評して、「僕は三木君がそんなにオリジナル（独創的）な思想家であるとは思わない。また彼が日本の誇りとなるほどの哲学者だとも考えない」という。

大内の観るところ、三木は西洋の哲学をよくかみくだいて身につける能力をもっていた学者であり、その教養を基礎とし、広義の社会的な問題について、ひととおりの見識をもつ人であった。三木のあれくらいの学問なら、西洋の一流教授ならだれでも持っているものである。またあれくらいの社会的見識なら、三宅雪嶺や長谷川如是閑ももっていたという。

西田哲学がどれほどのものであるにしても、それが今後の日本の哲学にはならないという。三木がかりに長生きしたとしても、大したことはできず、死なななければこんにちほどの英雄にならなかったであろうという（大内兵衛「三木君のこと」『哲学評論』第4巻第3号、民友社、昭和24）。

かりに三木の一連のパスカル論が、ひとりよがりの半解にすぎなかったとしても、かれが読者に粗飯を提供したことはたしかである。

三木清の『パスカルに於ける人間の研究』がこのような作品であったとすると、三木そのひとの人間性（本性）はどのようなものであったのか。かれは自己顕示欲のつよい人間であったようだ。自分をより大きくみせるためなら、ドイツ人を目の前にして、臆《おく》せず研究発表をやり、ときにウソをも平気でつく人間であった。かれに虚言癖があったとすれば、それはある意味で劣等感のうらがえしではなかったか。

かれは堂々とした容貌をもたなかった。好きになった女性、惚れた女性からことごとく袖にされた。愛する女性にうけ入れてもらえなかったのは、単に顔かたちや容姿だけが理由ではない。人から嫌われる要素、わるい性格があったようだ。かれは慎《デリカシー》しみ深さに欠け、常識では考えられぬ奇怪さ（ふしぎさ）があったからである。

かれの容貌の特徴は——その広いおでこ、その金壺《かなつぼ》まなこ（くぼんだ丸い目）、つばをためたぶ厚い唇などから成っていた。三木とおなじように報道班員としてマニラにいた今日出海《こんひでみ》（一九〇三〜八四、昭和期の小説家・評論家。のち文化庁長官）によれば、青年時代にパスカルを研究した三木の著作の中心は、パスカルという人間の妖怪性（あやしさ）にあるという。三木は人間化《ば》けもの論を引用し、この論をふかく広く展開したという。

今《こん》は三木が妖怪性を顕著にもっていると思った。今《こん》が三木の中にみたものは、パスカルの分身《ドッペルゲンガー》であったのであろう。パスカルも三木も、怪しいことばを使って、人を惑わしたのである。

三木清のドイツ、フランス留学の意義と成果とはなんであったのか。

官費留学生には、いろいろなタイプがあるが、中には遊蕩三昧にひたり、〝遊学〟を地でいった例も少なしとしない。しかし、三木の場合は岩波という一書店の篤志出費による私費留学にちかいものであった。かれは岩波から出資をえたときの気持ちを何も語りのこしていないが、おそらくその好意的な申し出に欣喜雀躍したことであろう。

折からドイツは第一次大戦後の超インフレ時代であったから、外国人はその外貨を最大限活用でき、何百何千倍にも使えるよき時代であった。逆にドイツ人にとっては、地獄の時代であった。三木は為替相場のおかげで、学習のあいまに書物の蒐集に努め、船便でどんどん日本へ送った。その数は数千冊。

三木にとっての海外留学は、京都の学生生活の延長であり、実際かれはよく勉強したようだ。留学先のハイデルベルクでは、著作によりその名を知っていた著名な学者の講義をひやかし程度に出ただけでやめた。が、替わってゼミや読書会に精力をそそぎ、また余暇のすべてを読書につかった。

むずかしい内容の専門書をどこまで理解し、読み進んだものか不明だが、興味をひく内容だけをひろい読みし、他はすてたものであろう。人が書いたものを読む行為を〝勉強〟というとすれば、かれはじつに勉強家であった。かれは人の述作をただ読むことだけに満足せず、まずいドイツ語を駆使し、西洋の学徒に伍してゼミナールで、みずから設定したテーマについて、何度もレポートを発表した。また師匠（リッカート）のあっせんにより、有力紙に小論をのせてもらった（岩波茂雄への報告では、新聞社からの依頼原稿であるとし、ウソをいっている——一九二三・五・一六日付書簡）。それは留学の費用をだしている岩波茂雄への恩にむくいるよき成果報告であった。

三木はドイツの大学生が修学地を転々とするように、ハイデルベルクよりマールブルクに転学した。大学で学んだのはこの二年半だけである。のちフランス（パリ）に移動するのだが、当地の大学に籍をおかず、その公開講座に何度か顔をだしただけでやめた。あとは興味をひくフランス書をもとめ、それらを下宿で耽読した。かれはすでにマールブルクにいたころ、パスカルの『パンセ』にふたたび着目し、哲学的人間学（人間の存在を問う）の見地から、それを味読しはじめていたようだ。

パリで本格的にパスカル文献をあつめるにつれて、ハイデガーの手法を手本とし、新たにパスカルについて稿をおこした。

その結果生まれた論文が、三木にとっての最初のパスカル論「パスカルの生と実存主義的解釈学」である。このタイトルだけでは、実際それが何の研究なのか、イメージできないが、これをつぎのように読み換えることができる。

——パスカルにおける人間の生の表出（すなわち『パンセ』に現われた人間）を、その表現された文字から解釈しようとしたもの——と。

三木のフランス語は、一高生のとき暁星学園の早朝クラスですこし習っただけのもので、ほどなく中断した。渡欧後、ドイツやフランスで、仏人教師につき会話を中心に学習を再開した。

日本人にとっての語学（英独仏）はむかしから、イロハを習ったのち、教わるというより、勉強させられた歴史でもある。三木のようにすぐれた頭脳の持主なら、語学の手ほどきを受けたのち、独学でじゅうぶんやってゆけるはずである。かれの古典語（ギリシャ、ラテン語）も、はじめ独学であり、ドイツ留学中に再開し、ドイツ人から原典を読んでもらった。

まんぞくな仏和辞典がない時代における、三木のフランス語学習歴をたどると、かれは日本人教師から仏文の訳読（和訳）をならわず、フランス人から実用会話程度のものしか教わっていない。かれは高級なフランス文を読解する訓練をほとんど受けていないのである。そういった中途半端な修業で、はたしてパスカルの『パンセ』のような難解なフランス語を正確によむことができたかといった素朴な疑問が生じる。

三木のパスカル論第一号（「パスカルの生と実存主義的解釈学」）にみられる訳文を検証した結果、つぎのような点が明らかになった。

一、三木は『パンセ』のところどころを読みちがえている。
一、三木は自分で読みとけない、難解な箇所を原意から逸脱し、自己流に解釈している。
一、三木訳は直訳にちかく、読みづらいばかりか、悪文である。
一、三木は『パンセ』をよく理解していたとはいえない。

三木の『パンセ』の読解が、かならずしも正確なものでないとすると、後年それを訳述したパスカル学の権威（前田陽一、由木康）の訳業は、どうであったのかといった疑問が生じる。両者の訳文を仔細に検討すれば、誤りもあるはずである。が、いまそれにふれることは控えよう。

筆者にとって前田訳より、由木訳のほうが、いちばんわかりよく、親しめるものであった。由木はきっと、原意がよくわかっていたのであろう。それがそのまゝ訳文に反映されているのである。……

参考文献

『太陽』博文館、大正13・1・1。

『九州大学新聞』昭和2・6・18付。

松永材『リッケルトの価値哲学』冨山房、昭和2・7。

『大正大学学報』第8輯、大正大学出版部、昭和5・7。

由木康訳『仏蘭西古典文庫　1　パスカル瞑想録　上』白水社、昭和22・7。

前田陽一編『世界の名著　24　パスカル』中央公論社、昭和41・11。

前田陽一・由木康訳『パンセ』中央公論新社、昭和48・12。

三木清「パスカルと生の存在論的解釈」『思想』第42巻第47号所収、大正14・5。

谷川徹三・東畑精一編『回想の三木清』文化書院、昭和23・1。

今日出海『小説集　人間研究』新潮社、昭和26・5。

浜田義文・藤田正勝監修『三木清の生涯と思想』財団法人霞城館、平成10・3。

岩波書店編集部編、飯田泰三監修『岩波茂雄への手紙』岩波書店、平成15・11。
(注) 同書の二四六頁〜二八〇頁まで、三木がヨーロッパから出した岩波宛の書簡二十一通を収録している。『三木清全集』に入っていないもの。三木の留学生活を知る貴重なもの。
柴田隆行「三木清のドイツ留学生活」『井上円了センター年報』第6号、平成9・7。

大久保孝治「清水幾太郎における文体の変遷」『早稲田大学大学院文学研究科紀要』第65巻、平成32・3。

宮永孝「法政と社会学」『社会志林』第65巻第4号、平成31・3。

『太陽』博文館、大正13・1・1。
(注) マルクの下落と食物の欠乏にくるしむ貧民の写真を収録。
石山脩平「教育的解釈学」『教育・国語教育特別号　解釈学と国語教育の問題』所収、厚生閣書店、昭和9・9。

岩淵悦太郎編著『第三版　悪文』日本評論社、昭和55・1。

三木清編『新版　現代哲学辞典』日本評論社、昭和16・3。
『三木清全集　第13巻』岩波書店、昭和42・10。
『立正大学の一二〇年』立正大学学園、平成4・10。
『吉野作造選集　12』岩波書店、平成7・5。
内田弘『三木清——個性者の構想力』御茶の水書房、平成16・8。
（注）三木のドイツ、フランスの下宿先の珍しい写真を添えた好書。
Victor Giraud éd. *Pascal Pensées*, Les Éditions G. Crés et Cie, 1924
Heidelberger Bilderbuch, Erinnerungen von Hermann Glockner, H. Bouvier u Co. Verlag, Bonn, 1969
Werner Moritz hrsg. *Japanische Studenten in Heiderberg*—Ein Aspekt der Deutsch-japanischen Wissenschafts beziehungen in den 1920er Jahren, Archiv und Museum der Universität Heidelberg, Schriften 19, Verlag Regionalkultur, 2013
（注）ドイツ帝国のころから第一次世界大戦後の時代（わが国の幕末から大正十年代にあたる）に、ドイツの大学に学んだ正規、非正規の日本人留学生の数は、ゆうに二千名をこえるようだ。同書には阿部次郎、天野貞祐、三木清、九鬼周造、北玲吉、石原謙、羽仁五郎、成瀬無極、大内兵衛、赤松要《かなめ》ら十名の日本人留学生の記事が収録されている。かれらはいずれも非正規学生（聴講生）として、講義やゼミナールに出席した。その学籍簿上の記録は貴重なものであり、かつ興味をひく。本書は参考とする点が多かった。好書である。
H. Sutherland Edwards, *Old and New Paris*, vol. I, Casseell and Co., Limited, London Paris & Melbourne, 1893
Walter Kürschner, *Geschichte der Stadt Marburg*, N. C. Elmertische Verlagsbuchhandlung, C. Braun, 1934
Elmar Mittler hrsg. *Heidelberg, Geschichte und Gestalt*, Universitätsverlag, 1996
Karl Baedeker, *Northern Germany*, Karl Baedeker, Publisher, Leipsic, 1904
Karl Baedeker, *The Rhine*, Karl Baedeker, Publisher, Leipsic, 1911
Karl Baedeker, *Southern France*, Karl Baedeker, Publisher, Leipsic, 1907
Karl Baedeker, *Paris and environs*, Karl Baedeker, Publisher, Leipsic, 1913

第二章

三木清の方法――「スピノザに於ける人間と国家」

はじめに

オランダを代表する孤高の哲学者スピノザ（一六三二～七七）は、政治学者・国家学者でもあった。スピノザ生誕三〇〇年記念にさいして、日本ヘーゲル連盟は「スピノザ研究」を公刊することになり、内外の著名な研究者八名が寄稿したスピノザ論をもって成ったのが『国際ヘーゲル連盟日本版　スピノザとヘーゲル』（岩波書店、昭和7・7）である。国際ヘーゲル連盟日本支部の代表者であった三木清は、この記念号に「スピノザに於ける人間と国家」と題する論文をよせている。

三木そのひとは、一種の天才的直観をもって、問題点を掘りおこし、推論し、結論をみちびき出すことにすぐれていたが、スピノザの最晩年の著述『国家論《トラクタトゥス・ポリティクス》』Tractatus Politicus（〝国家経営論〟が原

スピノザ

三木清

意か。一六七五～七七年のあいだに執筆。未完成）をおもな論題《テーマ》にえらんだのである。かれはスピノザ論において何を意図したのであろうか。

　該博な知識を背景に、主題の設定、演繹、関連づけにすぐれた能力を発揮した三木は、ある意味において、書物くささがぬぐいきれぬ、机上学問の哲学者であった。いま筆者がいちばん興味があるのは、かれがくだんの論文を書くとき、どのような方法を用い、どのような材料を使ったかという点である。いわば三木の創作の秘密の一端を知ることである。三木の論文構想の道程（みちのり）、思索のあとを「スピノザに於ける人間と国家」を研究材料としてさぐってみたい。

1　三木論文の内容

　三木は「スピノザに於ける人間と国家」をどのように作成したのか。その創作の過程（みちすじ）を構造的に分析しようとするのが、筆者の目的である。三木論文の組み立て方には、一定の法則（やり方）があるはずである。かれは論文を作成するとき、何に着目し、それをどのように問題化し、掘りさげ、展開し、結論に至るのか。帰結に至るまでの道筋において、かれは論理を補強し、説をうらづけるために、いろいろ文献を引用する。

三木はこの論文の劈頭、スピノザが国家論（国家に関する理論）において意図したものについて語っている。かれはスピノザの政治論文をひいて、スピノザの国家論は、「人間的本性の状態」ex ipsa humunae conditione deducere intendi（人間が本来もっている性質のありさま）からみちびき出すに在るとのべている（Tr. pol. I, 4)。ここで三木は、マールブルクにいたとき、さかんに読んだヴィルヘルム・ディルタイ（一八三三〜一九一一、ドイツの哲学者。バーゼル、キール、ブレスラウ、ベルリン大教授）の説を引用する。ディルタイの一書『十六、七世紀の文化における人間学のはたらき』のことばを借りて、スピノザの国家論を人間学と呼んでいる。

三木によると、スピノザの国家論は、人間学を基礎とした最も典型的な場合（例）、という。ここで三木は、スピノザの主著『倫理学《エチカ》』の「序論」をひき、人間的本性（もともとある性質）の中味について説明している。スピノザは、人間の諸活動をありのまゝに認識することに努めたという。人間的諸情念（感情をともなう思い）、すなわち愛情・憎しみ・怒り・嫉妬・功名心・同情などは、人間の本性に属する性質であった。スピノザにとって、〝情念《アフェクトゥス》〟を科学的に研究することが、国家論の基礎であった。同時にかれの情念論は、人間学の主要部分の一つでもあった。

ここでいう〝人間学〟とは、どういうものか。

人間学を、〝人性学〟（人間がもっている性質、性格を究める学問）と解した方がよさそうである。人類学が、ひとを生物学的に研究するものとすれば、人間学は、ひとを心理学的、哲学的に研究する学問という（新明正道編著『社会学小辞典』岩崎書店、昭和25・2、二九六頁）。こんにち人間学は、〝哲学的人間学〟と、ほぼおなじ意味に解されているという（同書）。

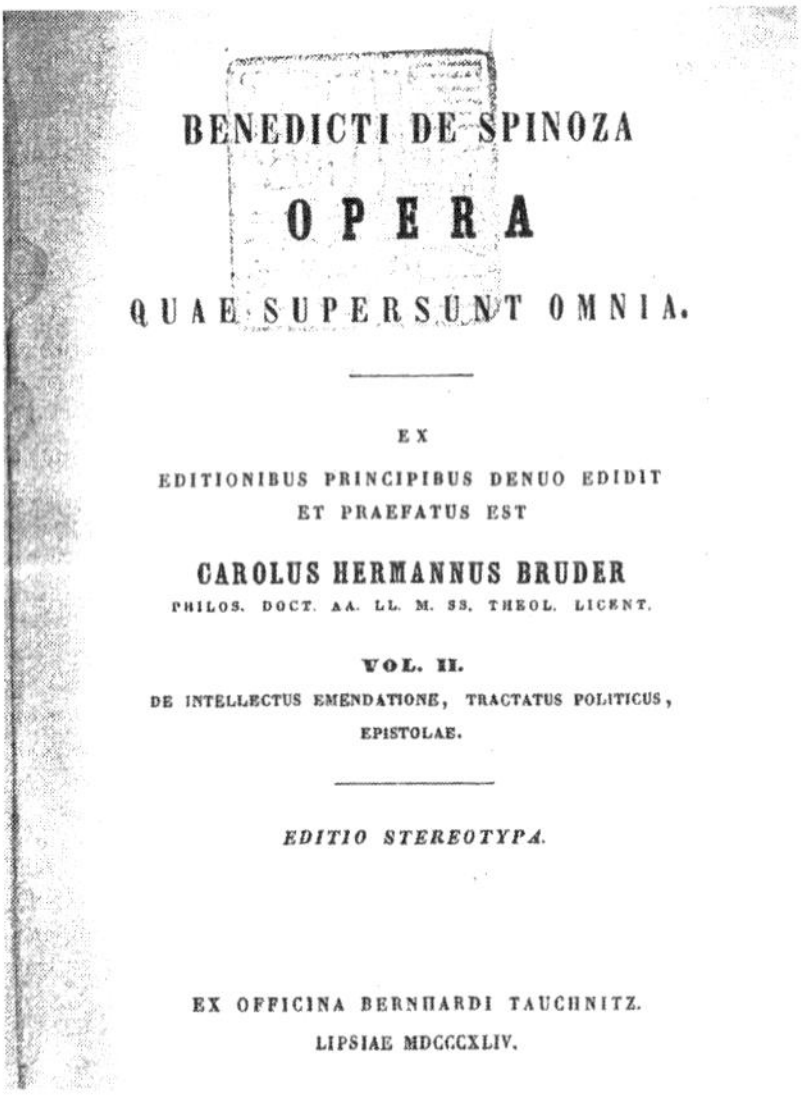

BENEDICTI DE SPINOZA

OPERA

QUAE SUPERSUNT OMNIA.

EX

EDITIONIBUS PRINCIPIBUS DENUO EDIDIT

ET PRAEFATUS EST

CAROLUS HERMANNUS BRUDER

PHILOS. DOCT. AA. LL. M. SS. THEOL. LICENT.

VOL. II.

DE INTELLECTUS EMENDATIONE, TRACTATUS POLITICUS,

EPISTOLAE.

EDITIO STEREOTYPA.

EX OFFICINA BERNHARDI TAUCHNITZ.

LIPSIAE MDCCCXLIV.

「国家論」を収録している『スピノザの遺稿のすべて』1844年［第2巻］

ついで三木は、人間学の一般的性質について問題提起している。かれはそれを心理学と解してはならぬ、といっている。さらにスピノザを引き、国家に関する諸問題に心理学的説明をあたえたものと考えてはならぬ、という。三木はディルタイを援用する。――人間的本性の内容を研究する点で、人間学は近代の心理学と区別される。人間学は、人間の本性もしくは〝生〟（体験としての〝生〟を、直接的にとらえようとする哲学の立場。理知［理性と知恵］に対して感情を重んじる立場）を全存在――人間的存在の存在根拠であるもの――との関係において、研究するものである。だから人間学は、単なる心理学ではなく、ひとつの存在論（不変の実在。本質。客観的実在。存在の意味を問ういとなみ）である。

三木はいう。人間学を基礎とするスピノザの国家論は、その存在論的前提からとらえることによって、根本的に解明される、と。だからかれの『政治論文』『神学・政治論』のようなものは、当然『倫理学《エチカ》』との本質的な関連において理解されねばならぬ。それによって、スピノザの国家論のいちばん重要な内容のひとつの語、自然法（自然を支配する法則。時と所を超越して存在する不変の法。ふつうは人間の自然的性質にもとづく、普遍恒久的な規範や法律の意である。が、スピノザの意は、〝自然権〟にちかい）
自然権（人が生まれながら持っているとされる権利。国家以前に存在するもの。天賦人権）
などの独自性が理解されるという。
三木は、さらにディルタイのことばを借りて、スピノザの国家論の特色は、それが「精神科学の自然的体系」だという点にあるとする。このことは自然科学の方法を精神科学の領域に移入することではないという。両者の方法は同じものであり、対象は原理的に同一なのである。この二つの科学の活動範囲をつくっているものは、「自然」（人類以外に存する外界の意と、人間のもって生まれた性質の意がある）だという。
三木は、スピノザの『倫理学第三部』の「序説」を引用して、つぎのようにいう。——自然はつねに同一である。自然の力、自然の活動力、自然の法則、規則はいたるところ常に同一である。だからあらゆる物の本質の認識も同一でなければならぬ。スピノザの全存在論（存在そのものに関する学説）の根本概念は、〝自然〟であったという。自然は存在をあらわすいちばん包括的な名である。精神科学の自然的体系としてのスピノザの国家論のいっさいの特殊性を理解するには、自然概念のすべての基本的構造を明らかにしてはじめて達成できるという。
スピノザの国家論の特徴は、経験的立場に立つものではなく、現実的なものだということが、その政治論文の序論をみれば分かるという。かれは人間をあるがまゝに捉えようとせず、ユートピア的（理想的）に国家論を描いた哲学者らを非難した。スピノザの政治論文の序論的な部分は、ニコロ・マキアヴェリ（一四六九～一五三七、フィレンツェの外交官・政治家。『君主論』〔一五一三年〕を書いた）につらなるものであり、その影響をうけている。この特異なるフィレンツェ人は、ユートピア的国家を考えだした哲学者らをあなどり、有効な政治論を書こうとする者は、そうあるべき人間の生活でなく、いま現にあるところの人間の生活によらねばならぬとした。

しかし、三木はいう。スピノザをマキアヴェリとおなじ現実主義者とみることはできぬ、と。スピノザの国家論における現実主義（現実にそくしたことを重視する。空想的、理想的なものを排斥する主義）は、哲学的現実主義の帰結であった。それはスピノザにとって、〝神すなわち自然《デウス・シウェ・ナートゥーラ》〟といった汎神論的立場のあらわれであったという。

認識（理性——物ごとを合理的に考え、判断する能力——によって、真理をきわめる行為）は、スピノザにとって高きものであったが、かれは在るがまゝに認識しようとした。スピノザの現実主義的立場は、マキアヴェリのものと似ていないという。三木の観方によると、むしろヘーゲルに近いものという。

ヘーゲルはイエナ時代、「自然法の学問的な取りあつかい方について」と題する論文を書き、この中で既存の諸体系および諸方向に対立して、この領域におけるかれの新理論を説明しようとした。ヘーゲルの取りあつかい方は三分されるという。

第一　経験的取りあつかい方
第二　反省的取りあつかい方

第三　思弁的（経験の助けを借りず、思考だけでつくる認識）取りあつかい方

第二の自然法の、〝反省的取りあつかい方〟とは、カントやフィヒテの哲学的立場をいったものである。ヘーゲルはこの立場（見方、観点）をしりぞけたという。このことは、三木によると、スピノザがユートピア的な考え方を排したことに相当するものかもしれぬという。

その理由として、当為《とうい》の思想（そうすべき、かくあるべし、との要求。義務《ゾルレン》）は、一つの最高の意味におけるユートピアとみなされるからである。第一の自然法の〝経験的取りあつかい方〟における〝自然状態〟に関しては、ヘーゲルはホッブズ（一五八八～一六七九、イギリスの哲学者・法学者）を眼中においていた。自然法思想の歴史について語るとき、ふつうホッブズやスピノザがいっしょに語られるという。両者にはある類似点があるが、決定的な違いもある。

ホッブズの経験論（経験にもとづいて得た見解。経験がすべてとする考え）が抽象的であったのに反して、スピノザの立場は現実主義的であった。

ホッブズ

スピノザが国家論において意図したものはなにか。この点に関して、三木はふたたびヘーゲルの「自然法の学問的な取りあつかい方について」を援用して、「経験または実践と合致するもの」「実践と最もよく一致するもの」をたしかな、疑いのないやり方で展開することであったとのべる。この点に関しては、ヘーゲルも現実主義者であったという。経験的立場は、理論的欠陥がある

にせよ、経験にオリエンティーレン（考えや立場を合わせる）といった大きな利益を有しているという。ヘーゲルには『法哲学綱要』（一八二一年）という著作があり、その序言において、本書を倫理的宇宙としての国家の認識方法を教えるものとしている。が、三木によると、ヘーゲルのこのような態度は、スピノザが政治論文の序論であきらかにした態度とのあいだに、ある一致点をみとめざるをえないという。三木はヘーゲルの『哲学史に関する講義』（一八三七年）に見られる、「ひとが哲学することを始めるとき、ひとはまずスピノザ主義者であらねばならぬ」といった文章を引いている。

これまで三木論文の〝序論〟とも〝前置き〟ともつかぬものをながながと続けたが、ここではじめてかれは自分の論文の目的について語っている。

「今《いま》この小論の目的《もくてき》は、いかなる点《てん》において、またいかなる程度《ていど》まで、スピノザが「思弁的」（経験によらず、理性に訴えて考える）、したがって弁証法的（真の認識にいたる方法。自己の発展によって、自分の内部にある矛盾をなくし、新しい統一をはかる方法）であったかを示《しめ》し、従来《じゅうらい》スピノザの国家論について行《おこな》はれて来《き》た見解《けんかい》（考え方、評価）にたいし、若干の補正《ほせい》を試《こころ》みることにある（補ってぐあいの悪いところを直すこと）」

つまり三木がこの論文においてめざしたのは、スピノザの思弁的‐弁証法的な方法論の観点や大きさを明らかにすることによって、これまでおこなわれてきたスピノザの国家論についての研究上の誤りを多かれ少なかれ正そうというのである。

ここまでが三木論文の第一部である。

第二部は、精神科学（精神現象を研究の対象とするもの。精神の作用から生じるいろいろな現象――宗教、社会、歴史、政治などの理論的解明）の自然的体系にとっての根本命題（判断の対象となる基礎的な問題）からはじまる。三木はスピノザの倫理学を引いて、この命題は、つぎのように表現できるという（Eth. III, 6)。すなわち、自己の有《ゆう》（自分の存在）に固執《こしつ》しようとする努力。すなわち自己保存（生物が自分の生命を守り、発展させようとすること）の努力。これは人間のいっさいの道徳的生活の中心だという。この努力は、それぞれの物の本質でもある。一般的にいえば、人間の本質（本来の性質）は、その力であり、その力は徳でもある。自己保存の努力は、すべてこれらのものを現わす。

このことはスピノザの存在論（存在の意味を問う仕事）の根本思想から来ているという。けだし（思うに）物の本質は、神の様態《モードゥス》（状態、ありさま）だという。神の本質と力とは同一であるから、神の力をある一定のしかたで表現する（倫理学第一部 定理三十四）。法律や権利の思想も、まったくおなじ関係にある。自然的なものによって存在し、かつ活動する力は、神の力そのものである。だからわれわれは自然権がいかなるものか、すぐ理解できる（Tr. Pol. II, 3)。

このことから、スピノザは、力と権力、力と徳は一致すると考えた。だからスピノザの自然法（自然を支配する法則の意である。が、汎神論的見地からすれば、〝理性の法〟を意味する）の概念は、なんらの当為（義務）をも意味しないという。ひとは自分の存在を維持しようと努める。ひとは力を有するだけ、それだけ権力をもつから、何をなそうと自然のじゅうぶんな権利をもって試みたり行ったりする。自然法はだれもが欲せず、だれもがなしえないことのほか、何ごとも禁じていない。それは争い・憎しみ・怒り・苦痛など、ひとつの衝動がうながす何物をも非難しない。

もろもろの情念も、人間の自己保存の努力とむすびついているかぎり、自然権をもっている。万人は理性に従って生活しているわけでない。ひとは欲望に動かされて活動している。人間の自然権は、理性というより欲望と力によって決定されている。人間は全自然の一部分である。あらゆる個体は、ある一定のしかたで存在し、活動するよう決定されている（Tractatus theologico-politicus, XVI）。三木によると、スピノザの自然法思想は、宇宙的なものにオリエンティーレンしているという。

自然権は人間が規定するものではない。むしろ逆に全自然の中で基礎づけられていて、人間において特殊化される。だからスピノザは自然権に関して、人間と魚といった他の自然の個体（一個の生物）とのあいだに、差別をみとめない。それはちょうど理性を賦与された人間と、精神を病んだ人間とのあいだに、何らの差がないのと同じだという。あらゆる個体は、自己の有に固執しようとする。自然の権利としてそのことをなす。宇宙的なものにオリエンティーレンした自然法の概念は、もともと一つの法律概念ではないという。

三木によると、このようにしてスピノザは、人間の自然権から出発し、「自然状態」を規定したという。それは人間生活の自然状態（秩序や権威が存在しない状態）から出発して、自然権を規定するのではなくて、その逆の方法をとった。スピノザの自然法の取りあつかい方は、単に経験的なものではなかった。かれの国家論の特殊性をホッブズとの関係において考えるとき、その手法を忘れてはならぬという。三木はスピノザを引き、人間は自然の一部分にすぎないという。しかし、自然であるところの自然のこの部分は、力でなければならぬ、と。人間は詭計《きけい》（はかりごと）や狡智《こうち》（悪がしこさ）、すなわち力において、すべての動物にまさっている。人間は動物よりもいっそう多くの力と権利をもっている。人間は奸智にたけているから、お互い最も危険である。

スピノザが最も恐れたのは最大の敵であった。保護を必要としたのもその敵のせいであった。ここでいう敵とは、人間である。人間は自然上、おたがい敵であるという。なぜなら人は怒り、ねたみ、憎しみといった諸情念に、自然的に従っているからである。人間生活の自然状態において、各人はおたがい敵であるという。

人間は自然状態にあって、まったく「自己の権利のもと」にあるという。各人は他人の侵害からの保証があるかぎり、自己の権利のもとにあるにすぎない。個人の自然権は、自然状態において〝無〟にひとしいという。三木はヘーゲルを引き、個人の絶対的な自然権は、まったく抽象的なものという。それは他人によって危《あぶな》くされ、現実においてゼロだという。「自己の権利のもとに」ということは、「他人の権利のもとに」ということと同一だという。

人間はおたがい敵であり、他人をおそれる理由がある。われわれは生きるために、他人と交わっている。われわれの本性にとって有用なものがある。それは人間である。人間にとって最悪の敵であるはずの人間が、同時に人間にとって最も必要なものなのである。人種間に固有な自然権について、三木はスピノザを引いている。それについて語られるのは、どういうときか。それは人間が共同の権利をもち、住いと耕地を自分のものとして要求し、自分を守り、いっさいの暴力を排除し、全体の意志に従って生活することが可能な場合である。スコラ哲学者らが、人間を社会的動物と呼ぶことを欲するとしたら、それに反対しない、といったのはスピノザである。

より多くの人間が共同的に結合し（二人以上いっしょに結びつく意）、全体的権利を有することになると、人間は自然状態において、ほとんどまったく「自己の権利のもと」にあるということはありえないからである。人間の力が存在するのは、国家や社会の力としてである。

個人の自然権とは、どのようなものか。

三木はスピノザから引いている。それはまったく抽象的なものである。「共同の権利」としてだけ現実的であるという。国家をはなれては、人間の権利（人権）、力、存在といったものは、なんら現実的でない。だから人間は本来の性質からいえば、社会的動物といわねばならぬ。オランダ国内において、これまでよく不和や反乱が起こったが、だからといって国家そのものを廃止したことはなかった。ただその形態《かたち》を変えただけである。人間は法的共同体を離れては暮らしてゆけぬという。

三木はいう。この意味で、人間の存在の社会的規定から、国家の存在は自然的に従ってくると。国家は自然の外《そと》に立たない。国家はどこまでも自然的な全体である。ここでかれはホッブズを引いていう。――動物にあっての一致は、自然の業《わざ》（行為）である。人間のあいだの一致は、人為の業（ひとのしわざ）であり、諸契約の結果である。三木によると、ホッブズは国家を法律的、規範的（規則的）に構成したという。かれは自然状態と社会状態とのあいだに絶対的な区別をおいた。

スピノザにとっての国家とは、どういうものか。

かれにとってそれは単なる法律行為の結果成立したものではなく、一つの自然的なものという。かれは国家を法律的、規範的に組みたてようとしたのではない。かれが企てたのは、国家が生まれるおおもと、その自然的基礎を、人間の共通的本性や状態からみちびき出すことであった。だからスピノザにおいて、〝契約〟なる語がみいだされても、ホッブズにおけるように中心的位置に立つものではなく、副次的意味として捉える必要があるという。

個人の自然権を正しく考えた場合、それは国家生活においてなくならない、というスピノザの思想は、ホッブズ流の国家契約説（国家は自由な個人の自発的な合意にもとづく契約によって成立するといった考え）

と一致しないという。政治学において、スピノザとホッブズのあいだに見解の相違があった。スピノザによると、国家が成立するのは、力が社会的に結合したときである。このことは個人が契約行為によって、自分の自然権をすっかり国家に譲渡することではないという。

個人は「自己の権利のもと」にあるとともに、「他人の権利のもと」にあることから、自然権は必然的に国家に移ってゆくのである。三木はヘーゲルのことばを借りて、それを〝国家への移行《ユーバーゲーエン》〟と呼んでいる。国家は単なる機械的産物でなく、むしろ弁証法的結果だという。国家は人為《じんい》（人間のしわざ）でなく、自然だという。それは一つの自然物《レス・ナトゥーラリス》（人工の加わらない、ありのままの形態的事物）だという。個人の自然権は、国家によって単純に否定されるのではなく、むしろ弁証法的に否定される。すなわち肯定される。

ここまでが三木論文の第二部にあたるところである。

ついで三木は、スピノザの国家の性質（もともと持っている性格）について分け入っている。スピノザの国家論にみる——国家と個人との関係、国家の性格と機能、国家でくらすことの目的、国家の力、国家論の矛盾点、国際連盟の思想など。

三木はスピノザを引き、国家と個人との関係は、根本的に力の関係であるという。力と権力は一致するゆえに、この関係は権利の関係でもある。二人の合わさった力は、各人の力よりも大きい。結合された多数人の力は、大勢の各人の力よりも大きい。個人に対する国家の権利は、個々別々の多数人に対して結合された多数人の力と同じものである。

人間が共同の権利をもち、すべての者が一つの精神によって導かれるとき、ひとは自分に認められた権利以外、自然にたいしてもっていない。ひとは一般の意志によって命じられたものを遂行せざるをえず、法によってそのように強制される。国家は大勢の人が結合した結果の力である。個人の主人は自分ではなく、国家である。だから個人は、国家にたいして「他の権利のもとに」ある。

そうであるなら、個人は国家において「自己の権利のもと」にないのであろうか。他の見地からすれば、個人は人間関係において、自己の権利のもとにある。かれは自然状態におけるように、他人からの無制限の侵害の危険に身をさらされていない。自然人（未開人、自然のままの人間）を支配している恐怖の情念（恐怖心）は、秩序のある国家では存在しない。

国家は市民にその安全を保証している。個人はもはや自分の力にまかせられるのではなく、国家の強大な力によって守られている。だからかれは自然状態にある最も強力な人間よりもずっと強力である。国民は国家との関係において、「他の権利のもとに」ある。かれの権利は、自然状態にあるときのように無制限ではない。その権利の範囲は、共同の権利によって定められている。

国家においては、国家全体の共同の権利によって、何が善であり、何が悪であるか定められる。すなわち罪過《ペッカトゥム》（つみ、とが）や不正《インユーリア》（よこしま）が考えられる（判断される）。それは自然状態にあっては存在しない。それは自然法の範囲にないものである。市民法《ユース・キウィレ》の範囲に属し、いわゆる法律に対する違反として考えられる。

しかし、三木はいう。もし国家に行動の自由というものがあるとすれば、個人の権利はないにひとしい。国家は最高の権力としてどんな法則にもしばられず、意をほしいままにするのではなかろうか。もしひとがこのように考えるとすれば、スピノザによると、国家を〝自然物〟として考えず、空想的怪物として考えているにほかならぬという（Tr. Pol. IV）。国家はそれ自身ひとつの自然物として、自然の法則をはなれて存在することはできぬという。

ところである人が、自分の権利にもとにある或るものを、自分の好きなように処理できるといったとき、この権力は単に働きかけるかれの力ばかりか、その働きをうけるその物自体の性質によって決定される。たとえば、ひとがある机にたいして好きなようにできる権利をもっていても、その机をして草を食うようにする権利を有することを意味しない。

おなじように、国家はその国民にたいして絶大な権力をもっているにせよ、かれらにその本性（うまれつきの性質。本来の性質）に反することをやらせたり、我慢させたりすることはできない。国家といえども、国民の本性を失わせることはできない。この本性に反して、国家がその権力を行使した場合、国家の存在そのものが危うくされるであろう、と。

だから国家においては、個人の権利と共同の権利とを調和させる必要があるという。

個人の自然権は、国家のうちにおいて無くなることはなく、国家の存続のために必要だという。そうでなければ、個人は臣民《スブディトゥス》といわれず、ただのドレイ《セルウス》にすぎない。ドレイとはなにか。ドレイは自分の利益だけを眼中においている主人の命令に従う者である。これに反して、臣民とは一般人が最高の命令によって、また自分自身にとって、有用なことをなす者である。

三木はスピノザのことばを引いて言明する。もし国民のすべてがドレイであるとすると、そのような国はもはや国家とよばれるに値いしない、と。国家の平和の維持が、国民の無気力に依存している国は、国家というより、むしろ荒野なのである。国民はあたかも家畜のように、ただ奉仕することだけを学ぶように指導をうけているからである。

国家生活の目的とはなにか。最上の国家とはなにか。国家の究極の目的とはなにか。

これらの点に関して、三木はスピノザの言説を引いている。

国家生活の目的は、生活の平和（おだやかな暮らし）と安全以外の何物でもない。最もよい国家は、ひとがむつまじく暮らし、その権利が侵害されず、維持されている国のことである。国家の究極目的は、ひとを支配したり、ひとに恐怖をあたえたり、権力に従わせることではない。そうではなくて、ひとを恐怖から解放し、できるだけ安全に生活できるようにすることである。

いいかえると、生存にたいするひとの自然権をそこなうことなく、最大限維持することである。また理性的な人間を、動物や自働機械にすることでもない。ひとの精神や身体を安全に発達させ、かれらが自由に理性を使用できるようにすることである。さらにひとが憎しみ、怒り、詭計、敵対心をもってお互い争うことがないようにすることである。

またスピノザによると、国家の目的は、じつに自由にあるという。三木はここで原文（ラテン語）を引いている。Finis《フィニス》 reipublicae《レイプブリカエ》 re《レ》 vera《ウェラ》 libertas《リベルタス》 est《エスト》. ひとは自然状態のなかで、自由であることができない。なぜならそこではひとはたえず恐怖におびやかされ、かれの自然権は幻想的であるにすぎないからである。ひとが自由であることができるのはどこか。国家においてのみである。しかもひとは理性に従い、かれ自身の権利と共同の権利とを一致させることができることが可能なときだけ、国家において自由である。そのときひとは、「他の権利のもとに」あるとともに「自己の権利のもとに」ある。三木によると、自由とは sui《スイ》 juris《ユーリス》（自己の権利のもと）と alieni《アリエニ》 juris《ユーリス》（「他の権利のもと」）との一致にほかならぬであろうという。

国家の力は何によってきまるのか。

それを決定するものは、国民の性質だとすると、自由なる個人から成る国家の基礎が最も強固であるとき、その権利は最も大きいという。ここで三木は、アルフレッド・エスピナス（一八四四～一九二二、フランスの社会学者。ボルドー、パリ大教授）を引き、「エスピナ《ママ》がその重要な意味を認めたやうに」という。スピノザは国家をもって、それ自身個体が結合し、自然における他のどの個体とも同一の法則に従い、その精神は権利の共同もしくは意志の一致であるところの一つの個体と考えたという。理性に基礎をもち、理性にみちびかれる国家こそがいちばん力があり、かつ最も独立的である、とスピノザはいったという（Tr. Pol. V, 1.）。

こういったものがスピノザの思想であったと、三木はいい、さらにスピノザのことばを引いている。

――理性にみちびかれる人間は、自分自身だけに服従する孤独においてよりも、共同の決定に従って生活するところの国家において、より多く自由である（Eth. IV, 73）。

三木によると、ひとはスピノザの国家論がこのような思想におわっていることに、奇異の感にうたれるかもしれぬという。ある者は、かれの国家論における「現実主義と理想主義」「存在と当為」のような矛盾点を気軽に指摘しようとするという。

しかし、このような矛盾の指摘は、かれの国家論をその形而上学的ないしは存在論的基礎からはなして考え、その現実主義がおうおうにして単なる経験主義、実証主義、功利主義、実用主義にひとしいものとして理解されていることに由来しているのである。

三木はアリストテレスを引用し、「国家は自然的なものである」という。それと意味を異にするにしても、スピノザにとっての国家は、どこまでも〝自然物《レス・ナトゥーラリス》〟（人工が加わらない、在りのままの形体的事物）

であった。国家はなんらの当為も理想もあらわしていない。自然状態における個人の力（権利）は、絶対的に肯定されていると同時に、絶対的に否定されている。この矛盾のために、自然状態は必然的に社会状態へ移行する。ところがこんどは国家と個人とが対立することになる。この対立は個人や国家が理性的（道理に従って判断したり、行動する）になるまで調和しない。個人が情念に従って生活しているかぎり、また国家が恐怖や希望といった情念に訴えて支配をつづけるかぎり、この対立はつづく。

個人の権利と共同の権利は、理性的であるとき一致する。スピノザは、「自己の権利のもとに」と「他の権利のもとに」との関係を、国家間の関係に適用した。自然状態における人間がお互いに敵であるように、二つの国家は自然上敵である。国家は自己のために計画し、他からの圧迫から身をまもりうるかぎり、「自己の権利のもと」にある。また他の国の力をおそれるあまり、自国の意志の遂行がさまたげられたり、自国の存続、成長のために助けが必要とするかぎり、「他の権利のもとに」ある（Tr. Pol. III, 12)。

自然状態における人間が、国家を形成するにいたるように、国家は国家連合《コンフォエディラティオ・キウィタトゥム》をつくる傾向をもっている。多くの国が平和条約をむすべば、他の国を恐れる心配もなくなる。いいかえると、国家間の戦争が少なくなるが、平和の諸条件をより多く維持する必要が生じる。すなわち、より少なく「自己の権利のもとに」あることになる。三木によると、ここにスピノザの国際連盟の思想やカントの永久平和の思想が先どりされているのを見ることができるという。また国際法が、各国の法律よりも上位にあることが認められるという。

三木がみるところ、スピノザの基礎づけのやり方は、カントよりも多くの点でストア（学派）に似ているという。汎神論的基礎に立ったストアの古典的な自然法（自然を根源として成立したもの）の概念は、西洋における最大の汎神論者スピノザにおいて復活されたとみなしうるという。また哲学史家は、スピノザの情念論とストアの情念論に類似点をみとめた。が、ストアは世界市民主義《コスモポリティスムス》におわったが、スピノザはヘーゲルの立場に接近していたとみるべきという。

三木はフリードリヒ・マイネッケ（一八六二〜一九五四、ドイツの歴史学者。シュトラスブルク、フライブルク、ベルリン大教授を歴任。国民主義と世界主義の関係、国家の本質、近代的歴史感覚の成立を総合的に研究した）を引いて、つぎのようにいっている。

何よりもまず国家が生きねばならない、そして国家倫理――それをひとはスピノザから読みとることができる――は、個人の機械的な見方と全体的な見方が統一されなかったがゆえに、一方では極端な機械論、他方では無世界論《アコスミスムス》（ヘーゲルによって有名になったもの）といった非難をうけねばならなかったという。

ここまでが三木論文の第三部である。この問題をもうすこし追求したのが、つぎの第四部である。

スピノザは国家論をみちびき出すとき、理性によらず〝情念〟によった。なぜなら、大多数の人間は、ふだん理性によらず、情念の命ずるまゝに生活しているからである。だからかれは理性を非現実的なものとしてしりぞけた。

三木のみるところ、情念は国家の自然的基礎である。スピノザは情念を二重に評価したという。

一方では〝人間的無力〟

他方では〝自然の共通の力〟〝自然の必然性と徳〟　(Eth. III, praef.)

として。

三木はスピノザの二重性に関するディルタイ、コーヘン、テオドール・カメラーらの呼称をつぎのように引用している。

ディルタイ　両面性（Zweiseitigkeit）
コーヘン　両義性（Zweideutigkeit）
カメラー　二重の因果（doppelte Kausalität）

国家の自然的基礎をなすと考えられる人間の情念倫理にたいして優越を有する、と。スピノザはヘーゲルの序曲であったという。三木がみるところ、スピノザは「社会」と「国家」の概念を厳密に区別せず、ましてや「身分」や「階級」というものを配慮しなかった。かれの国家論は、現実主義と理想主義との混淆とみられるという。なぜならかれには歴史的、発展的、段階的な考え方が欠けていたからだという。

三木はスピノザ哲学の機械論的な見方（すべての現象を機械的な法則で説明しようとする）にふれている。一般にかれの哲学は、機械論的であるといわれている。三木はここでクーノー・フィッシャー（一八二四〜一九〇七、ドイツの哲学者。イエナ、ハイデルベルク大教授。カント哲学の研究をへてカントに帰り、新カント派興隆に貢献した）を引いて、「スピノザは国家にたいして、メハニカー《ママ》（正しくはメヒャーニカー《Mechaniker》）

として対する」と論じたという。スピノザにそのような面があることをじゅうぶん認める必要があるにせよ、問題はそれだけで片づけられぬという。もしひとが多少注意深くあれば、スピノザ思想のいたるところに、全体性の思想がふくまれていることに気づくはずだという。

三木によると、スピノザの『短論文』（『神・人間および人間の幸福に関する短論文』一六五〇?〜一六六〇年）を特色づけているものは、全体的な見方である。スピノザは同書において〝実体〟（不変の本質的存在）を〝全体〟として規定した。三木はこの実体のことを、概念的抽象としての〝一般的存在〟——能産的自然（宇宙に存在するすべてのものを生みだす源泉）としてとらえず、〝所産的自然《ナトゥラ・ナトゥラータ》〟（万物が生みだされた結果としての総体）として考えている。スピノザにおける、恐怖、希望、嫉妬などは、かれに従えば、〝受動《パッショネス》〟的な情念であった。人間がこのような性質をそなえているのは、かれが自然の一部であり、自然との連関（物の因果的連鎖）のうちに差しこまれているからである。

人間は有限なるもの——または〝個物〟〝個　体《インディウィドゥム》〟として、因果的連鎖のうちに立っているという。三木はスピノザの『倫理学第二部　定理四十五』を引いて、現実的に存在する個物の観念は——神の永遠かつ無限の本質を必然にふくむといった命題にふれている。すなわち、個物に賦与されている存在の本性、個物の存在そのものについて語っている。二重の意味における存在は、

一方では永遠かつ無限なる神のうちにおける存在、他方では有限かつ時間的なる現実に相応して、いはゆる二重の因果——無限なる因果と有限なる因果

とに区別される。

三木はスピノザの神について語り、それはAn sich（それ自体）にとどまらず、Für sich（それだけで、一人で）に転化（変化）しなければならぬという。〝即自〟（それ自体）のイデーは、ヘーゲルにあっては、自己の他者としての「自然」となるという。

三木はついで、スピノザの存在論――アリストテレス的またはスコラ的存在論、身体と精神との関係にふれたのち、〝むすび〟へとむかう。三木によると、スピノザの国家論は、単なる機械論にとどまっていない。それはヘーゲルの〝序曲〟とみられる面があった。両者の違いは、程度上のものでなく、そこに質的な転化（他の状態、ものに変化すること）が存在したという。スピノザの国家論は、個人から出発するかぎり、すなわち有限なる因果の方面から出立するかぎり、神にたいする個体の世界の相対的独立性をいっそうはっきりと説明しておく必要があったという。そのためには弁証法的思惟が必要であった。が、機械論以上に多く出ることができなかった。

スピノザのこのような自然法思想は、かってストアの自然法思想が、その当時の社会にたいして革命的意義をもっていたように、かれの時代にたいして同様の意義をもっていたことをもって満足すべきであろうという。三木論文はここでおわっている。

2　スピノザが生きた（低地諸国《オランダ》）時代

三木が、「スピノザに於ける人間と国家」と題した論文において目ざしたものは、スピノザの『国家論』がもつ意義――人間と国家とのかかわり（関係）を人性学（人間学）の面から切りひらき、考察することであった。人間に本有の「諸感情」は、人性学の構成要素の一つでもあった。

三木のこの論文を理解するうえで、スピノザが生きた当時の時代背景——オランダの国内事情を知っておく必要がある。スピノザが生まれ、生きた時代は十七世紀であり、当時いまわれわれが〝オランダ〟とよぶ呼称はなく、正式の国名は「ネーデルラント」(低地諸国——Nederland または Nederduitschland)といった。ちなみにドゥーフハルマの『和蘭字彙』は、*Nederland* を「業謁垤尓蘭杜」と訳している。この漢語訳は、ルビがないととても読めないが「子ーデルラント」と読ませたものである。オランダがベルギーと合併してネーデルラント連合王国をつくったのは十九世紀のことであった。スピノザが自著につけたタイトルは、Tractatus Politicus である。これをわが国では「国家論」のほか、「政治論」とか「政治的論文」と訳している(畠中)。が、このラテン語の原意は〝国家経営論〟にちかい。オランダは、ローマ時代——フランク時代——ブルゴーニュ公家の時代——ハプスブルク家時代——スペイン領時代といったふうに、多難な対外関係のなかで、ときの強者に服属し、支配をうけながら生きぬいてきた。

スピノザの時代(一六三二~七七)、一般のオランダ人は〝国家〟という一般的な概念をもっていなかったようだ。ネーデルラントの各都市、各州は、少数のブルジョアや貴族らが支配するところであった。ヨーロッパにおいて国家が生まれたのは、十六世紀以降のことのようだ。十六世紀中葉、ネーデルラントの北部七州(民主主義的共和制)は、スペインのカルロス一世(一五一九~五六在位)の圧制に抗して、スペインからの独立を宣言し(一五八一年)、オラニエン侯家の者を代々の総督とした。宗教的には、北部は新教徒、南部は旧教徒が多い。

スピノザの最晩年、ネーデルラントの連邦議会を構成した支配政党は、つぎの二つであった。

政党
- 民主的な君政党（オラニエン党）——世襲の総督オラニエン侯の君主的専権のための王制をめざした。これに帰属する者は、旧貴族・僧侶・農民・一般大衆である。
- 貴族的な共和党——家がらのよい資本家・大商人・中産階級の代表からなる政党。各州の伝統的独立主義をかかげていた。

（注）篁実《たかみのる》『スピノザ』弘文書房、昭和11・2を参照。

共和党時代の国政の指導者は、ヤン・デ・ウィット（一六二五〜七二）であった。愛国主義者、共和主義者のかれは、ドルトレヒトの名門の出であり、一六五三年二十八歳で国務長官となり、以後二十年ちかくその地位にあった。この間二度のオランダ・イギリス戦争を指導した。一六六八年フランスのルイ十四世は、スペイン領ネーデルラント Het Spaansch Nederland ——すなわちフランドル（いまのフランス北西端からベルギー西部にかけての地方。羊毛工業地域）への侵入をくわだてたため、デ・ウィットはイギリス、スウェーデン、ネーデルラントの間で三国同盟をむすびフランスに対抗した（一六六八・一・二三）。

フランドル侵入に失敗したルイ十四世は、一六七〇年イギリス王チャールズ二世と密約をむすび、ネーデルラントの分割を策した。一六七二年フランスとイギリスは、共同戦線により、ネーデルラントに侵入してこれを脅かしたので、国民は堤防を破壊し、水門をあけて抵抗した。このとき全国土が水びたしになった（T. C. Grattan: *The History of the Netherlands*, 1914, p. 305）。また、ネーデルラントを破滅の窮地におとしいれたのは、デ・ウィット兄弟のせいにされた。ヤンは君主党（オラニエン党）から国家の謀反

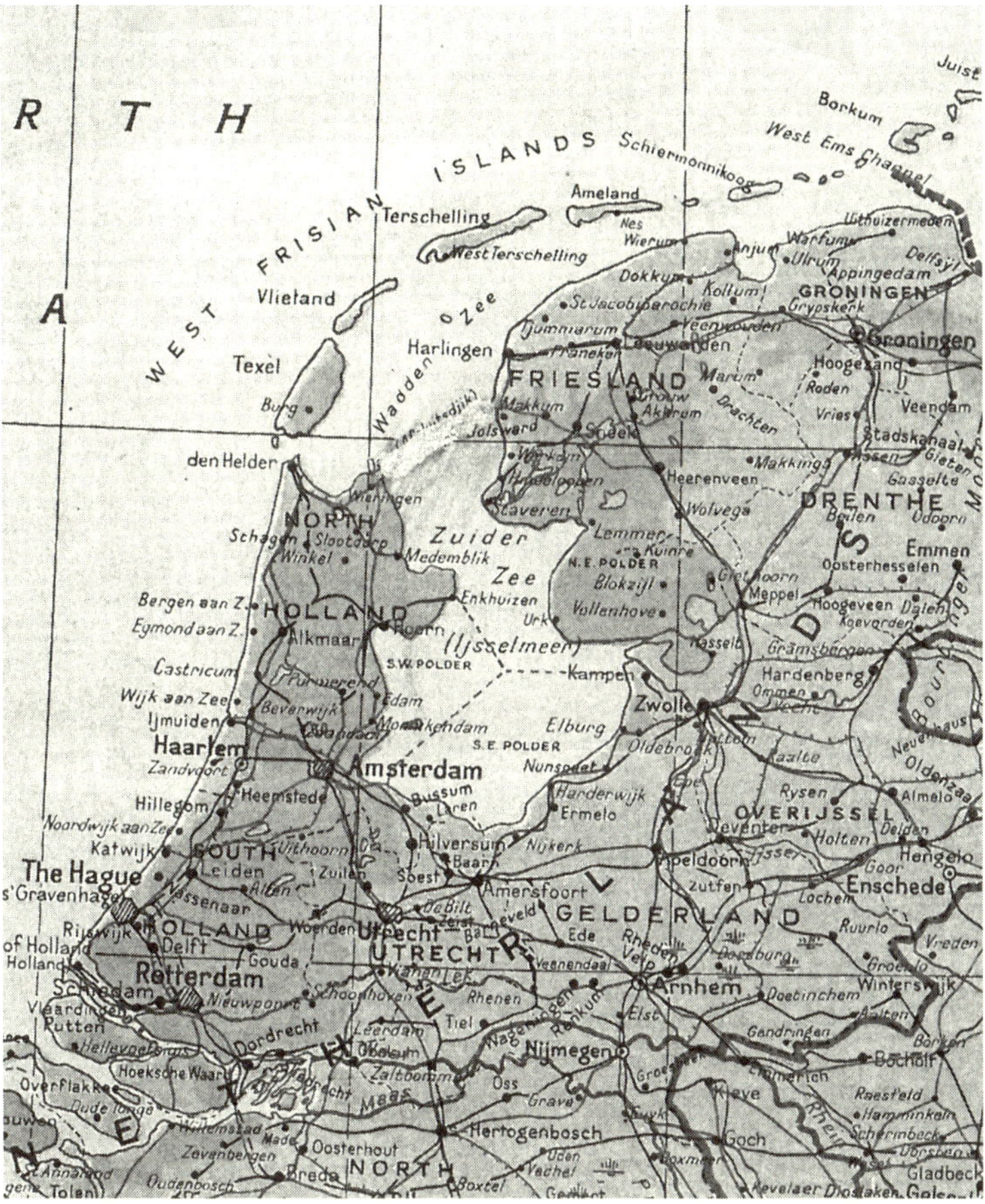
R T H
A
WEST FRISIAN ISLANDS
Juist
Borkum
West Ems Channel
Schiermonnikoog
Ameland
Terschelling
West Terschelling
Vlieland
Texel
Burg
den Helder
Waddenzee
Harlingen
Uithuizermeden
Warfum
Delfsyl
Appingedam
GRONINGEN
Groningen
Dokkum
Kollum
Leeuwarden
Franeker
FRIESLAND
Hoogezand
Roden
Veendam
Drachten
Bolsward
Makkum
Sneek
Heerenveen
Stadskanaal
Assen
DRENTHE
Beilen
Wolvega
Stavoren
Lemmer
N.E. POLDER
Emmen
Oosterhesselen
Blokzijl
Vollenhove
Meppel
Hoogeveen
Coevorden
NORTH
Schagen
Wieringen
Winkel
Medemblik
Zuider
Zee
Enkhuizen
Urk
(Ijsselmeer)
Bergen aan Z.
HOLLAND
Egmond aan Z.
Alkmaar
Hoorn
S.W. POLDER
Castricum
Wijk aan Zee
Ijmuiden
Purmerend
Edam
Monnikendam
Kampen
Hardenberg
Ommen
Zwolle
Haarlem
Zandvoort
Amsterdam
S.E. POLDER
Elburg
Oldebroek
Nunspeet
Harderwijk
Ermelo
Hillegom
Heemstede
Bussum
Laren
Rysen
Almelo
OVERIJSSEL
Noordwijk aan Zee
Katwijk
SOUTH
Uithoorn
Hilversum
Nijkerk
Deventer
Holten
Hengelo
The Hague
s'Gravenhage
Leiden
Baarn
Soest
Amersfoort
Apeldoorn
Zutfen
Enschede
Lochem
GELDERLAND
Rijswijk
HOLLAND
Delft
Woerden
Utrecht
UTRECHT
Ede
Ruurlo
Vreden
of Holland
Holland
Gouda
Veenendaal
Rotterdam
Schiedam
Vlaardingen
Nieuwpoort
Schoonhoven
Rhenen
Arnhem
Doetinchem
Winterswijk
Tiel
Elst
Dordrecht
Leerdam
Wageningen
Nijmegen
Borken
Bocholt
Hoeksche Waard
Overflakkee
Zaltbommel
Oss
Grave
Emmerich
Rees
Kleve
Willemstad
Hertogenbosch
Zevenbergen
Oosterhout
Goch
NORTH
Breda
Tolen
Oudenbosch
Boxtel
Uden
Veghel
Gladbeck

オランダの地図

人とみられ、兄のコルネリスはオラニエン侯の暗殺をもくろんだとされ、二人とも暴徒によって虐殺された（G. Edmundson: *History of Holland*, 1922, p. 256）。スピノザはデ・ウィットと親交があり、その死を知って慟哭した。

　スピノザの壮年期のネーデルラントの政治風土や国際環境は、いまのべたようなものであった。かれが『国家論』を書こうと思いたち、それに着手したのは、かれの経済的な後援者ヤーラッハ・イエレス（?〜一六八三、アムステルダムの香料商人）の勧めによるものであった。スピノザは最晩年にハーグでくらし、パヴィリューン河岸の下宿の屋根裏部屋で、『国家論』の執筆にはげむのだが、仕事に取りかかったのは、一六七五年の秋ごろであり、亡くなる一六七七年二月にいたるまでの約一年半、それに精励したが未完におわった。

　スピノザは『国家論』をラテン語で書き、死後出版の『スピノザ遺稿集』（原文はラテン語、一六七七年十二月刊。B. d. S. OPERA POSHUMA）に収められた（二六五〜三五四頁）。こんにちわれわれがこうした古典を日本語でよむことができるのは、小尾範治や斎藤晌《しょう》、畠中尚志《なおし》といった先学の訳業のおかげである。

　いま畠中訳『スピノザ　国家論』（岩波文庫、平成25・1）の目次をのぞいてみると、本書は第一章から第十一章までである。原文には「章」とその内容をあらわすくわしい「索引」がついているが、どういうわけか畠中訳では、訳者が便宜的に付した「見出し」が、つけられている。おそらく、読者のことを考えて、原意を改変したものであろう。

第一章（七節）………原文には* CAP. I. *Introduction.*　　第一章　序説

（畠中訳では）序論

第二章（二四節）……CAP. II. *De iure naturali.*

第二章　自然権について

自然権について

第三章（一八節）……CAP. III. *De iure summarum potestatum.*

第三章　最高権力の法について

国家の権利について

第四章（六節）……CAP. IV. *De negotiis pubticus.*

第四章　国家のつとめについて

最高権力の所管事項について

第五章（七節）……CAP. V. *De optimo imperii statu.*

第五章　国家の最適条件について

国家の目的について

＊ CAP. はラテン語で *capitulum*（「章」）を意味する。

第六章から第十一章までは、君主国家・貴族国家・民主国家についてである。三木論文とのかかわりで重要と思われるのは第一章から第五章あたりまでである。

ネーデルラント人（オランダ人）は、主権と独立性をもった州の住民であったから、国家の民といった観念（概念）をもつことがなく、持ったとしても希薄であったと思われる。こんにち国や国家に相当するオランダ語には、つぎのようなものがある。

Staat《スタート》………国家　国　州

Natie《ナシー》………国家　国民　民族

Rijk《レイク》……国家　王国　領土　君主

これらの語が生まれたのは後世、十八世紀ごろのことと思われる。ちなみにフランソワ・ハルマの『蘭仏辞典』（Woordenboek, *Den Nederduitsche en Fransch Taalen* door François Halma, アムステルダムとウトレヒトで一七二九年に刊行）には、つぎのような見出し語がかかげてある。

Staat. z. m. land, koninqrÿk,

《意味》　国家　国　帝国

rÿk. z. g. koningkrÿk rÿksgebied.
Het Roomsche rÿk.

《意味》　国家　国　帝国　王の国土
ローマ帝国

またこの辞典の翌年に刊行されたピーター・マリンの『蘭仏・仏蘭大辞典』〔第二版〕（*Groot Nederduitsch en Fransche WOORDENBOEK, Grand DICTIONN AIRE Hollandoits & François,* ユトレヒトとアムステルダムで一七三〇年に刊行）には、つぎのような見出し語がかかげてある。

STAAT. Regeering, Ryk.

《意味》国家　統治　帝国

RYK. Koningryk, Staat.

《意味》国家　国　王国

いまスピノザの『国家論』の第一章から第五章までの叙述の骨子（要点）をかいつまんで記すと、つぎのようになる。スピノザの『国家論』は、ある日突然に筆をおこしたものではなく、そのきざしは、部分的に『倫理学《エチカ》』（一六六二〜六五年）や『神学的・政治学的論文』（一六七〇年）にみられるものであった。

3　スピノザの『国家論』の構成の概要

第一章

この章の冒頭の文章は、われわれ人間が悩まされる諸感情についての哲学者の考えをのべたものである。人が諸感情に悩むのは、罪を犯したかもしれぬと考えるからである。哲学者らは、自責の念にかられた人間をこばかにするという。

スピノザが国家学について思考をこらそうとしたとき、かれは何か新鮮味がある事柄、何か未聞の事柄を説こうとしたのではなかった。かれの念頭にあったのは、実践（実際の情況においてみずから行動すること）と最もつりあう事柄を、たしかな疑いの余地のない理論を用いて証明することであった。また国家学を人間の本性の状態から導きだすことであった。人間の諸感情（愛、憎しみ、怒り、嫉妬、名誉心、同情など）は、ひとの本性に属する諸性質でもあり、一定の原因をもつ必然的存在であった。スピノザはその諸原因を通して、人間の本性を理解しようとした（第四節）。

人間の性向《せいこう》（性質の傾向）とはなにか。

ひとはさまざまな感情に従っている。その性情（性質と思い）は、不幸なる者をあわれみ、幸福なる者をねたむようにできている。同情よりは復讐に傾くようになっている。ひとは他のひとが自分の意向に従って暮らすことを求める。自分がよしとして認めるものを人がみとめ、また自分が排斥するものを人が排斥することを求めている。

宗教は隣人愛、他人の権利の保護を教えるが、感情にたいしては大きな効果はない。理性は感情を制御したり、調節することはできる。が、ひとが理性の教え、理性の掟に従って生活できるとしたら、それは妄想（キメラ）である（第五節）。

安定した国家とはなにか。

政治家の信義（約束、務めを果たす心）や正しい政務の遂行いかんによるような国家は、安定したものとはいえない。国家が永続するには、国事（国家に関係あることがら）が整えられている必要がある。政治家は理性や感情にみちびかれるにせよ、かれらが信義にそむいたり、邪悪な行動をとれぬように国事が整備されていなくてはならぬ。要は正しい政治がおこなわれればよいのである（第六節）。

けっきょく人間というものは、野蛮人や文明人たるを問わず、いたるところでお互い結合し、国家状態をつくる。国家が起こるもととその自然的な諸基礎は、理性の教えの中に求めるべきでない。むしろ人間に共通する本性もしくは状態から導きだすべきである（第七節）。

ここまでが第一章である。

第二章

もろもろの自然物を存在させ、かつ活動させる力は、神の永遠なる力そのものである。このことから自然権とはどういうものか容易にわかる。なぜなら神は万物にたいして権利をもっており、神の権利は絶対に自由なるものとして考えられるかぎり、神の力そのものにほかならないからだ（第三節）。

自然権（自然法）とはなにか。

スピノザの解釈によると、それは万物を生起させる（発生させる）、自然の諸法則もしくは諸規則である。いいかえると、自然の力そのものである。各人が自分の本性の諸法則に従って行動することは、すべて最高の自然権に従って行動していることである。また各人は力がおよぶかぎりの権利を、自然にたいしてもっている（第四節）。

人間は理性よりも盲目的《カエカ》（分別を欠いた）欲望《クピディタテ》に導かれることが多い。だから人間の自然力すなわち自然権は、理性によってでなく、人を行動に駆りたて、自己保存に努めさせる衝動によって規定されねばならぬ。人間はもっぱら自然の諸法則、諸規則に従って行動している。つまり自然権によってのみ行動している（第五節）。

人間の精神は、何らかの自然的な諸原因によって作られたのではなく、神がじかに作ったものであり、他の諸物からまったく独立している。自分自身を決定し、理性を正しく使う絶対の力をもっていると考える者が多い（第六節）。

人間は他の個物（個々に独立し、存在するもの）と同じように、できるだけ自己の存在を維持することに努めている。人間と他の個物とのあいだに何か違いがあるとしたら、人間が自由意志をもつといった想定からである（第七節）。

各人が他人の力のもとにある間は、他人の権利のもとにある。あらゆる暴力を排除し、自分に対する加害を自己の考えに従って復讐しようとするとき、自己の権利のもとにある（第九節）。

スピノザがいう、つぎのことばの意味・内容とはなにか。

「自己の力のうちに」あることの意とは……

相手をしばり、武器および自衛・逃亡手段をうばったとき。相手に恐怖の念をおこさせたときをいう。相手になさけをかけ、自分になびかせ、相手の考えによって生きようとしたとき。しかし、相手から恐怖の念や希望がうせたとき、相手はふたたび「自己の権利のもと」に立つ（第一〇節）。

精神が理性を正しく用いることができる間をいう。理性に最もすぐれ、理性によって最も導かれたときをいう（第一一節）。

人間は諸感情にとらわれ、互いに対立する。人間は多くをなすに従って、他の動物よりも奸智にたけ、人をあざむくようになり、恐るべき存在となる。人間は本性上おたがい敵である（第一四節）。

自然状態において、各人は自分を他の圧迫から防ぐことができる間だけ、「自己の権利のもと」にある。人間は相互の援助がないと、生活をささえ、精神を養成することがほとんどできない。人類に固有な自然権が考えられるのは、どのようなときか。

それはひとが共同の権利をもち、居住し、耕しうる土地を手に入れ、自分を守り、あらゆる暴力を排除し、万人が共同の意志に従って生活できるときである（第一五節）。

統治権、民主政治、貴族政治、君主政治について、スピノザは、つぎのようにいっている。

統治権とは、群衆の力によって規定される権利をいう。統治権をもつ者はだれか。共同の（ふたり以上の者の）意志にもとづき、国事の配慮をなす者。すなわち法律を制定したり、それを解釈し、廃止したり、都市を守ったり、戦争や平和の決定に心をくだく者がにぎる。民主政治とは、すべての民衆から成る会議体に、その配慮が属するときの統治である。貴族政治とは、その会議体の若干の代表者から成るときである。君主政治とは、国事の配慮、統治権がひとりの手中にあるときである（第一七節）。

自然状態においては、罪というものが存在しない。もしだれかが罪を犯すとすれば、それは自分に対して犯すものであり、他人に対して犯すのではない。なぜなら自然権（自然法）によると、自分が欲しないのに、他人の意に従う義務はなく、自分の考えで善悪を認める以外、それらを認める義務がないからである。たいがいのひとは理性ではなく欲望にみちびかれている。が、ひとは自然の秩序を乱さず、かえって必然的にそれに従っている（第一八節）。

罪というものが考えられる所はどこか。罪とはなにか。罪を犯すときはどんなときか。これらについて、スピノザはつぎのようにいっている。

罪が考えられる唯一の場所は、国家である。そこでは共同の権利（法）によって、善と悪とを決定する。罪とは権利としてなされないこと、法律によって禁じられることである。また罪とは健全な（異常がない）理性の命令に反してなされる行為である。理性がわれわれに教えるものは、道義（人のふみ行なうべき正しいみち）、おだやかな善良な心もちである。それが可能なのは、国家においてのみである。純心さをもって神を愛する者は、神に服従し、盲目的欲望にみちびかれる者は、罪を犯すのである（第一九節〜第二二節）。

ここまでが第二章である。

国家状態、国家、国事、国民、臣民などについて考察したのが、第三章である。

国家状態とは、統治の状態のことである。統治の全体（integrum corpus）を国家とよぶ。（注・畠中訳では *integrum corpus* の句が〝全体軀《ぜんたいく》〟となっている。軀《く》は〝からだ〟の意である）。国事とは統治権をにぎった者の指導にたよる共同の政務（政治上の事務）のことである。国民とは国家のすべての恩恵《キイウィタリス・コモディス》をうける者の意である。臣民とは国家の諸規定やもろもろの法律に従うことを義務づけられた人間のことである。

国家はまた最高権力であり、大多数の精神によって導かれ、決定される自然権そのものである（第二節）。臣民が国家の力やおどしを恐れた場合、国家状態を愛するかぎりにおいて、「自己の権利のもと」というより「国家の権利のもと」にある（第八節）。

国家状態の目的とはなにか。スピノザによると、それはおだやかな生活と安全とにほかならない。そしていちばんよい国家とは、どういうものをいうのか。それは法がまもられ、維持される国をいう。反乱や戦争が起こったり、法律をないがしろにしたり、それを犯したりするのは、臣民の悪性によるものではなくて、正しくない統治状態のせいである（第五章第二節）。
ここまでが第五章である。

何びとも孤立しては、自分を守る力、生活上必要なものを得ることができぬから、だれもが孤立にたいする恐怖心をもつ。だからひとは本性上国家状態をもとめ、それを解消することはない（第六章第一節）。経験上、いっさいの権力を一人の人間にゆだねるのが、平和裡になかよくくらすのに有益であるようだ。国民国家すなわち民主国家ほど、長続きしなかったものはない。民主国家は反乱も多かった。しかし、もし隷属・野蛮・広野を平和とよぶとすれば、人間にとって平和ほどみじめなものはない（第四節）。

統治権をにぎる者の任務《つとめ》は、つねに国家の状態と事情を知ることである。万人の福利（幸福と利益）に目ざめ、大多数の臣民のためになることを実行することである（第七章第二節）。

むすび

戦前の旧制高校生や大学生のなかには三木ファンがいて、かれのことを〝三木清《ミキセイ》〟と呼んでいたらしい（生田勉「思い出」）。またその風貌は写真などによってかなり世間に知られていたようだ。三木の弟・繁《しげる》（旧制姫路高校から京大哲学科卒）は、何かの用で東大へいったとき、清とみまちがえられ、イチョウの並木道で学生からおじぎをされたことがあった、と筆者は本人から聞いた。三木の著作には、あるはつきりとしたスタイルがあって、それはなかなか魅力的である、と後年の東大教授・生田勉は、「思い出」のなかで書いている。

書き手の考え（思想）は、ふつう当人が書いた文体によって表現されるのであるが、三木が書くものを高く評価する者がいる一方で、よくわからない、つかみどころがない、と低く評価する者もいる（橋川文三「どうどうめぐりの感想」）。法政で同僚であった戸坂潤などは、「三木は立派な一個の文章家である。その文章は非常に整っているし、文献上の連想を伴いながら、概念を使っているから、見る者が見れば含蓄も多い」と、大むね好意的な評価をくだしている（戸坂潤「三木清氏と三木哲学」）。

しかし、他方において、三木は修辞法（レトリック）の妙手でもあり、それに毒されていたことも事実である。筆者は三木の著作の一部しか読んでいないので大言を吐くことはできぬが、その述作は読みやすい、理解しやすいエッセイ風のものと、評論や哲学論文のように難解なものとに二分されるようだ。後者のものは、一行一行半解《はんかい》のまゝ（中途はんぱな理解のまま）、つまづきながら読みすすむものである。結果において、よくわからず、雲をつかんだような印象しか残らぬものである。内容の一部だけがわかり、全体像がよくわからぬといったあいまい模糊さが、三木の「スピノザに於ける人間と国家」の読後感であった。いいかえると、山のふもとだけがよくみえて、頂上がよくみえぬものであった。古典のさわり集の要約《ダイジェスト》を読んだような印象しか残らなかった。

なぜなら三木論文を構成しているものは、小さなテーマ（題目）の集合体であり、それが複雑に入りまじり、かつからんでいるために、大きな筋道が立たず、議論の大きな流れや一貫性がみられないからである。それがかれの論文をわかりにくくしている理由の一つと考えられる。

三木のくだんのスピノザ論は、中野区宮前町二十四番地において書かれた。昭和七年（一九三二）七月に岩波書店から出版されている。が、かれはいつ論文の執筆を開始し、いつ書きおえたのか不明である。三木論文は、活字に組んで約四〇ページ、原稿用紙にして七、八〇枚くらいのものであろう。三木は仕事が早かったと想像される。必要とする西洋文献（洋書三五七冊——三木文庫）はだいたい手元にあったから、迅速に仕事を片づけたものであろう。かれは二年前の昭和五年（一九三〇）五月、「プロレタリア科学」で知った小川信一にたのまれて渡した金が、日本共産党の資金だという嫌疑で検挙され、のち豊多摩刑務所に収監された。このため法大教授の職をしりぞいた（三十三歳）。

出所後、著述により生計をたてた。昭和七年十一月、懲役一年、執行猶予二年の判決をうけた。昭和九年（一九三四）学校当局は、社会情勢の推移を理由に、三木の復職を文部省に内申した（内々に申しのべた）。本学の代表が赤間専門学務局長を訪ね、指示を乞うと、「もうすこし遠慮しては……」といった回答をえた。文部省は色よい返事をしなかったのである。ここにおいて文学部教授会の昭和七年の決定が保留されるに至った（「三木氏復職問題」『法政大学新聞』昭和9・6・15付）。

三木がスピノザ論を執筆する前後の身辺状況は、このようなものであった。また昭和初期の日本の資本主義社会は、不況のどん底にあり、昭和六年（一九三一）には満洲事変が勃発し、時代はファシズム（独裁的指導体制）へと傾斜しつつあった。ひとは生きる目標がわからぬまま、天皇制絶対主義の不安な社会のなかで、息をころして生きていた。

三木清の方法

三木は研究対象の精神や本質を適確につかむと、あとでそれを構成し、再現することにすぐれた能力を発揮したという（波多野精一「三木清君について」）。三木がスピノザ論を完成させるまでの工程は、およそつぎのようなものであったと考えられる。

第一段階（設問）……………何について書くか、頭の中でテーマをきめる（設題）。仮定された問から導びきだされる答は、ある程度初めからわかっている。のち執筆を開始。

第二段階（問題の布置）……大きな問題を中心にすえ、ついで小さな問題をそれぞれの位置に配する。

第三段階（論証）……………論拠や関連性をしめすために、諸家の説を引用する。このときあれもこれも引用するため、おのずと当初の中心的な論点がぼやけ、叙述が錯綜し、読者を疲れさせる。より道、回りみちが多いと、文脈が冗漫になる。論旨がみだれる。

第四段階（帰結）……………結論は明確な印象をあたえない。第一それがあるのか無いのかもはっきりしない。設問にたいする回答になっていない。

三木論文の胚胎《はいたい》（身ごもり）から、生育、完成までの過程は、樹木の成長に似ている。大きく育った幹《みき》（木のふとい部分）は、枝や葉をつける。幹を「大きな中心的な論題」とすると、枝葉は「小さな題目」である。

三木がこの小論において目的としたものは、それまでスピノザの「国家論」についておこなわれてきた考え方、評価をいささか正すことであった。これが、三木の本旨であった。三木論文には「章」が設けられておらず、それに代わる数字（〝一〟から〝四〟）が付いているだけである。かれは論文の冒頭において、スピノザが『国家論』において意図したものは、人間的本性の状態から国家論を導きだすことであったとのべている。この一文は、『国家論』の第一章第一節から引いたものである。〝人間的本性の状態〟が意味するものは、人間がもつさまざまな感情や情動affectus《アフェクトゥス》である。

三木論文の中味の概要

三木はラテン語のaffectusを〝情念〟と訳している。が、この〝情念〟は、人間学（人性学）を構成する主要部分の一つであった。三木はこのあと――

人間学の一般的性質
『倫理学《エチカ》』との本質的関連において『国家論』を理解することの必要性
自然法、自然権といった『国家論』の重要な内容
『国家論』の現実的な特徴
スピノザが『国家論』において意図したもの――ヘーゲルとの関連

などにふれるのだが、このときディルタイ、マキアヴェリ、ヘーゲル、カント、フィヒテ、ホッブズなど、断片的なものであるが、諸家の言説を引用している。

ここまでが第一部に相当するところである。

ついで三木は、つぎのようなものを論題としている。

精神科学の自然的体系にとっての根本命題
スピノザの自然法（理性の法）の概念
人間がもつ自然権の概念
「自己の権利のもと」「他人の権利のもと」が意味するもの

スピノザにとっての国家の意味
このときホッブズやヘーゲルを引いている。ここまでが第二部に相当するところである。

つぎに三木が論題としたものは、
スピノザの国家論にみるもろもろの性格
である。このときかれは、スピノザ、エスピナス、アリストテレス、マイネッケ、ヘーゲルなどの説をひく。ここまでが第三部である。

三木はさらに第四部へと論をすすめ、
スピノザが国家論をみちびき出すとき、〝理性〟をしりぞけ、〝情念〟を採用したことの理由
スピノザ哲学の機械論的、全体的な見方
スピノザの神、スピノザの存在論
などにふれたのち、論を終える。その前にスピノザ、ディルタイ、コーヘン、カメラー、フィッシャー、アリストテレス、ヘーゲルなどの名にふれたり、その学説を引いている。

結論は、およそ結論らしからぬものである。なによりも、それがあるのか無いのかもはっきりしない。帰結は前提からみちびき出された判断を書くものであるが、三木はわき見したまゝ終わったような気がする。つまりしり切れとんぼのような印象をあたえる。
いままで述べたものが、三木の「スピノザに於ける人間と国家」の構造についてのあら筋《スケルトン》である。か

れはこの論文を書くために当然のこととして、スピノザの『国家論』をよむ必要があった。邦訳としての畠中訳『スピノザ　国家論』の文庫本の初版が岩波書店から刊行されたのは昭和十五年（一九四〇）十二月のことであるから、本稿執筆時にかれはそれを参照することができない。

すると、三木は原書（ラテン文）を読まざるを得なかったことになる。かれのラテン語やギリシャ語、フランス語はほぼ独学であった。三木が用いた原書は、カルロス・ヘルマヌス・ブルーダーが編み序文を付けた——Benedicti《ベネディクティ》 de《デ》 Spinoza《スピノザ》 Opera《オペラ》 Quae《クアエ》 Supersunt《スペルスント》 omnia《オムニア》（『ベネディクトゥス・デ・スピノザ　遺稿のすべて』第二巻、ステロ版＝鉛版印刷、ドイツのクリスティアン・ベルンハルト・タウフニッツ社、一八四四年刊である）。この中におさめられているのは、

Tractatus de intellectus emendatione「知性改善論」一六七七年
Tractatus politicus「政治論」または「国家論」一六七七年
Epistolae「書簡集」

の三篇である。編者の序文は、四五〜四六頁まで。索引《インデックス》は四六〜五〇頁まで。ついで第一章の序論(Cap. 1. Introductio) から第十一章（Cap. XI. De democratia）までがつづく（五一〜一三六頁）。

おそらく三木は、この論文をすみからすみまで読まず、必要なところだけをひろい読みしたものであろう。かれの本の読み方は、体系立ったものでなく、ぞんざいなものであった。かれはみずから「ずいぶん勝手な読み方をする」と語っている。すこし読んでみて、おもしろくないとやめる。はじめから読んだり、途中から、あるいはおわりから読んだりする。本をよむときの場所や時も一定していない。机

にむかって読んだり、立って読んだり、あるいは寝ころんでよむ（「私の読書法」）。

清と同居していた繁によると、清はくわえタバコでよく洋書を読んでいた、と筆者に語った。三木が読んだと考えられるタウフニッツ版（貴重本）をみると、書き込みなどは一切なく、紙面はきれいなまゝである。他の書物の場合、ごくたまに原書に書き入れをすることがあるが、それはエンピツで

横組みの原文下に……横線を引いたり
紙面の余白に………縦線（――）を引いたり

する程度である。かれは本に書き入れをし、汚すのを好まなかった。三木が書き込みをしなかったには理由がある。第一次世界大戦のとき、外国本の輸入がとまった。そのため学校の研究室にある本を利用せざるをえず、書き入れはできなかった。このとき本をきれいなまゝにしておく習慣がやしなわれた。

また他日、ひとが自分の本を使うことを考え、なるべくきれいな状態に保っておきたい気持ちから出たことであった（「私の読書法」）。

しかし、古典語の学習は、辛気くさい仕事である。ものをいうのは、根気と記憶力である。複雑な活用変化を一つずつ覚えねばならぬ。ことばに対する愛情と根気がないと、とてもつとまらない。たいていの者は、学校でうわっつらを習ったとしても、その学習は長くつづかず、困難におされ、途中で放棄する。またつづいたとしても、さいごに投げだすのがふつうである。しかし、三木は語学の才にめぐまれていたようだ。辞引をひき解読できるまでになった。そのラテン語は、おそらくはじめは日本人が書いた入門書《プライマー》に目をとおしたものであろう（三木文庫には、ラテン語の語学書、辞引はない）。マールブルク

に留学中、ハイデガー教授の講義（ゼミナールのことか。このとき用いたテキストはアリストテレスの『自然学』か）によって刺激をうけ、その哲学論文をラテン語の辞引をたよりに読みだした。するとそれを知って下宿していた家の主人（牧師）が、アウグスティヌスの『告白録』もいっしょに読んでくれたという（「読書遍歴」）。ラテン語を読み解いてくれる者がそばにいただけでも、三木は幸運であった。

けっきょく三木は、自分が提起した問題——従来のスピノザの国家論についての研究上の誤りを多少是正すること——をなしえたのであろうか。

この点になると、筆者の読みちがえか、読みの浅さのせいか、否定的にならざるをえない。三木ははじめに論証されるべき命題《テーゼ》をしめすが、答えはかならずしも論証や証明になっていない。実際はスピノザの国家論の特色づけ、納得づけにおわっただけではなかったのか。かれが諸家を引っぱり出してきたのは、自説をもっともらしくみせるためであったり、脈絡があるように装うためであったのではないか。

かれはスピノザの『国家論』の中にあらわれている核心——「人間的本性の状態」——の研究に着目すると、それをテーマとし、いささか無理をして脈絡をつけ、押しひろげて論じただけであったのではないか。そのため中心となる論旨は細目とかみあわず、空まわりしたようにもみえる。要するに、三木のこの論文は、論旨や考えが雑然とし、統一がなく、雑駁《ざっぱく》な印象しかあたえない。後年、かれはちょっと学問をやった者ならだれでも知っているものを論題として応用したが、それは斬新なものではなかったにせよ、一般にうけるようにジャーナリスティックにこなした。

学者《アカデミクス》たちの三木評

三木のほんとうの顔、かれが本領としたものは何であったのか。なるほどかれは三高の教師をへて、京大哲学科の教官になるはずであった。が、女性スキャンダルのため、こと志に反して、私大に勤めざるをえなかった。それは本人にとって大きな誤算であった。かれは生前学界やマスコミの世界で、縦横の活躍をしたことはよく知られている。はじめは著作集が出、死後全集（全二〇巻、岩波書店）が刊行されるほどの多量の仕事をしたが、よほど筆がたったのであろう。かれは三面ろっぴの大活躍をして、この世を去ったといえる。しかし、仕事量が多いことは、かならずしもその人が優秀であることの証しにはならない。だいたいがまあまあのできとできの悪い作品の混交だろうからである。むかし、慶大の史学科で教鞭をとった幸田成友《しげとも》（一八七三〜一九五四、昭和期の経済史家。露伴の弟。著作集全七巻をのこした）が、エッセイの中で、「多作はほとんどが駄作である」と書いていたのを思いだす。

いずれにせよ、三木清は、世間では哲学者として通っていた。が、実際は多面的な才子であった。いま大学関係者の三木評をひろうと、つぎのようになる。

京大教授　波多野精一……（三木は）体系的思想家というより、むしろ評論家・批評家。体系家としては、場合によっては他人の説の紹介に満足した（「三木清君について」）。

（波多野の言をひいて）よい意味でのジャーナリストまたは文明批評家（坂田徳男「三木君の思い出」）。

京大関係者

法大教授　谷川徹三……波多野評に同調し、三木は本質において、思想家というより評論家（「哲学者としての三木清」）。すぐれた独創家というよりも、すぐれた解釈家。

法大講師　戸坂　潤（獄死）……発明家というより、発見家。たいていの場合、たっしゃな応用家。一貫して歴史哲学者。分析家というより主張家。三木の本質は、解釈家（「三木清と三木哲学」）。

佐藤信衛《のぶえ》……ジャーナリズムの文筆家。評論家としては、主義者でも運動家でもなく、一個の「批評家」（「三木清氏の思ひ出」『人間』第一巻第一号所収、昭和21・1）。「理解」の人だったのである。これは同時に独創の人ではないという意味である（『西田幾多郎と三木清』中央公論社、昭和22・1、八五頁）。

三木は京都の学生であったころから、名声に執着し、野心にもえていた（林達夫「三木清の思ひ出」）。かれはわりと裕福な家に生まれ、順境のなかで育ち、学業もすぐれていたから、大きな挫折を経験することなく大人になった。それだけに学校秀才にありがちな自信家であり、衒気《げんき》（自分の才を人にみせたい気持ち）がつよく、見えっぱりであった。ときにおごり高ぶり、ひとをはばかることなく批判した。その直言癖もまたかれの治らぬ病いのひとつであった。

ひとは自分をよりよく見せようとする気持ちがつよく、みずからをつくろい飾ろうとする。本人が読んでもよくわからぬ外国文献をやたらと引き、注もそれらの文献でにぎにぎしく飾りたてる。本文はひとが読まぬ外国語の引用でみちあふれ、満艦飾である。艦《ふね》に洗濯ものをいっぱいにほしならべたようなものである。書かれたものは、およそおもしろさが感じられぬ、つまらぬものになる。昨今の紀要などをみると、そのようなものが多い。

一高を出たものが、わざわざ京都の大学にきたということで評判になり、三木はまわりを意識する気持ちがつよかったのではないか。西田幾多郎は演習でベルグソンの『創造的進化』の英訳を使ったことがあったが、三木はいつもフランス語の原書をもってきていたという（坂口徳男「三木君の思い出」）。西田の演習はあまりおもしろいものでなかったらしい（田中美知太郎「京都での学生生活」）。人数の多い教室で、学生が順番に訳をつけていくものであり、内容もよくわからず、ただ機械的に訳語を当ててゆくものであった。学生がわけのわからぬ訳をつけ、もたもたしていると、教師も他の学生もたいくつをし、あくびが出るものであった。

西田は学生の訳を正さず、原文の説明をするわけでもなく、ただちょっと思いついたことを話すだけの演習であった。田中美知太郎や谷川徹三らは、西田の演習をとったが、やがてかれらは授業に出なくなった。三木は見栄があったから、授業中フランス語の原書をのぞいていたものか。また大正十五年（一九二六）の暮――百万遍にちかいミルクホールで、内密の話として、京大哲学科の助教授に内定した、と、まことしやかに学友に語った。が、これなども三木流の見栄、またはほら、はったりであったのであろう。

三木の人物批判は、研究会（月に一、二度のビールのみ会）、電車の中、バーなど、場所をわきまえず、不用意にどこにおいてもおこなわれた。それは各大学の有名教授の人物評論や学風批判であったり、軍人や官僚にたいする悪口であった。が、傾倒していた恩師西田にたいしては、批判はしなかったようである。しかし、新聞報道によると、かれの遺稿に未完の「西田哲学批判」というものがあり、検挙のときまで執筆していたという（佐藤信衛「三木清の思ひ出」）。

三木は留学中、田辺元教授によく近況を知らせている。たとえば、大正13年（一九二四）1・6（マールブルクより）、同年5・6（マークブルクより）、同年6・1（マークブルクより）、同年7・2（マークブルクより）、大正14年（一九二五）1・3（パリより）など。それらの書簡の末尾は、いつも田辺へのごきげんとりのような麗句でおわっている。例をあげると、「先生の御健康をいつも祈ってゐます」（大正13・1・6付）、「何よりも先生の御健康を祈ってゐます」（大正13・5・6付）、「いつも先生の御健康を祈ってゐます」（大正13・6・1）、「いつも先生の御健康を祈ってゐます」（大正13・7・2付）、「遙《はるか》に先生の御健康を祈ります」（大正14・1・3付）。

明哲《めいてつ》（才知にすぐれ、事理に通じた者）は、保身の術を知るという。口やことばは重宝なものである。おせじをいわれ、よろこばぬ者はいない。三木が田辺の歓心をくすぐるようなことばを使ったのは、将来の京大入りのことを計算のうちに入れてのことであったのかもしれない。それが駄目になると、こんどは批判する側にまわった。「西田哲学に対する批判を私は三木さんの口からきいたことを思い出せない。それに対し田辺先生については、私が三木さんの口からきいたものはすべて批判であった」（船山信一「三木さんについて想ふこと」）。

三木の批判は、田辺ひとりにむけられただけでなく、いわゆる京都学派にたいしても痛烈なほこ先をむけた。

哲学徒としての三木の願望

三木は学者であるためには、学問上自分の立場をもたねばならぬと思った。いいかえると、それは自分の〝立脚点〟（よりどころ）または〝自分の哲学〟のことをいっているのであろう。三木の見方によると、ヨーロッパにおいて学者とよばれうる者は、つねに自己の立場をもっているという。しかし、日本の学者をみると、博識（博学）のみをもって能事おわれり（完成した）と考える風がある。が、かれはこのことをひそかに歎《なげ》いた。三木はつねに自分の哲学を求めて歩いてきたからである（三木清「手記」）。

いうなれば三木の哲学の旅は、死ぬまでおわらなかった。さすらいの絵描きが、気に入ったところに歩をとめて絵をかくように、三木は人から人へと渡りあるいた。彷徨中にすぐれた人物と出会い、いっときそれに心をうばわれることはあったが、いつまでもそこに留まることはできなかった。かれはあるときは、西田哲学に、またあるときはハイデガーの哲学に心酔することはあったが、そこから勇敢に立ち去ることができた。

他人の哲学をいくら学んでみても、それは人のもの。万巻の書を読んでみても、しょせんそれは人のものである。三木はまたかわりみ（転身）が早かった。なぜなら「それは（その哲学は）……自分自身のものでなかったからである」（「私記」）。三木はひとつの哲学からつぎの哲学へと、旅をつづける哲学者であった。

三木がいっとき西田哲学の呪縛《じゅばく》にかかったのは、西田には自分自身の哲学があったからである。日本の哲学徒は、西洋哲学をただ伝授的に学び愛好するだけで、それをこやしとして新しい哲学を創造するとか、自分の哲学をつくるようなことはなかった。だれもが内心西洋の名だたる哲学者にひれふし、教祖としてあがめ、劣等感をいだきながら、文献をいじくりつつ、こそこそ研究をやってきただけである。日本の哲学徒は、独創性にたいする劣等感を払拭してくれそうな人物を、たまたま西田幾多郎の哲学にみいだし、かれを独創の権化、独創の神のようにみなした。

けっきょく三木は、自分の立脚点――自分の哲学をもつというみはてぬ夢を追いながら、あの世へ旅立った不幸な哲学者であったといえる。

三木論文にみられる引用文献は、左記のようなものである。三木は論文において、Vgl.（vergleich! 参照せよ）といっている。以下、原書名とその邦訳（意訳）をかかげる。

W. Dilthey: Die Funktion der Anthologie in der Kulture des 16, und 17, Jahrhunderts, Gesammelte Schriften, II. Band
　ヴィルヘルム・ディルタイ著「十六、十七世紀の文化における人間学のはたらき」

Adolf Menzel: Die Staatslehre Spinozas (Beiträge zur Geschichte der Staatslehre, 1929
　アドルフ・メンツェル著『スピノザの国家説』

Vgl. Niccolo Machiavelli: Der Fürstenspiegel, Deutsch von Fr. Oppeln-Bronikowski 1912, S, 51.
　（独訳）ニコロ・マキアヴェリ著『君主論』

Vgl. Leo Strauss: Die Religionskritik Spinozas als Grundlage seiner Bibelwissenschaft 1930, S. 221.
　レオ・シュトラウス著『スピノザの宗教批判』

Vgl. Hegel: Ueber die wissenschaftlieben Behandlungsarten des Naturrechts, WW. I, S. 341.
　ヘーゲル著『自然法の学問的取りあつかい方について』

Grundlinien der Philosophie des Rechts, WW. VIII, S. 18.
ヘーゲル著『法哲学綱要』

Vorlesungen über die Geschichte der Philosophie, WW. XV, S. 376.
ヘーゲル著『哲学史講義』

Vgl. Alfred Espinas: Die thierischen Gesellschaften, Deutsch. V. W. Schloesser, 1879, S. 31 ff.
アルフレッド・エスピナス著『動物の社会』

Fr. Meinecke: Die idee der Staatsraison 1924, S. 273. Ebd. S. 434.
フリードリヒ・マイネッケ著『国家理性の理念』

Karl Larenz: Staat und Religion bei Hegel (Rechtsidee und Staatsgedanke, Hrsg. v. Larenz 1930).
カール・ロレンツ著『ヘーゲルにおける国家と宗教』

Dunin Borkowski: Spinoza nach dreihundert Jahren, 1932.
ドゥニン・ボルコウスキー著『スピノザ三百年』

Vgl. Th. Camerer: Die Lehre Spinozas, 2te Aufl. 1914, S. 30ff.
テオドール・カメラー著『スピノザの学説』

Vgl. J. E. Erdmann: Grundriss der Geschichte der Philosophie, II. Bd, 3te Aufl. 1878, S. 57.
J・E・エルトマン著『哲学史概要』

Hegel: Wissenschaft der Logik, WW. III, 178.
ヘーゲル著『論理学』

主なる参考文献

国際ヘーゲル連盟日本版『スピノザとヘーゲル』岩波書店、昭和7・7。

三木清『人間学的文学論』改造社、昭和9・7。

畠中尚志訳『スピノザ　国家論』(文庫本)岩波書店、平成25・1。
(注)本稿を草するうえで、いちばん利用したもの。
斎藤晌《しょう》訳『スピノザ全集　第二巻』内田老鶴圃、昭和8・11。

『世界』第11号、岩波書店、昭和21・11。

佐藤信衛『西田幾多郎と三木清』中央公論社、昭和22・2。

『回想の三木清』三一書房、昭和23・1。

斎藤晌『スピノザ倫理学』中和書院、昭和23・8。

豊川昇訳『スピノザ概説』創元社、昭和23・10。

下中彌三郎編『世界歴史事典　第15巻』平凡社、昭和28・4。

篁実『スピノザ』弘文堂書房、昭和41・2。

『三木清全集　第17巻』岩波書店、昭和43・2。

同『第18巻』岩波書店、昭和43・3。

同『第19巻』岩波書店、昭和43・5。三木評に関しては『三木清全集』の「月報」を参照した。

荒川幾男『三木清』紀伊国屋書店、昭和43・2。

中岡哲郎編『戸坂潤集』筑摩書房、昭和51・2。

『田中美知太郎全集　第13巻』筑摩書房、昭和54・8。

『法政大学史資料集　第5集』法政大学、昭和57・3。

谷川徹三『自伝抄』中央公論社、昭和64・4。

小林敏明『西田幾多郎の憂鬱』岩波書店、平成15・5。

Stanislaus von Dunin-Borkowski, *Der junge De Spinoza*, Münster i. W. Druck und Verlag der Aschendorffschen Buchhandlung, 1910. （注）さし絵のみを利用した。

Carolus Hermannus Bruder ed. *Benedicti de Spinoza Opera Quae Supersunt omnia*. Vol. II. Ex officina Bernnardi Tauchnitz, Lipsiae MDCCXLIV.

Thomas Colley Grattan, *The History of the Netherlands*, Peter Fenelon Collier, New Yoek, 1914.

George Edmundson, *History of Holland*, Cambridge University Press, 1922.

第三章

仮面の奇人——マニラにおける陸軍報道班員　三木清

はじめに

三木清は、生前小林勇《いさむ》（一九〇三〜八一、昭和期の出版人・エッセイスト、岩波書店社員。横浜事件で逮捕された）によくこんなことをいっていた。

——（太平洋）戦争がおわったとき、お互い無事にあえたらしあわせだ。生きぬくということだけでも容易ではない。こうしてしょっちゅう会うのも、じきに終わるかもしれない。数年ののち、やあ生きていたかと、お互いいいえれば幸福というものだ。

三木清のことを知る者は、かげでかれのことをからかって「ミキセイ」と呼んでいた。空襲が激化し、わが国が断末魔の苦痛を味わっていた昭和二十年（一九四五）三月二十八日の午前十時ごろ、三木は小林と岩波書店の二階で話をしていた。話の途中、小林がちょっとよそを向いていると、三木が肩をたたいた。

ふり返ると、かれのそばに戦闘帽をかぶった男が二人立っていた。三木は落ち着いた声でいった。

――警視庁から来たのだ。

――何か用事はないか。

と小林がきいた。

――子供（洋子）のことをたのむ……。

と、三木は一言いった。ついで二人の男に、自動車で来たのか、と尋ねると、そうでないと素っ気ない返事がかえった。三木は白いカバンを外套の上から肩にかけると、連れの男らと階段をおりていった。小林は二階の窓から、三木が二人の男に左右をまもられながら、街から姿を消してゆくのをみていた。小林にとって、これが三木との今生《こんじょう》の別《わか》れとなった（小林勇「孤独のひと――三木清の一周忌に」）。

（注）三木は警視庁から逃亡した高倉テル（一八九一～一九八六、大正・昭和期の社会運動家。終戦後、参院議員、のちGHQから追放された）を一晩自宅に泊め、「ミキ」という名前入りのワイシャツをあたえた。三木は容疑者を保護逃亡させた嫌疑で検挙された（犯人蔵匿《ぞうとく》［隠したこと］を問われたもの）。

生前、三木は小林に広言を吐いた。自分はうんと仕事をし、本を一間《いっけん》（約一・八メートル）くらい書くのだと。残された生涯において、できるだけ仕事をし、それを土産に、亡くなった妻に、待たせたね、といってあとを追うつもりだ、と。しかし、三木は遠大な志を宿しながら、大望を果たすことなく、獄死した。かれは獄中において疥癬《かいせん》病（伝染性の皮膚病）にかかり、苦しさのあまり、独房の寝台から汚物にまみれた床のうえに転げおちて死んだのである。

小林によると、三木は物ごとに対する見通しが早かったという。将来をいちはやく見抜く力――いわゆる先見の明《めい》があったらしい。独ソ戦がはじまるころ、「ヒトラーは自殺する。近衛には剣難《けんなん》の相《そう》（はもので殺傷される災難）がある」と、折あるごとに大声でいっていた。戦局が悪化し、敗色が濃くなるころ、大勢の前で「いまから英語を一生懸命やっておかぬと間に合わぬぞ」と平気でいったりした。実際三木の予見はほぼ的中した。

ヒトラーはベルリンが陥落する前に、愛人のエヴァ・ブラウンと自殺し、近衛は終戦後、GHQから戦犯として訴追されたとき服毒自殺した。英語は日本が戦いに破れ、占領軍が上陸してくると必須となり、わが国に英会話熱が起こった。

法政大学を追われた三木は、おもに新聞や雑誌に原稿を書き、ときに講演をやり、糊口《ここう》をしのいでいた。ほかに一、二の出版社から顧問料が入り、またときどき講演収入があった。

わが国は昭和十六年（一九四二）十二月八日、ハワイ・オアフ島の真珠湾に停泊中の米国の太平洋艦隊を急襲することによって、太平洋戦争へと突入した。日米開戦の年暮れの一日《いちじつ》――東大にちかい湯島の居酒屋である忘年会がひらかれ、そこに物書きや教師、出版関係のひとびとがあつまった。が、そのあつまりは、いっこうに気勢のあがらぬものであり、お通夜のように沈鬱な空気が支配していた。

出席者は、つぎの人びとである。

清水幾太郎《いくたろう》（一九〇七～八八、昭和期の社会学者・評論家。当時、文化学院教授。戦後、学習院大教授）

三木　清（一八九七～一九四五、昭和期の哲学者・評論家）

中島健蔵《けんぞう》（一九〇三～七九、昭和期の評論家）
豊島与志雄《よしお》（一八九〇～一九五五、大正・昭和期の小説家。当時、法大教授）
粟田賢三《あわたけんぞう》（一九〇〇～八七、私立武蔵高教授をへて岩波書店編集員）
小林　勇（一九〇三～八一、岩波書店編集員）

その原因は、日米開戦にあっただけでなく、十一月ごろから、周囲の知識人がつぎつぎと徴用され（国家の命により、強制的に特定の仕事につかせる意）、南方（南のほうにある国）に遣《や》られることにあった。「昭和研究会」（昭和8～同15年までつづいた国策研究機関）は、軍部や右翼から自由主義的、左傾的とみられ、それとかかわりがあった清水・三木・中島らにも徴用の手がのびる可能性があり、この三人はよくそれを話題にした。清水がわれわれも徴用されるかな、といえば、三木はそんなバカなことがあるものか、と否定する。中島も三木に同調し、そんなことはありえない、といって調子をあわせた。

文学者（詩人、作家、文芸評論家）の徴用がはじまったのは、昭和十六年（一九四一）の十一月初頭から年末にかけてのことであった。この徴用は何を目当《めあ》てになされたものかさっぱりわからなかった。徴用をうけた者の中には、かなり左翼的な、また自由主義ぽい作家らがふくまれていたから、実際は「徴用」ではなく「懲用《ちょうよう》」（こらしめのための召集の意）であろうと考えた者もいた（巌谷《いわや》大四「威風堂々　大東亜文学者大会――非常時　日本文壇史㈡」）。

清水も三木も中島も、おれたちは徴用されない、と高をくくっていたが、その後果たせるかな、かれらのもとに、国民徴用令による動員令――軍への徴用通知――いわゆる「白紙《しろがみ》」がつぎつぎと届いた。「赤紙《あかがみ》」が兵士として軍へ召集される令状とすれば、白紙は軍の後方勤務――前線のうしろで文化事業をやらせるための召集であった。

　日米が戦端をひらく一年前の昭和十五年（一九四〇）、「内閣情報局」（情報局ともいう）が設置された。これは政府の情報活動や宣伝をやる機関であり、ほかに新聞・雑誌・書籍などの文化統制（検閲）をおこなう組織であった。昭和十六年（一九四一）の春のある日のこと、中島健蔵のもとにある雑誌編集者が、ただならぬ顔つきでやってきた。その者の話によると、ある文学者が、文士のブラック・リスト（要注意人物の氏名一覧表）を情報局へ提出したというのである。

――これがその写しです。

といい、ザラ紙の原稿紙に走りがきした名簿をだしてみせた。

　秘かに写しとったその用紙には、およそ執筆者として知られている者の名が、ほとんど全員書きつらねてあった。しかも氏名のうえに奇妙な丸いしるしが付いていた。○《白丸》●《黒丸》◐《半黒丸》の三種類である。中島は思わず自分の名をさがした。かれの名はあった。◐《半黒丸》である（中島健蔵「ブラック・リスト」『昭和時代』岩波新書所収、昭和32・5、一四七頁）。

　このリストを提出したと考えられる者の名もあったが、それは○《白丸》であった。中島によると、その者は、雑誌の編集長あてに他人の〝時局認識〟について、中傷の手紙を送りつける人物であったという。ブラック・リストをつくり、徴用を進言したと考えられる者はだれであったのか、いまも謎のまゝだが、巌谷大四にはだいたいの目安はついていた。けれど確証はなかった。

　当時、思想の告発者、摘発者として有名であったのは、蓑田胸喜《みのだむねき》（一八九四〜一九四六、昭和期の国家主義者。皇室中心主義を奉じ、共産主義、自由主義を排撃し、多くの文化人が歯牙にかゝった。終戦の翌年自殺）であった。極右であったかれは、機関誌『原理日本』において、国家を毒するものと考えられる人物を盛んにやりだまにあげた。その中には三木もふくまれていた。

巖谷は、ブラック・リストを提出したと考えられる〝文士〟として三人の名があがっているといっているが、明確な証拠がないために、名前をふせている（巖谷大四「動員された文化人たち」）。しかし、蓑田がその三人のうちで最も有力なリストの提出者であったとおもわれる。が、別な方面から、ある容疑者があぶり出されたのである。

情報局の机の引きだしに入れてあったブラック・リストを写し取った、という話は、多少まゆつば物（つくり話）めいている。が、それを盗み写した雑誌記者がだれであったのかはわかっていない。他人の机の引き出しをわざわざあけて、そこに入っていた氏名リストをこっそり写し取る行為は、大胆すぎて信じがたい。実際は情報局の幹部の机のうえに無造作に置かれていた書類が、たまたまその記者の眼にとまり、急いで写し取ったのかもしれぬ。

ブラック・リストは、謄写版刷りであったらしく、昭和十六年（一九四一）二月から同十八年（一九四三）六月まで、情報局で嘱託《しょくたく》（非正規職員）として働いていた新進の評論家・平野謙《けん》（一九〇七～七八）は、そのリストを見たことがあるという（平野謙「日本文学報国会の成立」）。当時、かれは「文学報国会」を所管していた第五部第三課のアルバイタアであった。

情報局（内閣情報局の略称。昭和15年［一九四〇］に設けられた機関。昭和20年［一九四五］に廃止）は、一部から五部までわかれ、その下の各課がそれぞれ所管の事項を分担していた。第三課の仕事は、文芸銃後運動という全国的な講演会を企画し、その講師の顔ぶれをきめたり、太平洋戦争がはじまる直前、文学者を徴用し、外地に派遣する人選などをおこなった。どちらかというと、文化面の仕事がおもなものので、他の部課とはウェートが違っていた（平野謙「情報局について」昭和28・11）。

情報局は、政府の情報活動や宣伝などを行なうとともに、新聞雑誌、書籍にたいする統制をおこなった機関でもある。問題のブラック・リストがあったという情報局第五部第三課は、文化一般（文学、音楽、美術、児童文化、言語）を担当し、その構成はつぎのようなものであった。

部長　川面《かわも》隆三——課長・上田俊次（海軍機関中佐）、のちガダルカナルに転出。井上司朗《しろう》（逗子八郎のペンネームをもつ歌人）が、情報官から昇格し、課長となる。——情報官二名（うち一人は、のちに課長となる井上司朗。もう一人は、相沢［?］という人）——属官二名（斎藤、山泉といった文部省から来た事務官）——嘱託（秦《はた》一郎、児童文化、美術関係担当。宮沢縦一、音楽関係担当。平野謙、文学関係担当）

平野がたまたま机上にあったブラック・リストをみた当時の課長は、上田俊次中佐であった。ところで中島健蔵が『昭和時代』のなかでいっている、情報局へ提出した「ある文学者」とはだれのことをいったものか。

その提出者は、文学界のうわさでは、『天の夕顔』の作者として知られていた中河与一《なかがわよいち》（一八九七～一九九九、昭和期の小説家。早大英文科中退）とみられていた。ブラック・リストの提出者と目された中河は、当然そのうわさを否定した。が、当人はもともと左翼が大きらいであり、戦争中は超国家主義者にすがたを変えた。

もしそのリストなるものが、実際に存在したとすれば、それは中河らが計画した雑誌の執筆者名簿と、混同したものでないかという（中河与一『天の夕顔前後』古川書房）。

昭和十年代の前半ごろ、新官僚（内務省の警保局保安課の事務官――猪俣敬次郎、加藤祐三郎、原文兵衛）や平凡社の下中彌三郎（一八七八～一九六一、明治から昭和期の教育運動家、出版事業家）らは、総合雑誌（国家的スケールの新雑誌）をつくる計画をたてた。

このとき中河は、三、四人の者とともに相談をうけた。各界（法律、政治、経済、自然科学、哲学、文学など）から、執筆者として百数十名えらび、その名を印刷（プリント）した。つまり執筆予定者の名簿をつくったという（中河与一「自由のための公開状――縄張りの暴力について」）。

この総合雑誌は、中河与一編輯『文芸世紀』（昭和14・8～昭和21・1）として結実したが、のちに軍の情報部から文学界にも協力をもとめてきたので、「とにかく軍の要請によって僕（中河）は、そのプ

早稲田の学生のころの中河与一（25歳）

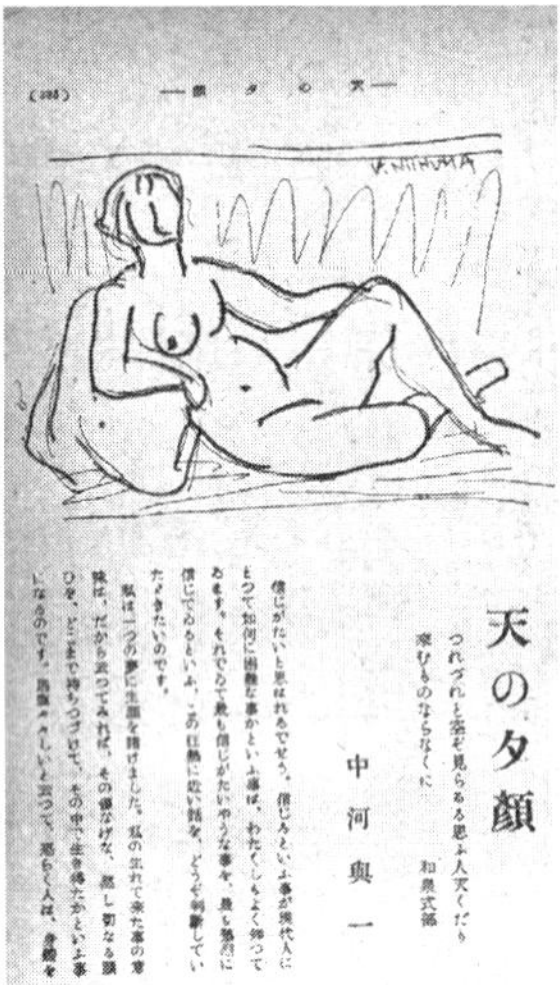

天の夕顔

つれづれと空ぞ見らるる思ふ人天くだり来むものならなくに　和泉式部

中河與一

信じがたいと思はれるでせう。信じるといふ事が現代人にとつて如何に困難な事かといふ事は、わたくしもよく知つてをります。それであつて最も信じがたいやうな事を、最も熱烈に信じてゐるといふ、この狂熱に近い話を、どうぞ判斷していたゞきたいのです。

私は一つの夢に生涯を賭けました。私の生れて來た事の意味は、だから云つてみれば、その儚なげな、然し切なる願ひを、どこまで持ちつゞけて、その中で生を終たかといふ事になるのです。

中河の代表作のひとつ「天の夕顔」（昭和13［1938］）『日本評論』新年特輯号にのったもの

リントを貸与した」という。当時、そのことを『都新聞』の学芸欄に誤りもらした者がいたらしく、誤伝（うわさ）の源泉はこれであったようだ。中河はプリントは、役人がつくったものという。

中河にとって、このブラック・リスト事件は、奇怪な捏造、曲解、悪らつな陰謀にほかならず、自分の思想や態度のなかに、多くの誤謬があったことを認めるとしても、文士仲間を売るような卑しいことだけはしなかったつもりである、と述懐している（中河与一「自由のための公開状――縄張りの暴力について」）。

さいごに余談になるが、この中河という著名な作家は、たいへん変わった人であった。かれは四国の坂出町において、一開業医の子として生まれた。その父は医は仁術を地でいくような人物であった。貧しい者につねに寄りそい、施療し、深夜起されても往診に出かけた。六十九歳で脳溢血で斃れた。葬列は数百メートルにもおよび、物乞いや障害者までその列に加わった。この一事から、この医者が万人から慕われ、その徳が高かったことが知られるのである。

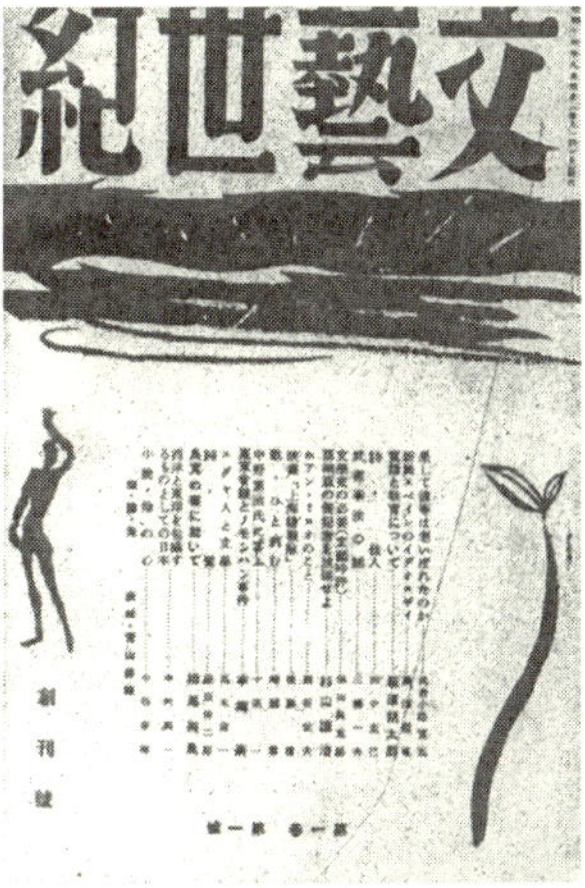

『文藝世紀』の創刊号（昭和14・8）の表紙

中河は丸亀中学から早稲田に進学し、大正十年（一九二一、二十四歳）同校の予科を卒業後、文学部英文科に入学した。が、翌年の秋、潔癖症（微菌恐怖症）により、中途退学した。いまの早稲田は高級ホテル、高級マンションなみの立派な建物が林立しているが、当時の校舎は木造のうすぎたない建物であったらしく、学校を消毒することができぬから、妻・幹子（津田塾卒）に、「もう学校をやめることにした」といって、納める予定の月謝をそっくり持って帰ってきたという（中河幹子「彼との生活㈡」）。

その潔癖症は、病的なほどであった。左手はいつも何にもふれず、汚さないようにしていた。銅貨や紙幣は消毒し、かわかしていた。戸をあけるとき、なるべく人の手のふれていない、上の方を右手で開けた。ときに足であけることがあった。

早稲田の学生は、いったいにきたないかっこうをしていた、と英文・宮田斉《ひとし》教授から、授業中に聞いたことがある。中河は風采はかまわず、うす汚れた着物を着ていたが、それは消毒したものであったから、平気であった。指のつめは、つねにまっ黒であった。なぜならいつも消毒液の昇汞水《しょうこうすい》（水銀と塩素との化合物から成る劇薬）を用いていたからである。この病はその後、十数年つづいた。……

参考文献

森下節「中河与一私論――ひとりぼっちの戦い」『自由』所収、昭和55・8。

吉野孝雄『文学報国会の時代』河出書房新社、平成20・1。

平野謙「情報局について」『平野謙全集　第13巻』所収、新潮社、昭和50・12。

〃　「日本文学報国会の成立」『平野謙全集　第五巻』所収、新潮社、昭和50・8。

保昌《ほしょう》正夫「早稲田文学人物誌　54　中河与一」『早稲田文学人物誌　12』所収、青育社、昭和56・6。

1　三木清、徴用通知をうけとる

昭和十七年（一九四二）一月十六日――三木は丸の内の日本赤十字社東京支部でくだんの「白紙」（第

二徴用）の令書をうけとった。かれはそれを持って翌日（？）の朝九時ごろ、岩波書店を訪れた。小林は「こんなに早く、いったいどうしたのだ」ときくと、三木はいつもと違った顔つきで〝小さな紙きれ〟を差しだした。それは徴用の命令書であった。三木は前夜、どこかの座談会に出ていて、

――徴用するなら、ぼくのような有能の者をしなくてはだめだ。

などと冗談をいっていた。

かれは小林と会ったとき、

――徴用のちょうの字に『心』がつかなくてよかった。

と冗談をたたいたが、いつもと様子が違っていた。おそらく精神的な動揺があったのであろう。

徴用というのは、東南アジアの占領地における日本陸軍の宣伝班員として召集された者の意であり、武器をとって戦う一般の兵ではなかった。身分は奏任官待遇――陸軍少佐か中佐あつかいであった。が、肩章がつかないために、ときに雑役夫や馬丁にまちがえられることもあった（尾崎士郎「小説四十六年」）。非戦闘員であれ、一応将校待遇（佐官、尉官）であるから、その体裁をととのえる必要があり、服装は国民服でよかったが、軍刀（軍人がさげる戦闘用の刀）を用意せねばならなかった。海外に出ると、帰国がおそくなる懸念があったので、娘の学校をきめておきたかった。そこで三木は友人の羽仁五郎（一九〇一～八三、旧姓、森。昭和期の歴史家。羽仁説子《せつこ》と結婚し、羽仁姓となる）にたのんで娘・洋子を自由学園に入れてくれるように、小林にことづけた。

それから数日後のある日の早朝――三木と火野葦平《ひのあしへい》（一九〇七～六〇、昭和期の小説家。多くの従軍記を書いた流行作家）は、麹町区飯田町二の十一番地にあった小山書店でおち合った。そこには小林ら見送りの者が二、三人いた。夜が明けたばかりのころであり、一同小山夫人の心づくしで簡単なものをた

昭和17（1942）1月某日――岩崎邸で撮った記念写真。左から粟田賢三，小林勇，火野葦平，野田宇太郎，三木清（『三木清全集　第6巻』より）

べ、乾杯した。やがて二人は、見送り人といっしょに寒い中を歩いて飯田町から竹橋の兵舎へとむかった。兵営の門のところに着くと、三木と火野は見送り人とわかれた。三木は心細そうに門を入って行ったが、火野は馴れた態度で堂々としていた（小林勇「徴用の日」）。

その日の午後、岩波の小林のもとに、三木から電話があった。いま品川の岩崎邸にいる。明日南方へむかうかもしれぬから会いに来てほしい、といった話であった。そこで小林は同僚の粟田賢三といっしょに岩崎邸へかけつけた。岩崎邸というのは、三菱の創立者・岩崎彌太郎の弟・二代目彌之助（一八五一～一九〇八、明治期の実業家）が、港区高輪《たかなわ》――御殿山に約一万九千坪の広大な土地を手にいれ、そこに洋館と日本家屋をかまえた、岩崎家の高輪邸のことである。その後の戦争で洋館は内部が焼け、日本家屋はすべて焼失した。戦後、洋館を修復し、ゲストハウスとした。いまの「三菱開東閣《かいとうかく》」がそれである。

小林らが岩崎邸へいってみると、広い邸内は徴用をうけた者とその家族、見送人でごったがえしていた。ようやく三木をみつけた。糸子《いとこ》夫人（喜美子夫人が昭和11年8月6日に急逝したのち、その母堂のすすめによって再婚した相手。この新妻も昭和19年3月、肝臓ガンで早死した）や娘・洋子らも来ていた。小林は広い庭の片すみで、冷たい風に吹かれながら立ち話をしたあと、茶室に入った。三木はブカブカの外套を着ていた。その恰好はいかにもおかしかった。

まだ明るいうちに写真をとろう、といったのは、火野の友人・ロシア文学者の中山省三郎であった。そのあとまた茶室に入った。すると見知らぬ者が、硯《すずり》と色紙をもってきて、何か書いてくれといった。三木は照れくさいような、また迷惑そうな顔をしたが、とうとう押しきられ、二、三枚書いた。一枚残っていたので、小林がおれにも一枚書いてくれ、とたのむと、三木はいかにも情けないような、いやな顔をした。小林はすぐ察して、

——形見に書けというのではない。あの歌を書けよ。

といった。それは三木が所帯をもったころ、酒のみ友だちの一人のために短冊に書いた歌だった。三木はそれをこんど色紙に書いて、小林にあたえた。それは——

しんじつの
秋の日てれば
せんねんに
心をこめて
歩まざらめや
清

という歌であった（小林勇「徴用の日」）。

昭和三十九年（一九六四）——三木の郷里・兵庫県竜野に「三木記念碑」がたったとき、この歌が碑にきざまれた。

すぐにも南方のどこかに出発するらしい、といった話であったが、「宣甲部隊《せんこう》」と称した三木ら六十数名の出発はおくれ、けっきょく三週間ほど、岩崎邸にカンヅメになった。外泊は許されず、出発前に一泊だけ許可になった。外地行きがおくれたのは、輸送船の都合があったからであろう。三木らは岩崎邸で待機している間に、自分らのゆき先がフィリピンであることを知った。この間に徴用員は、予防注射をうけたり、かの地の話を聞いたり、敬礼の仕方などを習ったものであろう。

三木はフィリピン行を知ると、スペイン語の勉強をはじめ、出発のころになると、このことばの大体がわかるようになった。かれは品川にいる間に、たびたび岩崎邸から〝脱走〟した。そのつどかれは酒のみ友だちと会った。仲間はみな戦争に反対の者たちである。日本が戦争に負けることを信じ、情勢が悪化することがわかっている者たちであった。三木は酒に酔うと十八番の「愛染《あいぜん》かつら」を唄った。

また酒に酔って誰からも文句をいわれないために、軍歌「兵隊さんよありがとう」を大声で歌ったが、いつもその軍歌には、奇妙なアクセントがついていた。歌詞にある「兵隊さんのおかげです」の部分に差しかかると、わざと大きな声を張りあげた。三木の歌声の強調には、無謀な戦争をはじめた政府や軍部を暗に批判する意があったようだ。

2　輸送船「崑山丸」でフィリピンへ

三木ら徴用班員六十数名は、いつ品川の岩崎邸を出てフィリピンへむかったのか。その日時はあきら

マニラのジョンス橋周辺。仲原善徳『比律賓紀行』より

かでない。また東京を立った徴用班の一行はどのような道順をとって南下したのかもはっきりしていない。すべては軍の機密であり、かれらは南方攻略軍と行動をともにしていたからである。

第一陣の徴用班員としておなじフィリピンに出むいた今日出海《こんひでみ》（一九〇三～八四、昭和期の小説家・評論家。実録的な作風で知られた。戦後、初代文化庁長官）によると、突然、三木ら第二陣がフィリピンにやって来たのは、昭和十七年（一九四二）の三月だったという。今《こん》は三月のいつこの一行が到着したのか、はっきりといっていない（今日出海「三木清における人間の研究」『文藝』増刊号所収、昭和21・10、のち『小説集　人間研究』に収録、新潮社、昭和26・5）。

また「比島進攻時の宣伝班員――編者」「集録『ルソン』第44号――軍報道班員、マニラへ」所収、（比島文庫、平成4・3）によると、第一次の報道班員がフィリピンにやって来たのは昭和16年11月29日、第二次の来比は、昭和17年2月28日とある（一〇三頁）。

三木ら第二陣は、フィリピンに上陸するまで、一ヵ月ちかくどこをうろついていたのか。それもはっきりしない。この一行はおそらく品川駅から汽車で広島の宇品《うじな》（通称広島港、陸軍部隊の基地）にむかったものであろう。乗った船名は判明している。それは「□□の崑《こん》ちゃん全速六ノット」と渾名《あだな》された、大連汽船の輸送船「崑山丸《こんざんまる》」であった（佐藤勝造「三木さんの放送原稿」）。かれらはフィリピンにむかう船団とともに台湾の高雄、馬公、基隆のいずれかで道草をくったのち、この船は二月末にフィリピンのリンガエン湾（フィリピン北部、ルソン島中西部の投錨地）のダモルチフに上陸した。その後一行は、トラックに分乗し、マニラにむかい、三月一日の夕方首都についた。

三木がのったトラックを運転していたのは、自動車をあやつることがへたな徴用の台湾人であった。そのトラックはマニラの目抜き通りをぬけ、ある四っ辻に達したとき、横あいから走ってきたどこかの部隊のトラックの一台と衝突し、エンジン部分を破壊された。このとき三木は、運わるく大けがをした。からだを車の外に投げだされ、頭を舗道（アスファルトで固めた道）に打ちつけ、裂傷をおった。負傷者は直ちに旧城内《イントラムロス》（スペイン人がマニラを占有していたころ築いた城塞。その後の戦争で日本軍がたてこもり廃墟となった）にあるカトリック病院に運ばれ、入院した。

（注）三木が入院したところは、San Juan de Dios Hospital か。

本章は、フィリピンにおける陸軍の報道班員・三木清の行動を検証したものである。約十ヵ月マニラに滞在したかれは、軍からどんな任務をあたえられ、それをどのようにこなしたのか。かれはマニラでやっていた仕事については、みずからほとんど語らず、断片的にしかわかっていない。それが軍の機密に属するものであったかどうかもはっきりしない。が、帰国後、三木は諸雑誌や新聞にフィリピンについて九篇の論文を発表した。

三木の広義のフィリピン研究は、政治・経済・民族性・教育・言語など多岐にわたるもので、諸書を参考にし、またみずからの実地見分にもとづいてまとめたもので、どれも実証的色彩の濃いものである。

3　報道班員　三木清

フィリピンに派遣された報道班員は、昭和十六年（一九四一）十一月――国家総動員法による徴用令第十条により召集された者であり、報道部長・勝屋福茂《とみしげ》中佐の指揮下におかれた。フィリピン派遣の報道部が台湾で編成されたとき、今日出海ら第一次の班員ははじめて部長の演説をきいた。そのとき勝屋は、「おまえたちの生命《いのち》はもらったぞ」といい、みなを威圧し、どぎまぎさせた。が、のちに尾崎士郎や石坂洋次郎の収入を知って、「文士ッて偉《えら》いもんやなァ。ヘェおれは一生はたらいても叶《かな》はんわ」と、あっさり冑《かぶと》をぬいだ。どうもこの人物は、憎めぬ人間であったらしい。今《こん》によると、この部長は報道部において数百名の部下をたばねる長であったが、文化行政や文化工作がどのようなものか何もわかってはおらず、運営能力を欠いていたという（「三木清における人間の研究」）。

報道班員の構成は、大きくわけて、作家（評論家をふくむ）、画家、新聞や雑誌社の従軍記者、映画および写真、放送関係者などから成っていた。文筆を業とするいわゆる〝文士〟としてフィリピンに派遣されたのは、つぎの人びとであった。

第一陣

尾崎士郎（一八九八～一九六四、昭和期の小説家。早大中退。「人生劇場」で知られた流行作家）

石坂洋次郎（一九〇〇～八六、昭和期の小説家。慶大卒。庶民派の流行作家）

今日出海

寺下《てらした》辰夫（一九〇四〜八六、昭和期の小説家・詩人）
（注）第一陣のうちのこれら四名は、昭和16年11月29日フィリピンに到着した。

第二陣

三木　清
火野葦平（一九〇七〜六〇、昭和期の小説家。早大中退。従軍記で知られた流行作家）
上田　広（一九〇五〜六六、本名・浜田　昇。昭和期の小説家。鉄道省教習所機械科卒。火野とならぶ陣中作家として知られた）
柴田賢次郎《けんじろう》（一九〇二〜八四、昭和期の小説家。慶大卒。戦記物も書いた）
安田貞雄《さだお》（一九〇八〜九一、昭和・平成期の小説家）
（注）第二陣のうちのこれら五名は、昭和17年2月28日フィリピンに到着した。

第二陣の中に軍記物の有名作家——火野や上田がいることを知った今ら第一陣の者は、心づよい気がした。第二陣がマニラに到着した夕刻、一行が宣伝部本部の玄関前に整列すると、隊長（報道部長？）に何やら申告した。そのようすを見ていた今らが、そろそろホテルに引きあげようとしたとき、整列している徴用員の中に長身の哲学者、三木の姿がないことを知った。三木は哲学や評論の筆をとっては当代一流の名をうたわれ、フィリピンの戦地にくるような人間ではなかった。

今《こん》のみるところ、三木の頭脳を必要とする用務もなければ、それを利用することができる者もいなかった。三木の姿がなかったのは、すでに述べたように、トラックがマニラ市内に入ったとき、交通事故にあったためである。報道部で三木の顔を知る者は今《こん》をおいて他にいなかったから、今は部長に三木の

陣中作家・上田広

宣伝班本部前で撮ったもの
右から今，佐藤，勝屋報道部長，尾崎，向井，田中。
尾崎士郎『戦影日記』より

見舞いに行かせてくれとたのみ、その許可をえた。

三木の病院があるところは、歩いてゆくのをためらうような薄気味の悪い所にあった。だから軍の車を必要とした。病院は修道院付属の石造りの建物であり、マニラ湾をのぞむ海岸のそばの古色蒼然とした旧城のなかにあった。旧城は十六世紀にスペイン人によって造られ、その壁は周囲四キロ。そこに狭少なる市街を形成し、役所・寺院・学校・兵営などがあった。今は三木とはそれほど親しい間柄ではなく、顔みしりにすぎなかった。

三木は建物の二階で寝ていた。顔や足に包帯をし、みた目には重症患者のようであった。今が、

——やァ、よく来たね。傷はどうですか。

というと、三木はとげとげしい眼つきをし、

——どうもこうもないよ。こんなひどい目に遭わせておいて、報道部長は君をみまいによこして、知らん顔をしているのかね。

と、いった。

その後、三木の声はだんだん甲高《かんだか》くなり、軍の無道ぶり（道にそむいていること）をさんざん罵倒しはじめた。サンフェルナンドに着いたとき、迎えの自動車（トラック）が来ていなかった。連絡がついていなかったのである。東京から付いてきたヘッポコ少尉はた

旧城内（イントラムロス） Alip, *Philippine History*（1940）より

旧城（イントラムロス）の内部
中屋建弌『フィリピン』より

だまごまごするだけであった。四時間も待たされたあげく、トラックにのったのはよいが、大けがをした、とぐちった。それだけではない。奏任官待遇と聞いていたが、輸送船ではふつうの兵や軍馬なみの扱いをうけたとも語った。

軍人にとっての好況時代、軍人の矛盾や厚顔をまのあたりに見た三木は、こんな軍隊は戦争する資格がない。

こんどの戦争は……だ、と悪態をついた。三木は軍部の悪口をさんざんいったが、今が着ている報道班員の服をみて、「君はいい服を着ているね」、とその生地をほめた。東京では物不足がはじまっており、注文服を着ることはむずかしくなっていたからである。

第二陣がマニラに着いたとき、宿がまだきまっていなかった。部長はウィスキーをのみながら、若い将校らと井戸ばた会議を開いていた。この種の会議はしょっちゅう開かれたが、いつもきまりのつかぬものであった。部長は酔いがまわり、うつらうつらしていた。夜の八時、九時になっても徴用員は待ちぼうけを喰ったまゝであった。十時ごろになってようやく宿舎がきまった。

そこは華僑《かきょう》が経営する遊女屋であり、六十余名の徴用員が三軒の店に分散して泊まることになった。第一陣が泊まっている「ベイ・ビュー・ホテル」(Bay View Hotel) の筋むかい (斜めにむかい合ったところ) にある連れ込みホテルである。そのせまく、うす汚い宿は、ふだんせいぜい、三、四組の客しか取れぬところであるから、一同部屋ばかりか廊下で雑魚寝《ざこね》せねばならなかった。

宿の問題は、のちに第一陣のホテルに合流することによって解決したが、宿舎問題は、第一陣とあとから来た第二陣との間にふかい感情的な溝をつくり、第一陣は怨《うら》まれた。

4　部屋にこもった三木清と同輩との確執

三木が退院したのは、不穏な空気のさなかであり、かれは年輩のうえ半病人であったから、第二陣の代表よりホテルに入れてやってほしいとの要望が出され、「ベイ・ビュー・ホテル」の北側の一室をあけて、そこに入れられた。第二陣には、宿舎以外に金銭問題があった。一行は東京を出てから経理から給金がわたらぬため、夜になっても酒をのむことも、遊びにも出られなかった。ちなみに、第一次徴用員の尾崎士郎は、フィリピン上陸後、月給四七五ペソもらった（「集録『ルソン』」第44号）。

三木ら「宣甲部隊」の宿舎となった「ベイ・ビュー・ホテル」は、エルミタ地区の「マニラ・ホテル」につぐ大きなホテルという。九階建ての近代的なホテルであり、各部屋にバスもついていた。第二陣は五階のフロアに滞在したようだ。

三木は退院すると、まっさきに今を訪ね、金を貸してくれといった。今にしてもそれほど余裕はなかったが、断れず残っている金の半分を貸しあたえた。三木は人から金を借りることが平気な人間であった。

このとき今は、はじめて三木を見舞いに訪れたときにおもわず耳にした、かれが大声で口走った軍の不手際にたいする悪口を話題にした。「戦争はこんなことじゃ負けだ」といった言葉は、「本職の軍人に聞かれなくてよかった」と今がいうと、三木は舗道に頭を打ちつけたせいで変なことをいってしまったが、忘れてくれと頼んだ。今が心配しなくてよい、というと安心したのか、三木は紙幣《さつ》を受けとって出ていった。

その後、第一陣と第二陣とのあいだで、宿舎や手当（俸給）の問題からぎくしゃくした感情が芽ばえ、口論や暴力事件まがいのものが発生した。今はうかつにも、三木がむかし少し左傾がかったことや反軍的な人間であることを仲間にちょっともらしたのだろう、そのことを敵対する者から指摘された。

今のみるところ、三木は経歴や学識において比軍ちゅう随一であった。第一陣や第二陣の無学者からすれば、三木は自分らとは比べものにならぬえらい人であった。しかし、かれはだれとでも要領よくつき合うような人間ではなく、どこからみても難（欠点）のない人間でもなかった。人見知りした。

ここで、作家などの報道班員が、マニラ入りをしたのち、どのような仕事に従事したかについて述べてみたい。

第一陣――尾崎士郎…………第一陣数十名は、昭和十六年（一九四一）十一月すえ、リンガエン湾のサンチアゴに上陸した。その後、日本軍とともにマニラにむかい、翌十七年（一九四二）一月四日マニラに入った。宣伝部の宏壮な建物の二階で、N参謀から指示をうけた。当面の仕事は、軍政に関する最高司令官の「布告」を市内の各所に貼ることであった。

その後、「弔詞」を書いたり、タガログ語の地区を視察したりした。のちバターン総攻撃に参加する宣伝部隊の要員となり、「伝単」（宣伝びら）づくりなどに従事した（尾崎士郎『戦影日記』小学館、昭和18・5）。

（注）「伝単」の文章を日本語でつくると、それを外国語班の者が、英語やスペイン語に訳した。

なお、尾崎は報道部長の勝屋中佐とは知り合いであり、東京で何度か会ったことがあった。それが期せずして、今回勝屋の部下になったのである。あるときは、悪性の扁桃腺炎をわずらっていたが、バターンやコレヒドールの最前線に出て、対敵宣伝のために、伝単や投降票づくりをやった。尾崎は方向おんちであったらしく、マニラ市内をひとりで歩けなかった。酒に酔うと、土俵入りをやってみせたり、浪曲をうなった（尾崎士郎『煙煙』生活記、昭和18・7によせた、勝屋中佐の「序文」を参照)。

石坂洋次郎……ときどき本部に出勤したようだが、午後になると、うさばらしに市街をぶらつき買物をした。今によると、石坂は買物狂《マニア》であり、五〇円もの大金をだして求めたフランス人形を枕もとに飾っていたという。おもに宣撫用の「伝単」づくりの仕事をやったようだ。暑さに閉口し、生きるためのエネルギーを保つのが精一杯だとなげいた（今『青春日々』）。

今日出海……まいにち本部へ顔をだしたが、仕事らしい仕事はなかった。ときに前線へでむき、後方にあって文化工作に参画した（『青春日々』）。「伝単」、映画や芝居や音楽などを統轄する（まとめる）仕事をやった。

マニラ市街『南洋地理体系　第1巻』より

左から尾崎，今，田中。バタンガスで撮ったもの（昭和16・2・8）。尾崎士郎『戦影日記』より

第二陣

寺下辰夫……「伝単」づくりの仕事に従事した（「集録『ルソン』第44号」）。あたえられた本務については明らかでない。が、石坂洋次郎によると、軍司令官が出す「布告」（国民に告《つ》げ知らせる文章）の代筆をやっていたという（『昭和史の天皇』読売新聞社、昭和40・7）。

またマニラ市内の図書館に通い、フィリピンに関する書をあさったようである。さらに今によると、三木はうすぐらいホテルの部屋で、机のうえに洋書を積みあげると、ノートに抜き書きのようなものを作っていたと語っている（「三木清における人間の研究」）。今はかれの勉強ぶりをみて感心したという。

三木　清……ほかに文化工作の仕事として、官吏養成所や捕虜収容所で、通訳を介して、東亜共栄圏の思想について講話したり、現地住民を前にして、日本政府の方針など、宣撫的な話をした。また東亜共栄圏の共通語とする日本語の普及に関係したというから、教材づくりに従ったということか（「比島人の東洋的性格」「新しい環境に処して」「比島人の政治的性格」などを参照）。

（注）今によると、尾崎・石坂・三木ら三人は、「出勤免除組」であったという。

火野葦平
上田　広｝……この二人は、今によると、前線に出たという。したがって両人はバターン半島攻略戦に参加し、その軍記を書く仕事に従ったものであろう。

初代のフィリピン派遣軍の報道部長・勝屋福茂中佐は、宣撫や宣伝工作については経験がとぼしく半素人《しろうと》であったらしいが、前歴は、上海派遣軍の報道部長であった。だから「おれは何も知らん。ひとつみんなで考えてやってくれといって」、よけいな口出しをせず、報道部の自主的な活動にまかせた。

報道部付の将校には、人見潤介中尉（のち、大尉。満洲独立守備隊からの転任者）、横井健男中尉（のち大尉）、望月重信少尉（東京帝大卒。のちゲリラの襲撃をうけ戦死）などがいて、勝屋を補佐していた（『集録『ルソン』第44』を参照）。が、望月少尉がかけ回って、尾崎士郎を中心に企画班を編成すると、大綱（おおもと）をきめ、逐次実施に移していった（『インタビュー記録　日本のフィリピン占領』、四九〇頁）。

出勤免除組のひとり、三木はいつも部屋にカギをかけると、どこへ出かけるのか、留守にすることが多かった。今らはいつも昼食を宣伝部本部（「ベイ・ビュー・ホテル」から七、八分のところ、元「マニラ・クラブ」と称したイギリス人のクラブ）の食堂でとっていたが、やがてハイアライ地区の白亜の冷房がきいた食堂《レストラン》で食べるようになった。三木もそこに出入りしていた。バターン半島、コレヒドールの戦火がおさまり、マニラ港に商船が入るころになり、港口に日本船の影をみとめると、三木の心は落着かなかった。

故国からくる女房の手紙が待ち遠しく、外聞をはばからず、手紙をうけとるために毎日本部通いをやるのだといった。ハイアライの食堂でも、会食のとき、手紙やヘソクリ、印税のことなどが話題になった。三木は「哲学案内」（入門）がよく売れたので、印税を郵便貯金にしてもって来た、いまに野戦郵便局が開設されると引き出せるかもしれぬといった。

健康体の者が、長いあいだ外地で禁欲生活をしていると、いろいろストレスがたまり、神経がやられるらしい。今は徴用になる一、二年前のフランス滞在から、そのことがよくわかっていた。だからかれはたびたび柴田その他の悪友と妓楼にあがった。

ストレスの発散のしかたは、人によって違っていた。懐郷病《ホームシック》にかかっていた石坂は、毎日午後に買物に出かけ、街中をうろついた。かれは東京にいたら見むきもしないような品物を買うために、出歩いた。そのことを知る三木は、ガダルカナル島（南西太平洋、ソロモン諸島南部に位置。太平洋戦争の激戦地）の戦局が不利の折、こんなだらけたことでよいのかと、部長や班長があつまった会議のとき、手ひどくかれをののしった。

三木がいいたかったのは、戦地に買物に来ている者がいることだった。また士気がおとろえ、ふぬけ

報道班員・柴田賢次郎の小説『マニラの烽火』日本文林社，昭和18・12

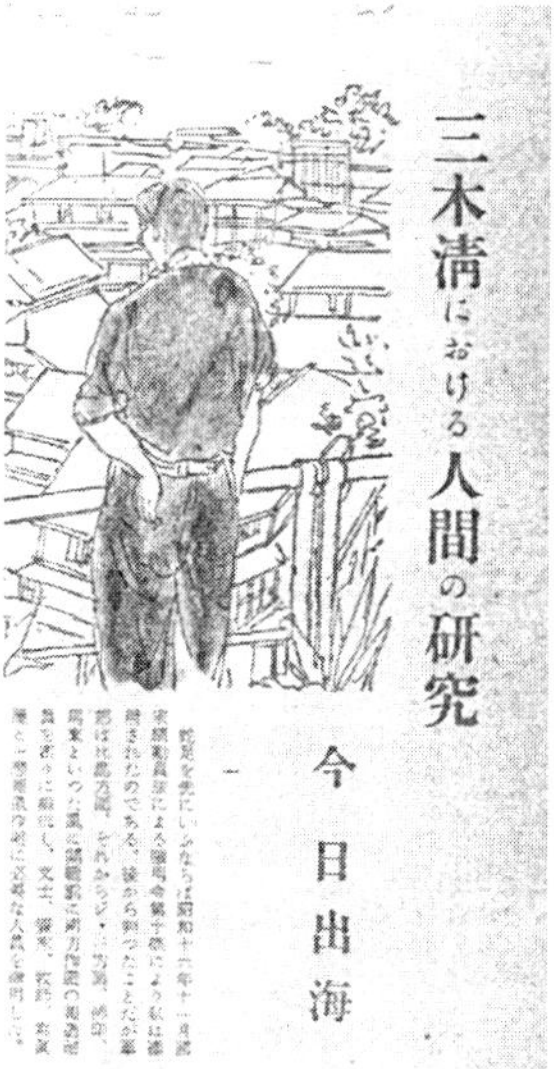

今日出海の小説「三木清における人間の研究」『文藝　増刊号』所収。昭和21・10

になり、酒色におぼれ、青楼へ登る兵があとをたたぬことであった。が、当の三木はどのようにストレスを発散していたのか。かれの部屋は、「ベイ・ビュー・ホテル」の北側の――うすぐらい所にあった。かれは灼熱にうだったり、退屈すると、ホテルの調理場の屋根にある物干《ものほ》し台に登った。そこは、つれ込み宿の部屋の中がまるみえの穴場だった。かれは西洋でいう――

Peeping Tom《ピーピングトム》（のぞき屋）

（注）わが国には〝出歯亀《でばがめ》〟（のぞき見する助平男の意）という語がある。

をやっていた。のぞき見にあきたら勉強し、昂奮したときは……をするんだ、といっていた。

今は三木がひたすら孤高を持して、まじめに暮らしていることを心配し、すこしは女と遊ばないと神経衰弱になる、といった。かれはそんなことをすると、いまにV・D（性病）にかかるといった。三木がいう……は、金がかゝらぬ、じつに合理的な処理法であった。

やがて徴用員のあいだで、三木は腹ぐろい、といった風評が立つようになり、その評判は悪化した。かれは気にくわぬ人間を人前で平気でののしった。かれは報道部長の信頼があつく、人気者の尾崎士郎が大きらいであった。ほかに石坂洋次郎や部長のたいこもちの絵描き連中のこともよく思っていなかった。三木は部長がいない場で、かれの悪口をいった。あんなくさった軍人はいない。機密費十四万円をみんな酒色に使っている、といった。部長は会議のとき、三木が石坂の買物狂のこと、時局を認識せず、酒や女におぼれている兵士が多いというのを聞き、耳がいたかった。部長は目の前の机の上に、繁華街のエスコルタでもとめたライター、タバコ入れ、パイプなどの小道具を並べていたからである。三木は後日、あのときは、部長に当てつけていったのだと語った。

三木は石坂の買物癖のことを非難したが、自分もそ知らぬ顔をして秘かに買物をしていた。かれが求めたものは、綿布（テーブルかけ、シーツ）や毛糸であった。内地では衣料（着るものと、その材料の布地）が不足しだしていた。それらがいずれ底をつくと思い、はやばやと手に入れようとした。かれの部屋のすみに、古いトランクが二つ積み重ねてあったが、そこからこういった品々が顔をだしていた。

日が傾くと、三木はよく一種の社交室のようになっている石坂の部屋を訪れた。そこにはいつもおとなしい連中があつまっていた。とくに変わった話題はなく、買物の話や内地からくる郵便のことをくり返していた。が、三木がやってくると、話題が一変した。かれは、部長の悪口や尾崎の生活ぶりなどを皮肉たっぷりにいった。みなかれの底意地のわるい話を聞きあきており、気の弱い者の中には、窓からみえるマニラ湾の船の青い灯をつまらなそうに見ている者もいた。

「白紙」一枚によって外地に遣《や》られた報道班員は、暑熱の国で一年ちかく暮らすと、だれもが性格に異常をきたし、怒りっぽくなったり、悪賢くなったり、ふぬけになったりした。中にはうつっぽくなる者もいた。

しかし、共通した病は、早く日本へ帰りたいといった〝郷愁〟であった。三木はだれも自分の話を聞いていないと思うと、いら立ち、ぷーッと部屋から出てゆくのが常であった。かれは人気者の尾崎に嫉妬し、かれを凡庸な愚物ときめつけた。新聞記者らは、いままで世間に知られていなかった三木のみにくい、人間的一面を興味をもって見ているようであった。

今《こん》がマニラで目にした、三木とはどのような人間であったのか。その人間性を分析すると、つぎのように要約できそうである。

一　自己顕示欲やうぬぼれがつよく、みずから宣伝部ちゅう随一の知識人とおもっていた。
一　人の目をごまかし、自分を大きくみせようとする傾向があった。
一　気分にむらがあり、前後矛盾したことをいった。
一　よくたしかめもせず、密告を平気でやった。
（注）部長は、暗に三木のことを「学問もあり、頭があっても、人間は信用できんものやなァ」といった（「三木清における人間の研究」）。
一　俗気のある人間とおもわれた。
一　人前で、だれかれかまわず、悪口を平気でいった。
一　反軍的なことを口にした。
一　臨機応変な人間であった。

要するに三木は円満な人格者ではなかった。その学を別にすれば、長所や短所をあわせもつふつうの人間であったろう。部長の陰口をさんざんたたいた三木は、部長が昭和十七年（一九四二）十月二日、関東軍へ転出する際に送別会が開かれたとき、突然ひとことしゃべらしてくれといって立ち上がると、かれを大いに持ちあげた（世辞をいってほめた意）。

――部長は生まれて始めて、種々雑多な人間からなる報道班員と会い、勉強になったと言はれましたが、その中でも哲学者という奇妙な存在（人間）と出会ったことは珍しい出来事だったと思われます。わたしのような変てこな人間を、部長は等しく部下として慈《いつく》しみ下さいましたことに感謝いたします。部長は毛色の変わった雑多な人のあつまりである報道部を一糸《いっし》乱れず統率し、その任務を遂行し、測り知れぬ業績をのこされましたが、それは部長の円満にして高徳なご人格のなせる業とおもわれます、と三木は歯が浮くような世辞をいった。

それを聞いた部長は感激し、涙を流していた（「三木清における人間の研究」）。このように三木は機に乗じ、平気でおべっかいをいう人間であったようだ。ひとはお世辞をいわれ悪い気持ちをしないのがふつうなら、三木は人情の機微によく通じていたといえる。

5　三木清のフィリピン研究

三木がフィリピンから帰国したのはいつのことか。それは昭和十七年の十二月末あたりだったと思われる。マニラを発つ十二月中旬――三木ら数名の宣伝班員（尾崎士郎、石坂洋次郎？）は、某将軍（おそらく第十四軍の第二代司令官・田中静壱《しずいち》中将（一八八七～一九四五、在任一九四二・8・1～一九四三・5・19、戦後に自決）から送別の意味で招待された。そのときフィリピン人のことが話題になった。将軍はフィリピンに来る前、中国に長くいたが、当地に赴任したとき、フィリピン人がきらいであった、と語った。

しかし、いまではかれらが可愛くなり、かれらのために尽力したい気持ちがあると述懐した。その将官がはじめフィリピン人が嫌いであったのは、かれらの〝アメリカかぶれ〟が目についたからであり、かれらに対する見方がかわったのは、〝東洋的性格〟をもっていることを知ったからであろうと、三木はいう。

三木の「**南方から帰って**」（『一橋新聞』昭和18・2・25付）は、帰国後はじめて発表したフィリピン報告である。それは学問に関係ある感想をのべた小記事という。三木はフィリピン体験から、しみじみ語学の必要性を痛感したようだ。フィリピンでは英語だけでじゅうぶんといえないが、少なくとも英語ができないと、第一線の仕事（大事な仕事）はできないという。当地において最もめざましく活躍している人間（フィリピン人のことか）は、アメリカで幼稚園から大学まで教育をうけたひとという。戦時中、英語は敵性語ということで内地（日本）では教えることをやめたが、三木によると、だからといって排斥すべきではなく、その知識は武器のひとつになるという。戦いはつねに相手があることだが、相手（敵）を撃破したり、原住民を説得するには、どうしても通じることばや論理が必要になる。感情だけでは意思の疎通をはかることはできない。日本精神とか日本的世界観（東亜共栄圏のことか）は、日本人同志のあいだなら、以心伝心に感情（きもち）だけでわかるかもしれぬけれども。

第14軍（第2代）司令官・田中静壱中将

こんど南方で宣伝戦や思想戦に従事した者が痛感したのは、どうしたら日本の思想、日本的な精神主義を敵もしくは現地人にわからせることができるかということであった。また外国人の調査や研究成果とは異なる、実際に即してえた知識が必要だということであった。

三木がこのエッセイにつづいて帰国後に発表した長編論文は「**比島人の東洋的性格**」（『改造』昭和18・2）であった。かれはこの論文の冒頭において、将軍の述懐に感銘をうけたと世辞をいっている。三木はフィリピン人の性格のうちに〝東洋的なもの〟を見いだしたことがこの論文を書いた動機のようにいっている（ただし本心から出たことばかどうかは定かでない）。やがて諸書を調べ、自分の見聞をくわえてまとめたのがこの論文であったようだ。

三木はフィリピンに行く前、フィリピン人はアメリカ化されていると聞いていた。が、実際現地に行ってみて、違った印象をもったという。アメリカ化をもって、フィリピン人の実体（不変の本質）を現すものと考えてはならぬという。三木のみるところ、フィリピン人は東洋人なのである。かれらは他の東洋の諸国民とおなじように、共通した性格をもっているという。

三木はいっている。

南方地域において、最も多くの西洋文化の影響をうけたといわれるフィリピン人の性行（性質とおこない）のうちに、東洋的性格がみいだされた、と。そこから導びかれたかれの考えは、

アジアは一つであるということ。

フィリピン人を指導する資格があり、指導せねばならぬ責がある者は、日本人であること。

こんどの戦争の目的は、アジアの民族を英米の帝国主義の重圧から解放することであり、それは同時に歴史的な必然であるということ。

こういった考え方は、思いあがった日本の軍国主義的構想――大東亜共栄圏（日本が欧米諸国にかわ

ってアジアを支配することを唱えたスローガン）や八紘一宇《はっこういちう》（一つの家のように統一して支配しようとするスローガン）を具現化しようとしたものに他ならず、三木はまるでその宣伝者《プロパガンディスト》のようでもある。ここまでが、いわばこの論文の「序」にあたるところである。

ついでかれの筆は、その客観的な視点から、フィリピン人の各特徴をひろい、それらについてふれている。

フィリピン人のニヒリズム

街中の家の窓から、じっと座って虚空《こくう》（何もない空間）をみつめている人間。音楽や賭ごとが好きなフィリピン人。死にたいしてあきらめがよいのは、キリスト教の影響によるものと思われ、そこに東洋的な宿命観、あきらめの哲学、虚無感が根底にあるように感じられた。街中でときどき、子どもを連れて遊ばせている中国人の女中のすがたをみかけるが、その子らはスペイン人か他の西洋人の子どもであった。自分の子どもを人まかせにして育てるのは西洋の風習であり、フィリピン人の間には存在しない。

子どもに対するフィリピン人の態度

フィリピン人は、子どもに対する愛がつよい。教育に熱心であり、自分を犠牲にしてまで、教育をうけさせようとする。この点、日本人と似ているという。

フィリピン社会

「家族」や親戚を基礎とした家族制度が存在する。首長（集団を統率するかしら）がいて、血縁ある共同生活者に保護や衣食をあたえている。フィリピンに物乞いがひじょうに少なく、また養老院がないのは、この家族制度のおかげとみられている。かれらは通りすがりの旅人すら家に泊め、かつ歓待する。

女尊男卑の風潮

アメリカびいき、欧米崇拝の影響をうけ、女性の地位は高い。いわゆる「かかあ天下」の社会である。

フィリピン人に特有の性質

動作はのろく、不精にみえる。気候・風土のせいと考えられる。顔は無表情。落ち着いている。動作が緩慢な理由のひとつは、偏食（野菜不足）や栄養不足からくる疾病《しっぺい》（やまい）――かっけ、腸内の寄生虫、マラリヤ、肺病に一部原因があるようだ。しかし、三木は、かれらが怠惰なのは、たぶんに暑い気候のせいによるものとみている。

フィリピン人の礼儀（敬意）のあらわし方

帽子や頭巾をとっておじぎをする。雇ってくれている主人やえらい人の前では二人称を用いず、三人称を使う（だんなさん、奥さんなど）。歩哨《ほしょう》（警戒や監視の任にあたる日本兵）の前を通るときは、かれらにていねいにおじぎをして行く。なぜか。そうしないと、〝平手打ち〟（ほおを手で打たれること。びんた）されるからである。ほおを打たれることは、かれらにとって最大の侮辱でもあった。

フィリピン人のきれい好き

日本人に似て清潔をこのむ。いつもさっぱりとした身なりをしている。汚れた衣類を溝《みぞ》や川岸へもって行き、洗濯する。洗濯ものに石けんをつけ、石のうえで木のヘラで打ったのち、何度も水にひたし、草や砂利のうえに置いてかわかす。

フィリピン人の計画性のない暮らしぶり

明日のためより、きょうのために生きる傾向がある。

農民の生活情況

大地主に依存した小作農が中心。高利貸から金を借り、作づけをする。小作農は負債や貧困から抜け出せない。

フィリピンの商業の覇権をにぎっている者

それは天性の商人といわれる華僑である。

要するに、三木がフィリピン人のなかに見いだした性格とは、およそつぎのようなものであったと思われる。

一　フィリピン人は、東洋的諦念、虚無感をもっている。

一　根本的な性格は、東洋人的である。
一　西洋人のゆたかな表情と比べると、フィリピン人は無表情である。動作はのろいが、落着きがある。
　落着きは、東洋人に共通の特徴である。
一　フィリピン人は、東洋人としてていねいであり、かつ礼儀をわきまえている。
一　東洋社会の基礎をなすものは、農業や家族主義（個人よりも家族全体をおもくみる考え方）である。
一　フィリピン人は、恩を感じる東洋的道徳をもっている。

三木によると、日本の場合、国家そのものが一つの家族なのである。軍隊を例にとると、それを内面的に結びつけているものは、家族的な精神である。

東洋的社会の特徴である家族主義を純粋なものにし、発展させたのは日本である。これまでフィリピンの家族制度にみられた、人の世話になって暮らす寄食的な精神――個人主義的な家族主義を脱し、みずから新しい国づくりに尽力せねばならぬという。フィリピンという家族が発達し、家族の平和を得るには、東亜共栄圏の精神を体し、奮起する必要がある。日本人はフィリピン人の父とも兄ともなって、かれらを指導せねばならない。

個人の見解は一面的なものであるから、正鵠を失していることも往々にしてあることであろう。が、三木はこの論文を書くさいに外国人の説をひいたり、自分の見聞談をそえたりしている。本論に出てくる外国人の人名は、つぎのようなものであるが、それには生没年や参考にした記述の出所、つまり出典をまったく明らかにしていない。たいてい著者の名を引くだけでおわっている。

［三木の表記］

「ソーヤーは……」（10頁）「例へばソーヤー（一九〇〇年）は言ってゐる……」	↓	イギリスの領事代理フレデリック・H・ソーヤ（生没年不詳）。ルソン島で十四年くらし、この間群島をひろく旅行し、『フィリピンの住民』*The inhabitants of the Philippines*, S. Low, Marston & Co., London 1900 を著わした。
「パルグレイブは……」（12頁）	↓	ウィリヤム・ギフォード・パールグレイブ（一八二六〜八八）、探検家・イエズス会士・外交官。フィリピンに関する著述がある。
「クロフォードによると……」（13頁）	↓	アメリカの宣教師タールトン・ヘンリー・クロフォードのことか。生没年不詳。漢名・高弟丕。
「ロムアルデスといふフィリピンの学者は……」（15頁）	↓	ノルベルト・ロムアルデス（一八七五〜一九四一）、フィリピンの作家・政治家・法律家。レイテでココナッツとマニラ麻の農園をもつ裕福な家に生まれた。
「神父フランシスコ・コリンの記録（一六六三年）によると……」（17頁）	↓	スペインのイエズス会士（一五九二〜一六六〇）、元従軍司祭。のち『フィリピン・イエズス会布教史』（一六六三）を編んだ。
「神父チリーノ（一六〇四年）は……」（20頁）	↓	スペインの宣教師（一五五七〜一六三五）、『フィリピン群島布教誌』（一六〇四）を刊行した。
「ウースター（一八九八年）は次のように書いている……」（25頁）	↓	ディーン・コナント・ウスター（一八六六〜一九二四）、アメリカの動物学者、フィリピン植民地政府官吏。『フィリピン諸島とその人々』（一八九八）を著わした。

「カルデロンのいったごとく……」(28頁) → フェリペ・ゴンザレス・カルデロン(一八六八～一九〇八)、法律家・政治家。

「ロアルカ(一八五二年)によると……」(35頁) → ミグエル・デ・ロアルカ(生没年不詳)、スペイン人。フィリピンにやって来た最も初期の征服者。

「宣教師ローバックは……」(37頁) → フランク・チャールズ・ローバック(一八八四～一九七〇)、アメリカの会衆派牧師、識字運動家。

「有名な旅行家カーペンターは書いている……」(41頁) → メアリー・ソーン・カーペンター(一八〇七～七七)、教育・社会改革者。『カイロとイエルサレムにおいて――東方のメモ』(一八九四)を著わした。

「イグナシオ・マンラパスの言葉によると……」(44頁) → 不詳。

「またコンラド・ベニテス教授は……」(48頁) → フィリピンの作家、教育者、政治家(一八八九～一九七一)。フィリピンの師範学校を出たのち、官費留学生としてシカゴ大で学ぶ。博士号をえたのち帰国し、さらにフィリピン大学で学ぶ。フィリピンに関する史書を著わした。邦訳に『比律賓史――政治・経済・社会史的研究』東亜研究所訳、上・下二冊本。一九四二～一九四五刊がある。これは *History of the Philippines: Economic, Social, Political*, Boston, New York etc Ginn & Co., 1926 を訳したもの。

「フィリピンの学者エピファニオ・デ・ロース・サントスは……」(49頁) → フィリピンのジャーナリスト、政治家(一八七一～?)。裕福な家庭に生まれ、サント・トマス大学で法律を学ぶ。各紙の記者となって活躍し、のち政治家となる。フィリピンの歴史・文化・文学に関する書を著わした。

「アメリカの学者リイ・ロイのいうごとく……」(50頁) → ジェイムズ・A・ルロイ(一八七五〜一九〇九)、アメリカの教育者・新聞記者・作家・外交官。フィリピンに関する書物をたくさん著わした。

「フロレンス・ホーンが皮肉にもその書物の題名としたように、『太平洋の孤児たち』であったのである……」(51頁) → 不詳。同人が著わした書物とは、*Orphans of the Pacific – the Philippines*, Reynal & Hitchcock, New York, 19…. である。三木がもっている版本は一九四一年の二版である。

(注) 上段( )内のページは、『比島風土記』(小山書店、昭和18・12刊)中のページ数をしめす。引用者が入れたもの。

「南方の大学――教育機関と基督教」(昭和18・3・2〜3、3・3〜4『毎日新聞』)は、フィリピンにおける大学とか専門学校といった高等教育機関についてのべたエッセイである。戦前フィリピンには大学が八校あり、カレッジと呼ばれる専門学校はさらに多くあった。国立大学はフィリピン大学(一九〇八年の創立)だけしかなく、他はすべて私立大学であり、ほとんど文化都市マニラに集中していた。大東亜戦争(太平洋戦争)がはじまると、大学・専門学校は閉鎖されたが、日本の軍政は、学校を再開させ、小学校から大学まで日本語を必修科目とした。

フィリピンで最古の大学は、私立のサント・トマス大学(一六一一年の創立)である。フィリピンで多いのは法科と医科の学生だという。法律を学ぶ学生は、官吏や弁護士になりたがる。日本の軍政は、高等教育よりも普通教育を優先させた。大学があるところには、本屋もあるのがふつうだが、三木はろくな本屋がないという。

マニラにあった本屋は、一、二軒だけで、その本屋には古典的な本はほとんどなく、並んでいるのはアメリカのベスト・セラーズ（よく売れる本）である。本は学生にとってデパートの流行品とおなじである。大学生は勉強することより、生活をたのしむことに熱心である。日本の軍政は、生産的、経済的な事業を重視するいわゆる実業教育を重視する方針をさだめた。

三木がつぎに発表したものは、「フィリピン」（昭和18・3『中央公論』）である。これはフィリピン社会を㈠アメリカ化、㈡人口構成、㈢農業や産業、㈣軍政上の課題などから概観したものである。

三木によると、首都マニラに入って目についたのは、アメリカ製品の広告であり、目抜き通りの商店には、植民地むけの二流品があふれていたという。フィリピンにおいて最もアメリカの影響が顕著なのはマニラである。高等教育をうけた若者は、考え方がアメリカ的であり、得々として英語を話しているが、年輩者になると、三百年にわたるスペイン文化の影響もあって、スペイン語を話す者も少なくない。

三木は一九三九年（昭和14）の人口調査をひいて、フィリピンの人口は、約一千六〇〇万という。その九〇パーセントがキリスト教徒である。圧倒的にカトリックが多く、人口の七〇パーセントを占め、プロテスタントはわずか三〇パーセントにすぎない。フィリピンの田舎に行ってまず目につくのは、つぎの二つである。

教会……スペイン時代の建物。
学校……アメリカ時代の建物。その数は、八九一二校（一九一二年の統計による）。

学制は七年で、アメリカ式。

フィリピンの人口の大多数を構成しているのは、農夫である。村に行って石造の家をみたら、それは古くからの地主の家である。一方、屋根をニッパ麻の葉でふき、高床式の家がむらがっていたら、それは農民たちの家である。かれらは概して貧しいが、子供らの教育にはひじょうに熱心である。しかし、貧困から子供を三、四年しか学校にやれないのである。

フィリピンでいちばん重要な産業は、つぎの順序になっているという。

第一位……米作
第二位……玉ネギの耕作
第三位……ヤシの栽培
第四位……砂糖の生産

米はフィリピン人の主食であり、その食物のおよそ七五%は、米から成っている。三木によると、フィリピン人は、地理的、人種的に東洋人であるばかりか、その基礎的な産業からいっても、東洋的農業社会に属しているという。

農民は、日本の小作農とおなじように、つねに地主への負債に苦しんでいる。かれらは慢性的に借金地獄から抜けだせないのである。なぜなら、収穫のない間の生活費、種つけ用の米を買うために地主から高利で金をかり、米の収穫後に借金を返すのであるが、そのとき米を安い値で売らねばならない。そのときまた金を借りるからである。金を借りるのは地主や中国人の商人からである。

フィリピンにおいて金持というと、ほとんどが地主である。金鉱、タバコ、ヤシ油等の大産業は、だいたいがアメリカ人かスペイン人によって占められている。

三木がマニラにいたとき、「ある有力な方面」（フィリピン政府筋か）から提出された問題があった。それはフィリピン人がよく口にする問いでもあった。

スペインはわれわれに教会を、アメリカは学校をあたえてくれた。日本はわれわれに何をくれるというのか。そのとき、〝精神〟（日本の精神文化）と答えるのがほとんど一致した答えであった。西洋やアメリカ文化に染まっているかれらに、東洋人としての自覚をあたえ、かれらがもつ東洋的性格を強固にする必要がある。フィリピン人の心をとらえるには、人口の大部分をしめる農民の生活を向上させ、かれらに生きる希望をあたえねばならない。

三木によると日本が具体的にフィリピンにあたえることができるものは、そのすぐれた農業技術（輪作——田や畑に、数種の作物を順々に栽培する方法）なのである。フィリピンにおいて農業が発達しないのは、土地制度や小作制度が障害になっているからであるが、当然その改善も必要になってくる。フィリピン人は手先が器用であるから、農民のくらしを豊かにするために、家内工業を起こす必要もある。

フィリピンの知識階級が直面しているのは、失業問題である。その解決には、日本の軍政との関連で、その力を利用することである。たとえば、かれらを養成して日本語の教師にしたり、日本研究をさせ、日本の思想や文化をフィリピン人に伝える橋わたし（仲立ち）とすることである。

「比島の言語問題と日本語」(昭和18・5『日本語』)は、フィリピンがかゝえる言葉の問題と日本語とのかかわりについて述べたものである。大小七〇〇〇余の島から成るこの群島には、八十七もの方言があり、フィリピン人は共通語をもたないという。なぜそんなに方言が多いのか。一つには他国からつぎつぎと移住者がやって来て、多数の島に住みつき、お互いじゅうぶんに交通がなく、孤立したからである。

スペイン人がはじめてフィリピンにやって来たのは、キリスト教の伝道のためであった。が、かれらは言葉の問題に直面した。宣教師はスペイン語によらず、土語《どご》(土着の住民が用いることば)をもって布教した。本国政府(メキシコ政庁)は原住民にたいしてスペイン語を教えるよう主張したが、植民地当局は原住民を無学にしておいた方が政治上のめんどうが少ないと判断し、愚民政策をとった。少数のフィリピン人だけが、スペイン語を学ぶことができ、かれらは官吏や地主、富裕な商人になった。フィリピンにおけるスペイン語は、大衆のことばとならず、富裕層、上流階級の言語となった。

スペインは一八九八年(明治31)のアメリカとの戦争の結果、キューバとフィリピンを失った。フィリピンの支配者となったアメリカは、この国に学校をたくさん作り、英語教育をはじめた。しかし、まだ五〇%の文盲が存在するという。英語は大衆化しているようだが、田舎に行ってみると、さにあらず、コミュニケーションには土語(方言)がまだ必要なのである。タガログ語が公用語とされたが、日本の軍政が布かれてから、日本語とタガログ語とを公用語にすることが宣言された。三木によると、軍政をフィリピンに行きわたらせるために、また日本文化を浸透させるためには、日本語を早く普及させることが肝要だという。

日本語は、直接教授法によって教え、それを学ぶとどんな利益があるかも教える必要がある。日本語の普及には、小学校においてそれを教えることが最も重要だという。ただ日本語を教えるだけに力を尽くすのではなく、土語の中へ日本語を入れてゆくことも考えねばならぬという。

外地の観点から日本語をみるとき、とくに重要になるのは、読み書きよりも、〝話すこと〟を教えることである。なぜなら、会話は人がことばを覚える自然的な過程だからである。

「新しい環境に処して──南方からの感想」（昭和18・5『婦人公論』）は、南方における見聞や外国書をもとに記した随想《エッセイ》である。工夫や発明というものは、小さな事柄の中にあること。外地においてまず大事なことは環境に順応することである。日本語と現地における邦人の役割、軍政に原住民を協力させる方法、戦局の変化からくる新しい環境における国民的自覚などについてのべている。

兵隊は物がない戦地でも、わずかにある物をたくみに利用し、間にあわせることを知っているという。かれらには創意と工夫の才があるのである。かれらはまたたく間に宿営地をつくると、そこで何とか暮らせるようにする。南方においてまず必要なのは、その暑い気候になれ、原住民の生活のありようを学ぶことである。フィリピン人は毎日〝昼寝〟をするが、それはきびしいあつさにおいて必要な保健法だという。現地においては、軍人も官吏も会社員も、日本人なら、みな日本語の教師だという。軍政や文化工作の主なる目的は、フィリピン人の心をとらえ、日本の軍隊に協力させることである。そのためには、かれらの風習を知り、信頼と愛情をえ、心服させることである。人の心をつかまえるものは知識ではなく、人間だという。

ではどのような人間がかれらの心を把握できるのか。フィリピン人の心をとらえるのは、リサール（一八六一〜九六、民族運動家）やケソン（一八七八〜一九四四、フィリピン共和国の初代の大統領。日本軍が侵略したとき、オーストラリアにいて、臨時政府の首班）といったカリスマ的な資質をもった人間らしい。日本人は国外に出ると、一国の代表、使節でもあるから、旅の恥はかきすて的なみっともない行動はとれない。どんな宣伝も、一人のりっぱな人間の存在には及ばない。フィリピン人は、頼れる人間を求める傾向があるらしい。

いま日本国民は、新しい環境に置かれているという。だから日本人は利己主義をすて、国家が一つの家であるといった考えに立ち、創意と工夫によって新しい人間となり、自分を取り巻く状況に対処せねばならぬという。

「比島の教育」（昭和18・7『教育』）は、外国書（史書、旅行案内記）によって、フィリピンの教育史を瞥見したものである。およそ三部構成になっていて、

㈠　スペイン統治時代の教育
㈡　スペイン式、アメリカ式の教育の特徴
㈢　日本の軍政下における教育

などについて述べている。スペイン人がやって来る前のフィリピンの教育については、十分な資料がないからわからぬらしい。

スペイン時代の教育は、宣教師が、初等教育において、読み書きや音楽を教え、上級クラスではスペイン語を教えた。スペインの教育の特徴のひとつは、高等教育を重んじ、それに力をそそいだことである。そのために各種の大学や師範学校など、上級学校を百以上もつくり、そこで宗教的、人文主義的な教育をおこなったことである。

一方、アメリカの教育は実際的かつ唯物的であり、初等教育を重視し、小学校（7年制）にはじまり、中等学校（4年制）、師範学校、専門学校、大学をつくった。教育はすべて英語をもっておこなった。高等教育機関のほとんどが首都のマニラに集中し、私立学校が多いのである。

太平洋戦争がはじまり、日本軍が侵攻してきたとき、フィリピンの学校のすべては閉鎖された。が、日本の軍政監部は、治安の回復とともに学校を再開させた。日本の軍政は、小学校から大学まで、日本語を必修とし、とくに初等教育に力をそそいだ。三木によると、当面、フィリピンにおいて重要なのは、日本語教育・技術教育・思想教育だという。

「比律賓《フィリピン》文化の性格」（昭和18・11『国際文化』）は、西洋文献を参照し、そこに管見をくわえて成ったフィリピンの文化史とでもいえそうな論文である。三木にとって問題になるのは、文化の内容というよりその性格（特有の性質）であった。かれがフィリピンの文化について考えるとき、まず注意をむけたのは、この群島の社会の特質であった。

フィリピンは、一つの社会ではなく、どちらかといえば複合社会とでもいえそうな国なのである。この群島は、多くの部族、多くの方言をもっている。大多数のフィリピン人はキリスト教化されており、長いあいだ西洋文化の影響をうけてきた。が、当面の問題は、かれらに東洋人であることを自覚させ、大東亜共栄圏の一環として新しい文化をつくらせることだという。三木のみるところ、フィリピンには固有の文化はないのである。

かれはフィリピン文化の時代を四つにわけた。

第一期……古代の東洋的な固有文化の時代。
第二期……スペイン的、宗教的文化の時代。
第三期……フィリピン革命にいたる前の約一～四世紀の時代。
第四期……アメリカの侵略とともに始まり、アメリカふうの時代。

第一期の文化は、スペインの侵略がはじまる以前のものであり、中国やインドやアラビアの影響をうけ、それがフィリピン人の音楽・ダンス・劇などに現れたばかりか、アルファベット（十七文字）をもっていた。第二期の文化は、スペインの宣教師によって教育された職人や芸術家らが、教会や修道院の建築に従い、同時に建物の装飾として――木彫や聖人像、宗教画、肖像画などの製作をおこなった。またスペインの影響は、タガログ文字の詩形、原住民の劇、音楽や舞踊にも材料を提供した。

第三期の文化は、スペインの影響や模倣をはなれ、国民主義や愛国心がさかんになり、フィリピンの独自性を発揮しようとした時期である。それは政治文学や宣伝文学、土語による文学にあらわれる。第四期の文化は、アメリカのものを真似た時期であり、その物質的文化――自動車、電気冷蔵庫、ミシン、卑俗な小説や短編、安価な娯楽雑誌、ホテル、官庁、学校、ジャズ、ダンス、映画、演劇、バクチ、野球――などが、フィリピン人の生活のなかに入ってきて、やがてその精神にまで浸透し、かれらの享楽的傾向を助長した。

三木によると、大東亜戦争がはじまったことにより、フィリピン文化は第五期に入ったという。それはまったく新しい時代のはじまりを意味し、フィリピンは日本を指導者としつつ、その文化はあらゆる面において変貌しつつあるという。

「比島人《フィリピン人》の政治的性格」（昭和18年執筆？、著者の原稿）は、未刊におわったものか。これはフィリピン人の〝話しずき〟や政治論ごのみについてのべたエッセイの感がある。フィリピンの田舎にいくと、たいてい町の中央に市場があって、つねに大勢の人がいる。フィリピン人はおしゃべりが好きであり、いつまでもしゃべっている。おまけになかなか理屈ぽいという。ことに政治について議論することを好むという。

三木は何度も原住民の前で、通訳つきで話（講話？）をしたが、そのあといつも自由に質問させたという。そのとき出た問いは、日本はフィリピンの〝独立〟をどうするのかということであった。独立はすでにアメリカによって認められており、いままた日本によっても認められている。独立はフィリピン人にとって〝一種の信仰の対象〟になっているように思えたという。

三木によると、政治的独立の実質的な基礎をなすものは、経済とか文化であるが、フィリピン人は反省することなく、ただアメリカにつき従ってきただけであった。フィリピンにおける諸関係を支配しているのは、かしらと仰ぐ親分と子分の関係であり、理屈は形式的なものであり、〝人間〟がむしろすべてという。

これら九篇の大小の論文は、雑誌や新聞のために書いた依頼記事であったろう。執筆した時期は、帰国した翌年（昭和十八年［一九四三］）に集中している。この年戦局は悪化し、ガダルカナルの日本軍は撤退し（2月）、アッツ島の日本軍が全滅した（5月）。学生の動員計画がきまり（6月）、学徒出陣式がおこなわれ（10月）、徴兵年齢を一年下げて十九歳とされた（12月）。

一方、ヨーロッパにおいては、ドイツ軍がスターリングラードで敗退し（2月）、枢軸国のひとつイタリアが降伏した（9月）。

三木がマニラから持ち帰った書物

三木は、欧米やフィリピンの学者が著わした先の研究書をマニラの図書館で目にしたのであろう。ほかにかれがマニラから秘かに持ち帰ったフィリピン関連の書に、つぎのようなものがある（三木文庫蔵）。

Conrado Benitez, *History of the Philippines, Economic, Social, Political*, Ginn and Co., Boston, New York etc, 1929
（作家コンラド・ベニテスが著わした教科書的な『フィリピン史』一九二九刊。これには軍政部の検閲印がついている。）

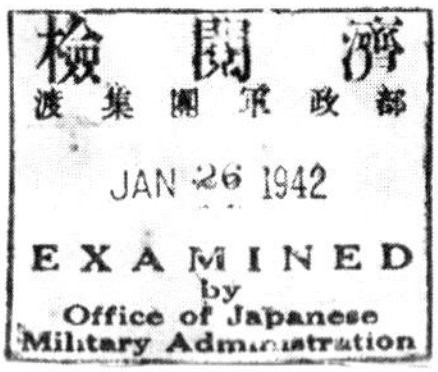

Leandro H. Fernández, *A Brief History of the Philippines*, Ginn and Co., Boston, New York etc, 1932
（フィリピン大学教授レアンドロ・H・フェルナンデスが著わした教科書的な『フィリピン小史』一九三二年刊。本書は中等学校用に執筆した、フィリピン史への入門書）

Sofronio G. Calderón, *Tagalog-English Vocabulary and Manual of Conversation*, M. Colcol & Co., Manila, 1939

（ソフロニオ・G・カルデロンが著わした『タガログ語＝英語語彙集。会話便覧』一九三九年刊）

Eufronio M. Alip, *Philippine History, Political, Social, Economic*, R. P. Garcia Publishing Co., Manila, 1940

（エウフロエオ・M・アリプ教授が著わした中等学校用の『フィリピン史』一九四〇年刊。これには軍政部の検閲印がついている。）

Florence Horn, *Orphans of the Pacific, the Philippines*, Roynal & Hitchcock, New York, 1941

（フロレンス・ホーンが著わした『太平洋の孤児たち』一九四一年刊。これには軍政部の検閲印がついている。）

中《なか》屋《や》建《けん》弌《いち》『フィリッピン』（興亜書房、昭和17・3）は、三木がマニラに到着したころ、内地で刊行されたマニラ見聞記である。著者は同盟通信社のマニラ支局長として、またマニラ常駐の日本人新聞記者として、二年ほど太平洋戦争直前にこの市に勤務した。そのとき見聞した事実を基礎とし、フィリピン人の真のすがたを紹介しようとしたものという（「あとがき」）。

同書には「章」はないが、大きな項目だけをかかげると、つぎのようになる。

東洋の真珠*——フィリッピン人の性格——ケソン大統領とデモクラシー——経済的独立への苦悶——フィリッピン人の生態——フィリピン点描——大東亜戦争とフィリッピン——あとがき

*フィリピン人が自国のことをこのように呼んだもの。

三木が先の論文に描いたのは、フィリピン人の中にみられる〝東洋的性格〟である。が、一方中屋は自著において、フィリピン人に特有の性質について語っている。一言いうと、フィリピン人の性格は、「東洋人にして、東洋的でない、ということに尽きるという」(「見栄坊なフィリッピン人」)。

中屋はフィリピン人の生活の根底にあるのは、カトリック教の影響による〝形式主義〟(外形をつくろい整えようとする態度)と安価なアメリカニズムの所産である〝個人主義〟(俗に利己主義)であるという。フィリピン人は破廉恥なことをやっても、日曜日の礼拝のとき、僧侶にざんげすれば、神の許しがえられる、と考える。このような風潮はかれらの生活の中に浸み込んでいるという。

マニラ生活において、フィリピン人の恥ずべき行為を実地に見聞した著者は、これでも日本人とおなじ東洋民族であろうかと、わが眼を疑うことがたびたびあった。著者が、フィリピン人の性格として掲げているのはつぎの点である(「目次」より)。

見栄坊なフィリピン人………フィリピン人は、住居や食物にはあまり金をかけないが、他人の目につきやすい、衣服には金をかける。ふだん着にはよく洗濯した物を身につけているが、祭や教会へ出かけるときは、クツをはき、ネクタイをつけ、出来るだけよい服を着る。つまりうわべを飾ろうとする(見栄張りという)。

ウソつきが天性………フィリピン人が、すぐバレるようなウソを平気でつくことは世界的に有名だという。かれらはウソがバレても恥しいとはおもわぬらしい。商売をやっても大成しないのは、信用性に欠けるからという。

そのくせ、他人をいい負かすことに喜びをみいだし、訴訟をおこすことが好きである。

読書せぬ文化人……マニラ市には、本屋はわずか一軒しかないという（実際は二軒ほどか——宮永）。なぜなら、フィリピン人はほとんど堅い本を読まぬからである（暑い気候のせいか——宮永）。かれらの知識の出所は、新聞・雑誌・ラジオ・映画などである。いちばんよむのは、新聞である。それには英字紙、スペイン語紙、タガログ語紙など、計七紙がある。

かれらは新聞記事やラジオ放送の内容を鵜のみにし、信じ込む。

働くことがいやな使用人気質……本を読まず、物ごとについて考えず、働かずして食うことばかりを考えているのが、フィリピン人という。こそドロ、幼稚なサギを気にしては、マニラで人を雇えぬという。女中を市場に買物にやると、かならずごまかしてくる。（ツリ銭サギのことか——宮永）。それをやかましく言うと、家の中の目ぼしいものをかっぱらって、さっさと出ていってしまう。

雇われ人が欲しいのは、一にも金、二にも金なのである。だから一ペソでも給金のよい家があると、さっさとそこに鞍《くら》がえし、エプロンを返しにくる。

フィリピンで暮らすと、毎日汗をかゝぬ日はないから、どこの家でも洗濯を専門にする女中をやとっている。給金は月に八～一〇ペソと安い。しかし、彼女らは洗濯ものを実にきれいに仕上げる。

自動車の運転手をやとうと、月に四〇～五〇ペソかかるという。しかし、中には車のガソリンをゴム管で吸いだして売るやからもいる。ある日本人がそのインチキぶりに気づき、運転手を首にしたら、その者はエンジンに砂をぶっかけ、使用不能にして出ていった。

フィリピン人が最も軽蔑し、きらう仕事は肉体労働である。道路工事や土木工場にたずさわる者は、たいてい囚人である。フィリピン人は、ヤシの実の中の汁をのみ、バナナを食べて生活するつもりなら、働きたくなく、また多少の賃金など問題ではないという。

中屋は、フィリピン人の生活のようす、暮らしぶりの特徴について、つぎのような項目を掲げている（「目次」）。いわばそれはかれらに特有の性質であり、三木が論文の中で描いたものと合致するものもある。

女天下……………フィリピンは、女天下の国という（いわゆる西洋でいうLadies first、女性を尊重し、優先させる習慣の国ということであろう――宮永）。雑踏する道路であっても、女性は信号を無視し、平気に渡ってゆく。交通巡査はどなるどころか、相手が年よりなら、手をとって渡してやる。郵便局や役所へいっても、女性は順番を優先される。一にも二にも、女性優位の国がフィリピンである（三木も女尊男卑の風潮があることを見てとっている）。

ダンス・闘鶏《とうけい》（ニワトリを戦わせる遊び）・競馬など……フィリピン人は、上流から下層階級に至るまで、飯よりもダンスが大好きである。人があつまればダンスがはじまる。また音楽をも好む。けあい（闘鶏）や競馬をこのむほか、賭けごとというとほとんど目がない。玉つき、しょうぎ、玉ころがし、吹矢、ボクシングなど。

住居と食物……ふつうのフィリピン人の住居は、〝ニッパ・ハウス〟Nipa house と呼ばれるものである。それはニッパヤシの葉で屋根をふいた、高床式の家である。階段を昇ってゆくと、扉はなく、壁や床は竹または木でできている。食物は米を常食とし、魚や鶏を油でいためたものやバナナなどで満足する。米はバナナの葉でつつみ、三本の指を使ってたべる（下層のフィリピン人の昼食）。いちばんのごちそうは、ブタの丸焼きや鶏を油であげた料理である。

むすび

わが国が太平洋戦争に突入するころから、国粋的傾向をもつ皇道哲学者とはべつに、京都学派の哲学者（西田幾多郎、田辺元、三木清など）は、時局に迎合するかのように、超国家主義や侵略戦争の片棒をかつぐような論文を発表した。三木は徴用でフィリピンにいく前に、「戦時認識の基調」（『中央公論』昭和17・1）を発表した。かれはこの中で太平洋戦争を肯定し、戦争への協力を唱導し、不敗必勝の信念をかため、皇軍（日本軍）のめざましい活躍に呼応せねばならぬ、といった。しかし、この論文は軍部の不興をかったばかりか、右翼から非難攻撃をうけた。

自由主義者、マルクス主義哲学者と目された三木そのひとは、このような記事を書くほど純粋な国家主義者、愛国者であったのか。人は表現された文字をみて、書き手の考えや思想傾向を判断するのがふつうである。時あたかも、文士の書いたものを目を皿のようにしてみつめ、その瑕疵《かし》をみつけ、糾弾しようとする右翼勢力が跋扈していた。そればかりか表現や思想内容を調べる検閲制度があったから、ものを書く側も、それにひっかからぬように、じゅうぶん注意を払う必要があった。

三木には二面性――表むきの顔と裏むきの顔とがあったようだ。かれはいわば二重人格者であった。新聞雑誌むきには、軍国主義に左袒《さたん》（味方する）ようなことを平気で書いたが、それは本音ではなく、実際は心にもないことをいっていたのである。一方、実生活においては、酒が入っても入らなくても、ところかまわず軍部の悪口雑言を平気でいうくせがあった。

阿部知二《ともじ》（一九〇三～七三、昭和期の小説家・評論家）は、何かの雑誌の座談会の帰り、三木と二人で、省線の駅へむかって歩いていた。街はかなり人で込んでいた。かれは酔っていたが、何かのはずみで戦争のことが話題になった。そのときのことである。三木は急にあたりかまわず、大きな声で、

――聖戦、聖戦――そういう狂《きょう》じみたことをいうだけで、日本は負《ま》ける。

といった。阿部は三木の二の句をとどめるために、あわてて

――だが二木《ママ》さん。いつの時代のどこの国だって、戦争は聖戦といいます。

と思わずいった。

――ふふん、だから戦争は……。

と三木は声を低めていいかけると、話を中断した（阿部知二「創作　思出《おもいで》」『世界』第71号所収、昭和26・11）。

三木が嫌悪したものは、軍部と戦争、日本に言論の自由がないことであった。かれは日本の国策の肩をもつような評論をいろいろ新聞雑誌に書いたが、それはうわべだけのものであり、本当の気持ちを伝えたものではなかった。半面の真理を語ったにすぎなかった。かれの心底を見とどけることはできないが、知人の談話を綜合すると、終始軍部と軍国主義、戦争に反対する考えをもっていたようである。

〝徴用〟の名のもとに大勢の文化人（作家、絵描き、新聞・雑誌記者、映画・放送関係者、産業技術者、宗教人（司教）、娯楽用の慰問団など）が南方に遣られ文化工作（日本の宣伝戦、思想戦）に従事した。が、中でも三木のように評論を業とする人間の中には、これは徴用ではなく、人をこらしめるためのもの――懲罰的な〝人間狩り〟と考える者も少なからずいたようだ。三木はそのような疑心にとりつかれていた一人であったと思われる。情報局が考えだしたとされる徴用に、ドイツの監獄的な思想（制裁的な意図）をはっきりと感じとったのは、三木が徴用にかかったニュースをジャワ（インドネシア）に渡ってから聞いた阿部知二であった（「創作　思出」）。

戦争は、国民がそれをのぞむとのぞまないとにかかわらず、ある日突然はじまる。大東亜戦争（太平洋戦争）は、わが国にとって、未曾有の大事件であった。なぜこのような大戦争がはじまったのか。またどのような戦争計画にもとづいて、それが実行されたのか。

資源をもたぬ日本は、昭和十六年（一九四一）七月、南部仏印（サイゴン）への進駐を開始すると、アメリカは警告どおり、在米日本資産を凍結した（7・25）。つづいて石油の輸出も停止した（8・1）。蘭印（オランダ東インド）、イギリス、中国もアメリカにならい日本資産を凍結した（ABCD包囲陣）。御前会議において、「帝国国策遂行要領」が採択され、十月下旬を期してアメリカ、イギリス、オランダとの開戦を準備した（9・6）。一方、ワシントンにおける戦争回避のための日米交渉は進展せず、アメリカが中国・仏印からの日本軍の撤兵をもとめる強硬案（ハル・ノート）を示したために、万策つきた日本は自存自衛のためについに開戦にふみきった（12・8）。

南方への戦略は、資源（石油）を獲得するのが目的であった。太平洋戦争の主因の一つは、石油問題であった（海軍元帥・永野修身《おさみ》）。わが国は原料および天然資源を、国内や満洲、中国だけから入手することができなかったから、しぜん南方に目がむいた。日本軍は緒戦において順調に勝利し、開戦半年後に外廓（防衛）線を設定できるまでになった（北はアリューシャン列島のキスカ、アスカから、南はミッドウェー、ギルバート、ソロモン諸島まで）。しかし、日本の陸海軍は、不十分な兵力をもって不相応に前線を拡大したために、結果においてそれを維持できず敗退した。つまり、国力を無視した作戦をおこない、手をひろげすぎたのである（海軍大将・野村吉三郎《きちさぶろう》談）。

（注）米国戦略爆撃調査団『証言記録 太平洋戦争史』、一〇一頁。

フィリピンをめぐる戦略は、昭和十六年（一九四一）十二月八日、航空部隊による攻撃と陸海軍の先遣部隊によって比島の数地点に上陸を敢行することによってはじまった。本間雅晴《まさはる》中将の指揮する第十四軍は、ルソン島西岸のリンガエン湾に、また一部は東岸のラモン湾に上陸した（12・22〜24）。さらに北と南から進攻した日本軍は、相呼応しつつマニラをめざして進撃をつづけ、昭和十七年（一九四二）一月二日ついに首都を占領した（『比島攻略作戦』防衛庁防衛研修所）。

石油が出ないフィリピンに対する作戦目的は、敵を主要拠点において撃破し、そこを占領したのち、航空基地を整備することにあった。

軍政下のマニラ地図

三木が十ヵ月ほど滞在した当時のマニラの市勢はどうであったのか。その地理的な特徴について記してみたい。

その位置は、北緯14°36′、東経120°58′である。昭和十四年（一九三九）当時の人口は約六二万三〇〇〇人。市はパシグ川をはさんで南北にある。河口ちかくにあるのは、Intramuro とか Walled City と呼ばれる旧市街である。市の陸地面積は二〇平方マイル。住民の構成はつぎのようになっていた。

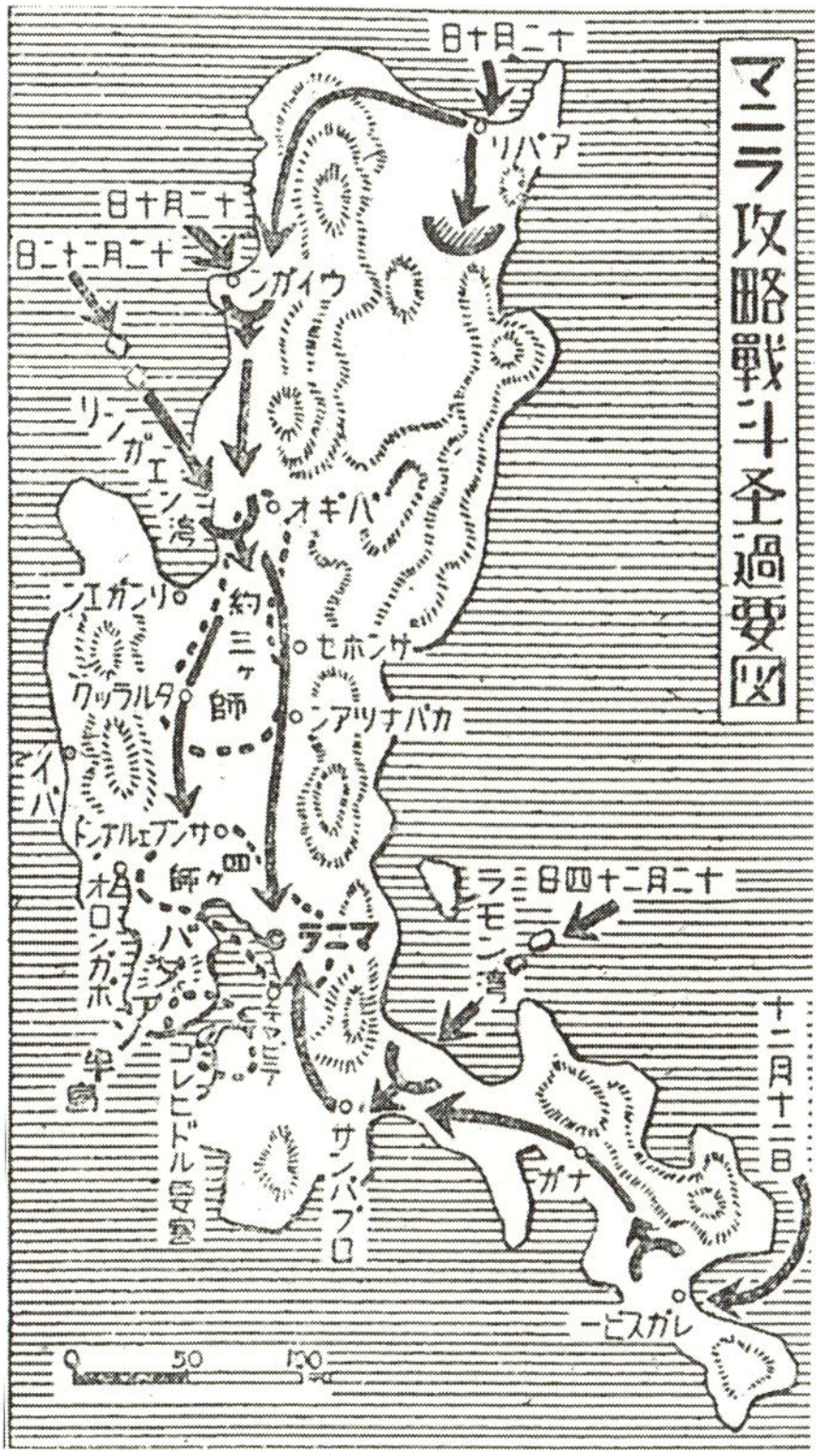

日本軍によるマニラ攻略図。『大東亜戦争史』昭和17・6より

土着の住民（タガログ族）67%　中国人と土民との混血《メスティサ》17%　中国人13%
アメリカ人2%　日本人0・5%　その他土民とスペイン人の混血《メスティサ》

マニラは地震や台風が多く、地盤は軟弱であるため、宏壮な建物は少なかった。市内にはトタンやニッパヤシの葉でふいた家がかなりあり、トイレはなかった。街中に縦横に小運河や入江がもうけてあるが、沼よりあふれた腐敗水はつねに悪臭をはなち、また排水の便も不完全であった。フィリピン人はお湯に入らず、水を浴びるだけである。

大きな商いは中国人とアメリカ人、スペイン人との混血がにぎり、土着民は小売をなすだけであり、邦人は目抜き通りでバザー（安売店）を設け、雑貨販売をおこなっていた。その数は、約四七〇〇人。市内のタクシーの数は、約一万九六〇〇台（一九三八年）。ほかに一頭立ての馬車約二〇〇〇台のほか、牛車もあった。日本軍が進駐するまで、フィリピン群島はアメリカ領であり、独立の準備中であった（中屋建弌『フィリピン』と『太南洋地名辞典　第一巻』丸善株式会社、昭和17・1を参照）。

「オープン・シティ」（無防備都市）――マニラに入京した第十四軍（約三万四九〇〇人）の総司令官・本間雅晴は、昭和十七年一月三日、軍政（占領地において軍がおこなう行政）を宣言し、「布告」「告知」を提示し、政党や市民団体を解散させ、過酷な制限を住民にくわえた。――灯火管制、夜間の外出禁止、ラジオの使用禁止、銀行、学校、教会、工場、印刷場、新聞社、劇場などを軍の監督下においた。またフィリピン国旗をかかげたり、国歌やアメリカの歌などを歌うことも禁じた。貨幣（米ドル、フィリピン通貨）に代わって「日本軍票」（手形）が使われた。

日本軍はマニラ市内および近郊に検問所をもうけ、そこで住民を監視した。ことに憲兵の傲慢さは民衆の反感を呼んだ。随所でかれらにおじぎをしなかったり、質問に答えられぬと、そのほおをやたらと平手打ちにした（ビンタをはった）。軍政は資源を獲得するために、日本企業に鉱山の開発にあたらせたり、サトウキビ畑を綿畑に切りかえさせた。綿は軍服や医療用に必要であった。マニラでは食糧事情が悪化し、空いた土地を菜園とすることを勧めた。

一月二十二日、マニラ市長ホルヘ・B・バルガスは、行政組織をつくるよう命じられ、やがてフィリピン行政委員会（六名で構成）が発足した。これは軍政当局に指導された「傀儡《かいらい》政権」であった。占領軍は治安の回復を重視し、「警察官訓練所」をもうけ、約二万名の現地人を養成した。また「教員訓練所」「日本語専門学校」などをつくったが、日本語教育はあまり成果をあげなかった。

軍政当局の命令をつたえたり、不審人物（ゲリラ）を捕えるために「隣組」をつくったり、「カリバピ」（日本の大政翼賛会に似た新生フィリピン奉仕団）を設立させた。ゲリラはフィリピンの日本軍を悩ませた。戦争末期になると、それに抵抗するために、住民に〝竹槍隊〟や親日の義勇軍「マカピリ」（フィリピン愛国同志会）を創設した。

一九四四年（昭和19）十月二十日――六五〇隻以上の艦艇に分乗したアメリカ軍四個師団は、レイテに上陸した。ルソン島の日本軍（約二七万人）は、空に陸に海に激しく抵抗したが、フィリピン方面軍司令官・山下奉文《ともゆき》大将は、軍を北部と中西部、南部（マニラ東方）のジャングルに撤退させた。が、その途次、日本軍は町や村を焼き、民家をおそい、米・鶏・水馬・馬などを奪い、ときに住民を虐殺した。

山下の徴収命令にさからい、マニラ市にふみとどまったのは、岩淵三次少将が指揮するマニラ海軍防衛隊（約二万名）である。絶望的な戦況下にあるこの一軍は、一九四五年（昭和20）二月三日から、約

バシング川の図。『南洋地理大系 2』ダイヤモンド社，昭和 17・6 より。

マニラ湾の図
『比島ヨ記』中山書店，昭和 18・12 より。

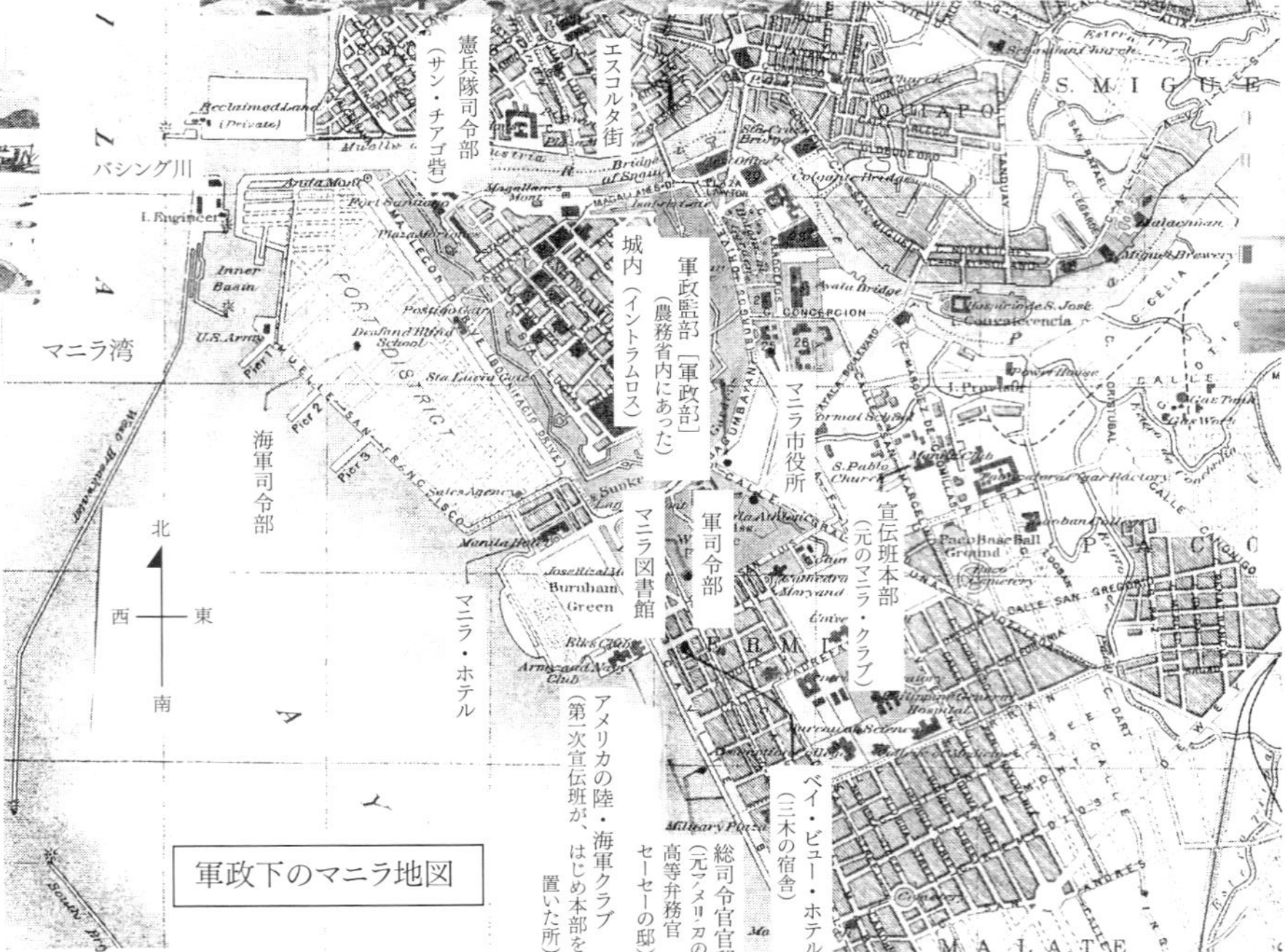

軍政下のマニラ地図

注・軍政下のマニラの地図はすくなく、役立つものはほとんどない。唯一の有益な地図は、與田正人氏（衛生軍曹）が作成した「マニラ、思い出の街の地図」「集録『ルソン』第㉟号」所収（平成3・3・3）であった。ここに芳名をしるし謝意を表す。

左側の建物が「軍政監部」。

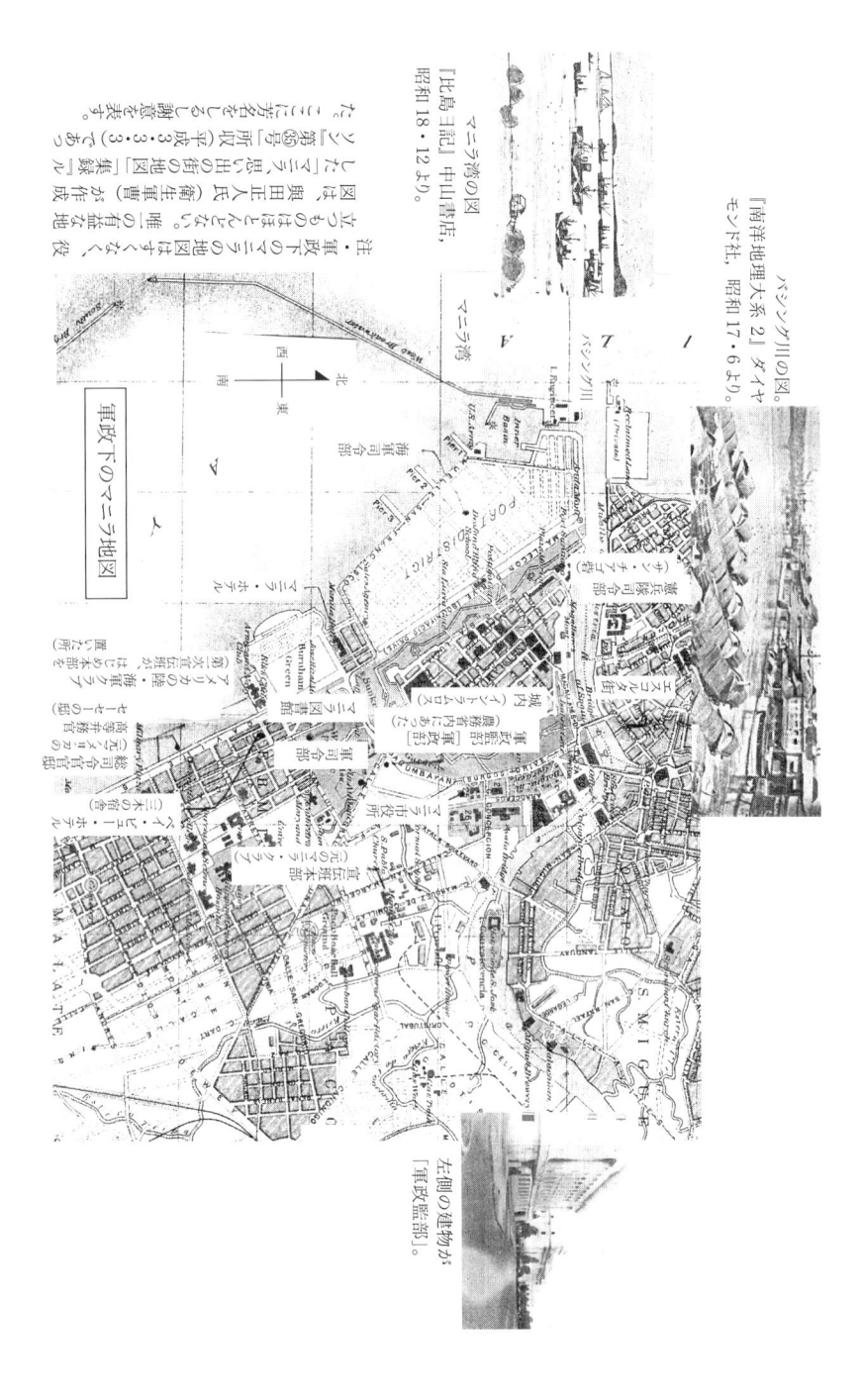

一ヵ月市内にたてこもり、米軍と攻防をくりかえした。が、やがて南北から進撃する米軍に、袋のネズミとなり、パコ、エルミタ地区や旧城内で手当たりしだいに建物に火をつけたり、殺人、凌辱をおこなった。その結果、マニラ市は廃墟と化し、約一〇万の民間人が亡くなったという（『写真図説 日本の侵略』大月書店、平成4・12）。

大阪毎日新聞の特派員・木村毅のマニラ報告

三木がちょうどマニラにやって来て、退院したころ、木村毅《き》（一八九四〜一九七九、大正・昭和期の評論家・明治文化研究家。大阪毎日、東京日々の社友。のち東京都参与）は、大阪毎日新聞の特派員としてこの旧都にやってきた。まだ日米戦がさかんなころであり、日本機がバターンやコレヒドールでおとす爆弾の煙柱が、マニラの海岸からよく見えるころである。木村の来比の目的は、

一　大阪毎日に記事を書いて送ること。
二　フィリピンに関する小説の材料をあつめること。
三　日比交渉史の資料をあつめること。

などであった。かれは神戸から船にのり、瀬戸内海を航し、九州に着くと、そこから飛行機で台湾へ飛び、当地からまた機をのりかえ、昭和十七年三月二十日マニラに到着した。その日から五日ほどぜいたくな「マニラ・ホテル」に泊まった。のち繁華街の中心にある「アヴェニュー・ホテル」に移り、そこに二週間いて、さらに「ペラルタ・アパートメント」（放送班の宿）に移動し、五月初旬に帰国するまで

マニラ・ホテル　Alip, *Philippine History*（1940）より

一ヵ月ほどすごした。

木村は当時マニラにいた宣伝（報道）班員のくらしぶりなどについて貴重な証言を残している。が、残念ながら三木の名は出てこない。おそらく会う機会がなかったからであろう。マニラ・ホテルに泊まったとき、そこからは旧市街（旧城内）が近いので、いちばん喜んだ。そこはキリシタン大名の高山右近や日本人信徒らの終焉の地であったからである。

マニラ・ホテル（一五〇室）やアヴェニュー・ホテルは、どちらも日本軍に接収され、日本人が経営していた。将官佐官クラスはマニラ・ホテルに、尉官クラスはアヴェニュー・ホテルに泊まることになっていた。ルネタの草原のむこうに、市庁・図書館・農商務省その他の官公の建物がみえたという。軍政監部（軍政部）は、新築の農商務省の建物のなかにあった。

徴用文士らの宿泊所であった「ベイ・ビュー・ホテル」は、エルミタという住宅街とホテル街にあったという（住所はエルミタ－アルハンブラ一〇五番地）。マニラに着いて二、三日すると、「トリビューン」社から電話がかゝり、インタビューを申し込まれた。記者から来比の目的をきかれ、それに答え、大東亜共栄圏を建設するための戦いに、全アジアの民衆が協力する必要があることを説いた。インタビュー記事は『トリビューン』紙の朝刊（3・25付）にのった。

新聞にインタビュー記事がのった翌日（3・26）、木村は「宣伝班本部」が置かれているイギリス人の「マニラ・クラブ」（パコー地区のサン・メルセリノにある「イギリス・クラブ」English Clubのことか）で、

火野葦平
上田　広 ｝（注）この二人は、バターンから連絡のために、マニラに来、夕方のバスで前線に帰った。両人はバターン陥落までマニラに帰らなかったらしい。

石坂洋次郎　木村は、石坂の妻と母堂から、手紙とお守りをあずかってきた。

ら三人と会った。そこは広い庭に堂々とした建物があるクラブで、二階は寝室になっており、バー、ビリヤード室、ボーリング室、図書館などもあった。
火野も上田も、兵隊あがりだから、歩き方からして板についていた。その後、木村はこの二人の、また柴田賢次郎のうわさをたびたびきいた。

木村が見たフィリピンにおける文化工作

かれは独自の立場から、みずから見聞したフィリピンにおける日本軍の文化政策（宣伝活動）について語っている。当地で、実際行われた文化政策は、つぎのようなものという。

一　ラジオ…………木村によると、宣伝にいちばん効果があるのは、ラジオだろうという。マニラ市において、米軍がこわしていった設備を手に入れ、一月十四日から現地人を使って放送を開始した。かっての放送は、ニュースと享楽（歌や劇）を提供する機関であっ

たが、軍政がはじまると、文化講演も加味された。
日本の歌謡「さくら、さくら」「荒城の月」「愛国行進曲」なども放送された。

二　レビュー（小喜劇［ダンス、歌などを組み合わせたもの］）……裏街でくらす落魄《らくはく》のイタリア人を起用し、レビューガールをあつめ一座を組織し、日本の歌謡入りの喜劇を演じさせた。今日出海がこれに関係した。

三　映画……………マニラには映画館が多いが、そこで上演しているものはアメリカのものばかりで、日本のものは一つもないという（木村）。

四　新聞……………フィリピン人は本をあまり読まぬが、新聞はよくよむ。新聞による宣伝工作は、大きな効果をもっているという（中屋建弌『フィリピン』、四五頁）。

五　教科書の決定……六月一日から、マニラの小学校において、日本語教育がはじまった（木村）。

六　宗教……………ローマ法王庁に日本から大使を派遣することがきまると、日本人神父の放送があった。

三木清の偽装術

さて、マニラにおける三木のことである。

かれは徴用班員として、この市で何の仕事をやり、どのように暮していたのであろうか。これらの問に答える前に、かれの宿舎であった「ベイ・ビュー・ホテル」から語ってみよう。

このホテルは、「宣伝班本部」から歩いて七、八分のところにあり、エルミタ地区にあるマニラ・ホテルにつぐ、第二の大きなホテルであった（佐藤勝造「三木さんの放送原稿」）。それは九階建ての大きな建物であり、三木の部屋は五階にあった。ベイ・ビュー・ホテルに泊まっていたのは、軍政部員、報道班員など三百人であったという（木村毅『マニラ紀行　南の真球』、二五二頁）。
しかし、実際人の出入りもあるから、宿泊数は一定していないが、いつも二百人分の食事を用意していた。けれど前線にいく者、ホテルで飯をくわない者もいて、それでも余った。

三木は退院後、自分の部屋ですごすことが多く、報道部の仲間ととくに親しくつきあうことはなかった。暑い現地においても、東京を出発したときの冬仕度のままであった。バターン戦たけなわのころ、文士・新聞記者・写真家・画家らは前線に出かけ戦場生活を体験したが、三木は自分から進んで前線に出かけようとはしなかった。あるとき、だれかが三木さんもバターンの前線に行ってこられたらどうですか、というと、「私は戦争にきたのではない。フィリピンの文化の研究にきたのだ。戦争なぞに興味はない」ときっぱり言ったらしい。

この発言は論議をよび、他の報道班員の怒りを買い、その真意をたしかめにある者が三木の部屋に押しかけた。が、当人はドアにカギをかけて取りあわなかった。報道部としても何らかのしめしをつけねばならなくなり、軍命令で、二週間ほどバターン前線にやられた。

三月下旬（バターン総攻撃寸前）……クラークフィールド飛行場（マニラの北西七七キロ）を訪れ、数日すごした。

四月九日……………バランガ（ルソン島南西部、バターン州の州都。マニラの南西五〇キロ）。

〃　十一日…………南端マリペレスの奥地。

五月七日以降………コレヒドール陥落後、訪問。

三木は出勤免除組のひとりであったらしく、あまり宣伝班本部に顔を出さず、マニラではできるだけ図書館（Manila Library のことか）でくらした、と帰国後、小林勇に語った。図書館でフィリピンの文物に関する書物を借りだし、それを読みながら、必要な箇所を大判のノートに書き写し、抜き書きをつくった。桝田啓三郎によると、ノートは十冊ほどあったらしいが、現在行方不明である。おそらく当局の手入れがあったとき、没収され、そのまゝになったものであろう。

三木がフィリピン研究に没頭したのは、日本を立つ前に国民学術協会（中央公論社内）からフィリピンや南方に関する研究を委嘱されたからであろう。

公的な仕事として、（第十四軍）司令官が出す「布告」の代筆――官吏養成所・捕虜収容所における宣撫・対敵宣伝のための講話、日本語の教科書づくり（?）、ラジオ放送（「日本の歴史的立場」昭和17・4・3）などをやったようである。

三木は昭和十七年十二月、マニラから帰国した。内地に帰ったかれは軍人のバカさかげん、ふまじめさ、徴用された文士たちのでたらめさなどについての悪口を小林に聞かせた。

戦時下、定期的な収入のない文士は、ペンで食べてゆくことが容易ではなく、依頼原稿があれば、編集部の意にそうようなものを書いて稿料をもらい生活していた。文筆家にとって生きること自体がむずかしい時代であった。かれらは自分の思想や信条をまげてまでも大勢に順応して生きるしかなかった。

〝仮面〟とは、本心を隠し、別なものにみせかける意であるが、売文の徒・三木清は、戦争中、国家主義者、時局迎合者の仮面をかぶって執筆活動をつづけた奇人であった。反軍思想にこりかたまっていたかれは、ジャーナリズム界において、本性《ほんしょう》を隠し、別人をよそおい、大勢よりのものを書いた。かれには何ら恥じらいはなかった。ある意味で、三木は阿諛《あゆ》曲学《きょくがく》の徒であった。矛《ほこ》と盾《たて》とをいっしょに売り込む武器商人のようでもあった。裏とおもてのある二重人格者であったといえる。ここにかれの人間的特徴がある。……

いまの時代、生前の三木を知るひとは、もう数えるほどしかいないだろう。当然、筆者は生身の三木を知らないが、弟・繁《しげる》氏のことはある程度よく知っている。その風貌は写真でみる兄・清のそれを想いださせるのに十分である。清は話に夢中になると、口からあわを飛ばすようにものを言ったらしいが、繁氏は口ごもるように話をした。いま折にふれ耳にした清のエピソードが想い出される。教師・繁氏が、兄のあとを追い、あの世に旅立って年ひさしい……。

主なる参考文献

今日出海『新日本文学全集　第24巻　上田広　日比野士郎』改造社、昭和18・3。

今日出海「三木清における人間の研究」『文藝　増刊号』所収、昭和21・10。

今日出海『小説集　人間の研究』新潮社、昭和26・5。この中に「三木清における人間の研究」を再録。

阿部知二「創作　思出」『世界』第71号所収、昭和26・11。この中に二木武（三木清のこと）が登場する。

米国戦略爆撃調査団『証言記録　太平洋戦争史　戦争指導篇　大井篤　冨永謙吾訳編』日本出版協同株式会社、昭和29・2。

中島健蔵『昭和時代』岩波書店、昭和32・5。

『三木清全集』第6巻、第13巻、第14巻、第15巻、第18巻、第20巻——昭和36〜同61刊行。第20巻の「月報」に、「三木さんの放送原稿（佐藤勝造）」を収録。渡比前の三木、ベイ・ビュー・ホテル、宣伝班本部などについての貴重な情報を含む記事。

防衛庁防衛研修所戦史室『比島攻略作戦』朝雲新聞社、昭和41・10。

『尾崎士郎全集　第12巻』講談社、昭和41・11。この中に「小説四十六年」を収録。

『昭和史の天皇　11』読売新聞社、昭和45・7。この中に「思想工作、から回り」や軍司令官の代書屋のようなことをやっていた三木清のことが出てくる。

グレゴリオ・F・サイデ『フィリピンの歴史』松林達良訳、時事通信社、昭和48・9。

『小林勇文集　第一巻』筑摩書房、昭和57・11。この中に「孤独のひと――三木清の一周忌に」「三木清を憶う」などを収録。

『史料集　南方の軍政』朝雲新聞社、昭和60・5。

南方第12陸病本院教育隊　衛生軍曹　與田正人「マニラ、思い出の街の地図」「戦中マニラ市街図」『集録『ルソン』第35号所収、比島文庫、平成3・3。これは軍政下のマニラを知るための貴重な記録。

『インタビュー記録　日本のフィリピン占領』龍溪書舎、平成6・8。

「旧岩崎彌之助・高輪邸」（現・三菱開東閣）『元勲・財閥の邸宅』所収、JTBパブリッシング、平成19。

平子友長「第四部　最後の三木清――三木清と日本のフィリピン占領」『遺産としての三木清』所収、同時代社、平成20・3。

庄司武史『清水幾太郎――経験　この人間的なるもの』、ミネルヴァ書房、令和4・4。

仲原善徳『比律賓紀行』河出書房、昭和16・12。

『大南洋地名辞典　第一巻』丸善株式会社、昭和17・1。この中にマニラの市勢についての記事がある（三八三～三八四頁）。

中屋建弌『フィリッピン』興亜書房、昭和17・3。当時のマニラを知るための好書。

『南洋地理大系　2』ダイヤモンド社、昭和17・6。

宮居康太郎編『大東亜戦争史』佐々木出版社、昭和17・6。

木村毅『マニラ紀行　南の真球』全国書房、昭和17・10。

『大東亜戦史　比島作戦』読売新聞社、昭和17・11。

比島派遣軍報道部『比島戦記』文藝春秋社、昭和18・3。

尾崎士郎『戦影日記』小学館、昭和18・5。第一次報道班員としての著者の体験をつづった貴重なもの。現地で撮った写真をも収録。

同『烽煙』生活社、昭和18・7。報道部長・勝屋中佐の「序文」のついたもの。

『比島日記』中山書房、昭和18・12。

『比島風土記』小山書店、昭和18・12。

向井潤吉『比島』新太陽社、昭和18・12。

柴田賢次郎『マニラの烽火』日本文林社、昭和18・12。

大本営陸軍報道部監修『フィリピン共和国』毎日新聞社、昭和19・10。

An Official Guide to Eastern Asia vol.V East Indies, Prepared by The Imperial Government Railways of Japan, Tokyo, Japan, 1917. 同書中にフィリピン諸島の概説、マニラ案内（位置、歴史、気候、ホテル、レストラン、領事館、クラブ、観光スポットなど）についての記述があるほか、マニラ地図（一枚）そえられている。
Eufronio M. Alip, *Philippine History, Political, Social, Economic*, R. P. Garcia Publishing Co, Manila, 1940
Gregorio F. Zaide, *Philippine Political and Cultural History* Vol. II *The Philippine since the British Invasion*, revised ed. Philippine Education Co, Manila, 1957
Pedro A. Gagelonia, *Pilipino Nation*, Navotas Press, Manilla, 1977

第四章　法政と社会運動家

はじめに

社会とはなにか。その定義は、ひとによって大いに異なるが、つぎのように平易に説明できよう。

一　共同生活をしているひとの集団。〔近思録・治法〕

二　人びとが生活しているこの世。人間の共同生活体。

三　ある共通の利害または目的のもとに、大多数が生活するために作りあげた永続的結合。〔『特高警察読本』〕

四　社会とは人間の共同態《きょうどうたい》である。生活、利害の共同態である。〔和辻草稿「国民道徳論」〕

われわれが住むこの日本社会だけが特別なものではない。社会そのものの性格は、いずこの国においてもおなじである。社会の主なる構成員はひとである。社会を分解するとどのようになろうか。社会は、ひとつの共同生活体であると同時に、綜合的なひとの一大集団でもある。社会は、共同社会と団体（ひとの集団、部分社会）から構成されている。

共同社会
- 家庭　おなじ家に住む血縁者。親子・夫婦・兄弟などを基礎とし、生活をともにする集まり。
- 村落《むら》　都市に対する農村・漁村などをいい、ひとがあつまって生活している所。
- 町　人が多くあつまり、家屋が立ちならんでいる所。商店のあつまった地域。
- 都市　大きな町。政治・経済・文化の中心地。

団体とは、多くの人があつまって組をなすもの。大勢のひとが共通の目的であつまって作る集団の意である。が、つぎのようにわけることができる。

団体
- 会社　営利事業を目的とする社団法人。
- 役所　役人が公務をあつかうところ。国家の事務を取りあつかうところ。
- 商店　商品を売る店。売買を通じての業者と顧客との社会関係がある。
- 学校　教師が生徒、学生を教育するところ。
- 宗教団体　神社・寺院・教会などの集団。
- 労働組合（協同組合 共済組合）　労働者が労働条件の維持や改善、労賃（労働にたいする報酬）や社会的地位の向上をはかるためにつくる集団。

これらの団体は、それぞれ特定の目的を遂行するためにつくられた部分社会である。国家とは一定の国土にすむ人民を支配、統治する団体もしくは機関の意であるが、全体社会そのものでなく、部分社会にすぎないのである。

日本の古代社会は、ひとが生まれつきもっている能力や性質を発揮し、外界の変化に順応してくらした世界であった。が、長い時をへて、組織化された社会――日本という国家が形成された。社会生活上の規則となるものは〝法〟であり、われわれはその掟にかなうように日々生活を営んでいる。

社会問題に関する組織活動――生産と分配は共有するものとし、貧富の差をなくし、自由平等の世の中をつくろうとする運動を――総じて〝社会運動〟という。が、そのような新興思想（社会主義思想）が、ふたたび津波のごとく、わが国を襲ったのは、第一次世界大戦後のことであった。

国家のように社会的規模が大きくなると、制度と組織において、不平等・矛盾・不平不満などが生じ、やがて体制への反対者は、お互いつよく結びついて結社（団体）をつくるようになる。かれらはさらに同志をつのり、運動を展開するために策をたて、いろいろ行動をおこすのであるが、それは社会秩序を守る側の権力と衝突し、禁圧される。

社会運動が発生する条件とかたち。

社会運動は、社会問題に関する運動である。それは経済や社会や法律などの組織やしくみ、きまりなどがもつ欠点を改めようとしたり、それに抵抗する運動である。が、それにはどんなものがあるのか。

テロリズム　暴力や恐怖手段によって、政治的、思想的な対立者を打倒しようとする態度。

農民運動　農業に従事する百姓らが団結して、地主や当局にたいして起こす要求や反対運動。
労働運動（争議）　労働者が自分たちの利益をまもるために、雇用者にたいして団結しておこなう運動。示威《じい》運動（デモ）、すわり込み、強訴《ごうそ》、ストライキ、怠業（サボタージュ）など。
反戦運動　戦争に反対する運動。ビラなどをつくり、ばらまく。
演説、講演　聴衆に自分の意見や主張をのべ、行動をうながす。
びら張り、びらまき　宣伝のために、ちらしを人目につく所に張ったり、ばらまいたりする行為。
おしかけ　招かれないのに相手のもとに出かけ、主張をのべたてたり、要求する行為。

このような急進分子の行動をつきうごかしているものは、多くの場合欧米から入ってきた外来思想であった。とくに本章の主要テーマである、教師や学生らの戦前における社会主義運動の動機となったものは、マルクス主義（唯物史観――歴史が発展する根本の力は、物質的、経済的生産力にあるという考え――にもとづき、無階級社会の実現を目的とする。階級や搾取のない平等世界をめざす考え方）であった。マルクス（一八一八～八三、ドイツの経済学者・哲学者・社会主義者）やエンゲルス（一八二〇～九五、ドイツの社会主義者）が唱えた科学的社会主義を〝マルクス主義〟ともいうが、この新渡の思想にくわえて民本主義《デモクラシー》（民主主義の古い訳語）が盛んになったのは、大正七、八年（一九一八、一九一九）ごろのことらしい。

1　ロシア革命、日本を震撼

ことに日本国内に、

ロシア革命《ルスカヤレボリエシヤ》――一九一七年三月（ロシア暦二月）、ロマノフ家をたおし、ソビエト政権を樹立した世界初の社会主義革命。

ドイツ革命《ドイチェレヴォルツイオーン》――ドイツ帝国からヴァイマル共和国への移行をもたらした民主主義革命（一九一八［大正7］～一九年［大正8］）。キール軍港で海軍の反乱、ゼネスト、デモなどが起り、皇帝や諸王侯が追われた。

などの異常な事態が伝わるや、一部の労働者や知識人――社会主義者、共産主義者、無政府主義者ら――は大きな衝撃をうけ、こおどりして喜んだはずである。が、日本政府をはじめ、一般大衆にはその性格がよくわからなかった。[1]

当時ロシアは、国土が七千万平方マイル、人口は一億八千万人、世界最大の国家であった。十七世紀以降、ロマノフ家が支配し、絶対主義体制をとっていた。ロシアはヨーロッパの超大国ではあったが、国民の生活程度はひくく、大多数は無知文盲であったから、威圧にたいして服従することを知っていても、物事の道理や理屈がわからなかった。[2] 考えが古く、新しいものを受け入れることのできぬ官僚が、政権をひとりじめにし、人民を強圧していた。

ロシアの革命は、時代の動きや流れにそむいた専制政体が招いた当然の結果であった。

ロシア革命の発端は、帝政ロシアの首都ペテログラード（一九一四年にサンクト＝ペテルブルクからこの名称になった）やモスクワで勃発した食糧の欠乏に起因し、食糧配布の不平等から労働者が暴動をおこし、ついに革命に変じたものである。

ロシア革命が勃発したことを、わが国の邦字新聞（『東京朝日新聞』『読売新聞』『東京日々新聞』『都新聞』、夕刊『万朝報』）などが、外電としてはじめて報じたのは、大正六年（一九一七）三月中旬のことである。『東京朝日新聞』は、三月十六日につぎのような「号外」をまず出し、ついで翌十七日から詳報をのせた。

東京朝日新聞号外
大正六年三月十六日発行

●露国大革命
十五日合同通信社 桑港《サンフランシスコ》発
倫敦《ロンドン》来電 〃 露国大革命勃発し 現《げん》皇帝多分退位し 皇太子即位すべく 議会及《および》陸軍部 各要部悉《ことごと》く

THE ROMANOFF DYNASTY ENDED IN RUSSIA; CZAR'S ABDICATION FOLLOWED BY MICHAEL'S; CONSTITUTIONAL ASSEMBLY TO BE CONVOKED

WILSON APPEALS TO PATRIOTISM TO AVERT STRIKE

President Wilson's Plea for Railway Peace Based on Country's Need and War Danger

PLEDGE OF REFORM RINGS IN GERMANY; JUNKERS ASSAILED

WIDE REFORMS PLANNED
Universal Suffrage and Full Political Amnesty Are the Bases.

New Russian Government Asks People's Support; States Its Policy as Freedom and Suffrage for All

GAVE UP SON'S RIGHTS, TOO
Czar Yielded at Midnight Thursday; Grand Duke Michael Yesterday

STRIKE EMBARGOES GROW TIGHTER

SINISTER HAND SEEN IN STRIKE

DUKE NICHOLAS AGAIN HEADS ARMY

RUSSIANS HERE AID NEW CAUSE

『ニューヨーク・タイムズ』紙が報じる“ロマノフ王朝終焉”の記事（1917・3・17付）。

顚覆《てんぷく》せられ　政府は親独派の官吏を悉く　駆逐せんとするものなり
而《しこう》して（しかも）最近三日に亙《わた》り　モスコー及《および》ペトログラードを主とし　間断なき（たえまなく）革命戦争演ぜられ　為めに多数の家屋政府建築物兵火に焼かれたり　一方ペトログラードより倫敦に達せる電報に拠《よ》れは　多数の閣員監禁せられ　其《そ》の内《うち》首相スツルマ及プロトポポフ両氏は　後《のち》解放せられたりと
更に後報《こうほう》（後信）に拠《よ》れは　其後《そのご》ペトログラード及モスコーに於ける政府委員に依り　仮政府組織せられたりと伝へられ　又ペトログラードに於ける三万の軍隊は　革命軍に援助を与へたりと伝へらる　更に伯林《ベルリン》官設新聞局の公表する所に拠れば　露国の革命は　三月十一日を以《もっ》て勃発し　議員エンゼルハード氏は　ペトログラードに於ける司令官に任命せられたりと

（注）ルビおよび注は、引用者による。

三月八日、九日……ペテログラードの工場労働者らは、ストライキをおこし、「パンをよこせ」と叫びながら市内をうろうろと歩きまわり、パン屋を襲ったりした。首相は陸海軍、農務、交通、商工の各大臣、市長らを招集し、糧食補給問題について協議し、この問題を市参事会に一任した。が、ストライキがおさまるきざしはなかった。

三月十日ごろ……軍隊および憲兵が出動し、デモ隊と衝突し、各所で死傷者をだした。

三月十一日（日）……国際ロイター電が伝える記事〝ペトログラードのパン屋襲撃〟によると、――大雪のために食糧の到着がおくれ、市民の中にパニックに陥る者が生じ、パン屋をおそった（*The Japan Weekly Mail,* 一九一七・3・17付）。

フランスの絵入り紙『イリュストラスィヨン』の特派員によると、橇《そり》と市街電車もゼネストに参加し、うごかなかったという。新聞は発行されず、電話は不通。街はわりと平穏であったが、殺し合いがおこなわれている所もあった。軍隊から離脱する兵もいた。特派員が目撃者から聞いた話だと、こんな事件があった。

ニコラス駅で、あつまって来た群衆にたいして、警察署長がサーベルを使ってけ散らすよう命じたとき、コサック兵の中隊を指揮していた大佐が、この命令を撤回するよう叫んだ。激怒した署長は、大佐にピストルをむけ撃とうとする寸前、一人のコサック兵が、その署長の頭をたたき割ってしまった。警官らはそれをみて四散した。群衆はコサック兵たちに喝采を浴びせた（「三月十一日、十二日の街の光景」、*L'Illustration* 紙所収、一九一七・4・21付）。

三月十二日……軍隊の一部はストライキに加担し、各所において警官隊に発砲した。デモは暴動の様相を呈し、〃赤旗〃を押したてて市中をねりあるき、砲兵工廠や裁判所、監獄などを襲った。囚人は解放された。事態は収拾がつかなくなっていた。

三月十三日……正規軍の三連隊と近衛兵の大部分が暴動にくわわり、「冬宮」の対岸にある旧砲台を占領した。全市は無警察状態であり、暴徒は「政府をたおせ！」とさけんでいた（*The Japan Weekly Mail*, 一九一七・3・24付）。

三月十六日……ロシア皇帝は退位し、摂政が任命された（ロンドン特派員発――『東京朝日新聞』大正6・3・17付）。

三月十七日（土）……*The New York Times* 紙（一九一七・3・17付）は、外電として、つぎのような内容の記事を掲載した。すべての政府の建物には、〝赤旗〟がかかげられていること。パンがふたたび手に入るようになったこと。橇にのせた多量の小麦粉が、群集の喝采を受けながら、通りを行ったこと。
また革命党員によって、ロシアの秘密警察の文書館が襲われたこと。事務所や金庫があらされ、大量の書類が火炎の中に投げ込まれたが、すべてではない。新政府はスパイや情報屋のリストを入手しており、かれらは早急に調べられること。

旧官僚は全員監禁され、新内閣の政綱（政治上の重要方針）が発表になった。

一　政治および宗教上の罪人は、すべて直ちに大赦をおこなう。
一　言論集会の自由、労働団体を組織する自由、ストライキの自由をみとめる。
一　憲法を制定するための議会を召集する。
一　社会上、宗教上における国民的制限を撤廃する。
一　普通選挙権にもとづく、全住民が参加する選挙をおこなう（*The New York Times*, 一九一七・三・一七付）。

（注）『東京朝日新聞』大正6・3・19付を参照。

ロシア革命の経過については、『東京朝日新聞』以外にも、各紙（『都新聞』、夕刊『万朝報』その他）もかなりくわしく報じた。が、見出しの中には、読者の目をひくような鳴りもの的なものもあった。

▲露国皇帝退位
露都来電――露国広報に曰《いわ》く　露国皇帝は退位せり（3・17付）
●露国維新の成功
▽大公摂政辞退と其《その》選挙
▽立憲的自由平等の政綱（3・18付）
●形勢急転直下
▽問題急転して国体変更に及ぶ
△結局共和政体か（3・19付）
●露国着々《ちゃくちゃく》民本主義
▽専制政治廃止の決議
▽各地方新政を執行（3・23付）
▲専制廃止決議（3・18付）
（注）『東京朝日新聞』大正6・3・17～22より。
『読売新聞』（大正6・3・17付）は、中段あたりに
●露都の大動乱
▽軍隊冬宮を占領し

ペトログラードのネフスキー街で，窓からの銃声におどろく群集。『イリュストラスィヨン』紙（1917・4・14付）

▽全市無秩序に陥る

といった見出しのもとに、詳報をのせている。

その内容を一部意訳すると、つぎのようになる。

——九日以来、露都のペトログラードに動乱がおこり、同市の軍隊の一部はこれに参加し、官庁その他にたいしてしきりに発砲した。ロシア皇帝の離宮である冬宮は、ついに軍隊によって占領せられ、多数の政府や民間の建造物は兵火に焼かれ、同地裁判所は目下焼けつつあって、同市は無政府の状態にある。

『東京日日新聞』（大正6・3・17付）は、最上段に二段にわたって外電（ニューヨーク特電、サンフランシスコ電報、ペトログラード特電）をのせている。

●露国に革命乱《かくめいらん》勃発す　　親独派の官吏ことごとく駆逐せられ現皇帝退位せん

［ニューヨーク特電］（十五日特派員発）

ベルリンからの来信およびペトログラードのその筋からの報

ペトログラードの本通りのバリケード。『さし絵入りロンドンニュース』紙（1917・4・21付）

道によると、ロシアに革命が勃発した。ロシアの下院は、政権を掌握し、官僚全員を投獄し、宣言書を発した。もはや内閣は存在しないという。陸軍は革命党にくみし、ペトログラード市民は、食糧品供給の失敗、輸送機関の停止を政府の責任とし、激昂《げっこう》した。

『都新聞』（大正6・3・17付）は、

露国に大革命起る

△皇帝退位　△革命政府組織

といった見出しをかゝげたあと、ロシアに大革命が勃発し、皇太子を即位させようとしたが失敗したと報じている。

革命の主旨は、政府の親独派の官吏をみな追い出すことであった。ここ数日にわたり、モスクワやペトログラードにおいて、革命戦争がおこり、多くの家屋や政府の建物が兵火によって焼かれた。

夕刊『万朝報』（大正6・3・17付）は、上段に二段ほど、ロンドンからの外電として、ロシア革命について報じている。

露国の大革命

——皇帝退位せんとす

ロシアに大革命が突然おこり、現皇帝が退位し、皇太子を即位させようとしたが不首尾におわった。政府は親独派の官吏をことごとく駆逐しようとした。

わが国の一般の労働者や主義者は、「号外」や新聞報道などによって、ロシア革命に共感し、同情的であったと思われる。かれらは、この未曾有の変革についてどのような〝感想〟をもったのか、つぎにその摘録をかかげてみよう。

生きる光明を与《あた》へたり　仙台　原田忠一

貧しく無学のわたしは、いつも口ぐせのように子供たちにいってきかせていた。おれのような貧乏職工の家に生まれたことを身の不運だとあきらめてくれ。お前たちは一生喰いぱぐれがないように、技倆をみがき、職工としてくらしてゆけ。ゆめゆめ大望を起こすな。ところが思いがけず、ロシアで大革命がおこり、またたく間に天下は労働者の手に帰した。無想だにしなかったことだから、いっとき面くらってしまった。わたしはおどり上《あが》り、家に駆《か》けこむと、子供たちを抱きしめ、こう叫んだ。「おーい子僧ども、心配するな、お前たちだって天下は取れるのだ！　総理大臣にもなれるのだ！」。ロシアの革命は、われわれに生きる希望をあたへてくれた。

民衆の威力　楠　政市

極端な専制政治をやって、恨みのタネをまけば、どうせ倒されるのは当然である。が、まさか国運を賭しての戦争中にあんな大騒動がもちあがろうとは意外であった。ぼくは号外を手にして、思わず快哉《かいさい》をさけび、血をわかせた一人であった。
みかけは強くても案外よわいのは専制の力である。いちど民衆の奮起にあえば、朽木《きゅうぼく》（くさった木）よりもろかった。真の自覚なき、烏合《うごう》の勢《せい》は、ついに何ごとをも成就するものでなく、かえって個々の身を危うくするものであることをまざまざと教えられた。

大きな同盟罷工《どうめいひこう》　神戸　立花秋太郎

ロシア革命勃発の号外を手にした当時、じつにおどろいた。革命は何のためぞ。この革命たるや、じつにわれわれ労働者、資本主は後学のため学ぶべきなりとおもう。

他山《たざん》の石《いし》もて磨《みが》けど　八幡支部　柴田日東

わが日本帝国は、文明国だ一等国だなんてさわいでいるが、そのじつわれわれの処置にはいっこう無頓着《むとんじゃく》（まったく気にかけない）らしい。われわれは第四階級にある平民だ。むろん平民でたくさんだが、われわれも文明国の労働者となりたいものだからね。

先《ま》づ目《め》を覚《さま》せよ　南千住支部　松村信一

労働者が資産家にたいする不平不満、また生活上の不安心は昔日《せきじつ》より、つもりつもりて一機会あれば必《かなら》ず破裂するだけに膨張せり。ロシア革命は、資産家対労働者の競争なり。労働者は個人としては、はなはだ弱者なり。ゆえに一致団結して、その衛《えい》（まもり）にあたれば、その力よろしく資産家にたいするを得べく

……

正《まさ》に危機は近《ちか》づく　大島町　深川中嶺

社会主義なんて、いまがいままで学者の空想とばかり思っておった――が、しかし、生産機関の共有も土地の分配も、荒けずりながら出来あがったからおもしろい。

吾等《われら》の得《え》たる教訓　大阪第一　安本　仁

ロシアの革命によって、われらに与へられた第一の印象は、団結の力の偉大なることであった。多年きょくたんに自由を束縛されて、悲惨なる境遇にあった露国の労働階級が、意外にも自己の手に一躍《いちやく》して（にわかに）、自由の天地を創造しえたのは、じつにこの偉大なる団結の力と不断の努力のたまものであったと、われらは信ずる。

（注）『労働及産業』第7巻第10～11号所収、大正7・10～11。今井清一編、解説『大正思想史 1』筑摩書房、昭和53・2。

一九一七年（大正六）三月（ロシア暦二月）――労働者のストライキと食糧（〝パンよこせ〟）デモに軍隊が合流し、二月革命がおこり、ニコライ二世は帝位を弟にゆずったが、同人はそれを辞退したので、さしも三百年以上も繁栄を謳歌したロマノフ王朝のツァー体制はここに倒れた。

首都に労働者・兵士の代表からなる〝ソヴェト〟（会議の意）が生まれ、軍事力をにぎり、一方自由主義派国会議員よりなる臨時政府が樹立し二重権力体制が現出した。この仮政府は戦争続行をきめたために、国内情勢は昏迷し、うちわもめをやった。十一月（ロシア暦十月）、ボルシェビキ（多数党の意）が武装峰起し、政権をにぎり、レーニンを首班とする世界初の労農政府が誕生した。

ロシアさいごの皇帝ニコライ二世（一八九七〜一九一七）は、二月革命で退位後、家族とともにトボルスク（ロシア中部）の片田舎に幽閉されていたが、十月革命後、銃殺された。

かれは先帝以来の虐政により、人民の不満や怨恨のすべてを背負って逝かねばならなかった専制政治のあわれむべき犠牲者でもあった。


このロシア革命の影響は、わが国にじわじわと現われた。大正七年（一九一八）——富山県中新川郡《なかにいかわぐん》西水橋町で起こった米騒動は、たちまち全国に波及したし、世界の大勢に逆行する頑迷固陋《ころう》な思想を撲滅しようと、学生運動も胎動しだした。

ロシアにおいて労働者階級によって〝社会主義革命〟が成功したというニュースは、わが国の前衛的な学生を刺激し、それに呼応するかのように、社会改革実現のために行動を起こした。

一　吾徒《われら》ハ　世界ノ文化的大勢タル　人類解放ノ新気運ニ協調シ　之《これ》カ促進《そくしん》ニ努《つと》ム
一　吾徒ハ　現代日本ノ正当ナル（道理にかなった）改造運動ニ従《したが》フ
（注）『LA PIONIRO 先駆』創刊号（大正9・2・1）より。

を綱領（基本方針）とする「新人会」が、大正七年（一九一八）十一月東京帝大に生まれた。

これは吉野作造（一八七八〜一九三三、明治から昭和期にかけての政治学者）らの指導のもと、学生を中心として生まれた社会主義思想の運動団体であった。特高が秘かに調べたところでは、つぎのように報告されている。「新人会」は、会員数三十七名。機関誌『同胞』（毎月一回、二〇〇〇部）を発行し、主幹者（中心的人物）は、赤松克麿（明治27年生まれ、府下日暮里町谷中本町二番地斎藤方）である。ほかに「新人会」の中心人物としては、

顧問　吉野作造　森戸辰男

会員　佐野　学　岡上守道　新居　格　嘉治隆一　麻生　久
棚橋小虎　新明正道　辻崎一雄　早坂二郎

などがいる。

「暁民会《ぎょうみんかい》」は、大正八年（一九一九）二月に、早稲田大学において創設された運動団体である。会員は六十名。主幹者は、高津正道（明治36生まれ、府下戸塚町大学源兵衛二三一）である。

会員としては、

高津正道　高瀬　清　三田村四郎　原沢武之助
本多秀麿　中名生幸力　浦田武雄　林（?）忠義
八幡兼松　山上正義　池上武士
露人　エロシェンコ　鮮人　元鐘麟　韓硯相

などが名をつらねている。

脈絡（つながり）としては、

（注）大正十年四月十五日調《しらべ》　思想団体表　内務省警保局より。

建設者同盟　新人会　東京北郊自主会
オーロラ協会　東京労働運動同盟会等

「暁民会」は、「いっさいの旧勢力を排して、新秩序の創造を期」したもので、おなじく早大の「建設者同盟」（大正8・10成立）は、「もっと合理的なる新社会の建設」を綱領としていた。また法政大学には、当時勃興したる自由主義の波にのった「扶信会《ふしんかい》」という思想研究団体があった（図書怠人「大正十年度」『法政大学報』第十三巻・第二、三号所収、昭和10・3）。

ついで全国の大学・高等学校・専門学校などに、〝社会思想研究団体〟が、つぎつぎとつくられていった。そういった研究団体中――一高、三高、五高、七高、佐賀、浦和、新潟の七高等学校の「社会科学研究会」が、大正十一年（一九二二）九月に連合し、「高等学校連盟」（いわゆるH・S・L）を組織し、同年十一月、「新人会」（東大）「建設者同盟」（早大）などが中心になって「学生連合会」（全国の大学、高校、専門学校計二十六校）を結成した。この団体は、社会科学の研究と普及を目的とするものであった。[3]

大正十二年（一九二三）の後半より、翌十三年（一九二四）前半にかけて、一般の社会主義運動はいっとき沈滞状態となり、学生の思想運動も潜伏の状態にあった。が、大正十三年の後半から双方しだいに活動をはじめ、「学生連合会」（学連）は、東大において全国大会を開催し、名称を「社会科学連合会」[4]とあらためた。その下に関東、関西、東北の三地方連合会をもうけ、研究、普及、宣伝を新方針とした。

学生の社会運動

これは、大正七年（一九一八）ごろにはじまり、昭和七年（一九三二）にいたって禁圧されるまで、前後十数年にわたった特異な社会運動をいう。学生は近代資本主義社会において、まとまった資産をもたぬ無産階級の構成員であり、その社会的地位の向上と解放のために団体運動を組織し、活動した点にその特徴があった。かれらは資本主義社会の矛盾に直面し、その解決のために社会運動に身を投じた（菊川忠雄『学生社会運動史』海口書店、昭和22・6、二一〜三頁）。

学生による社会運動は、けっして大衆的組織とはならなかった。しかし、治安を維持するのを仕事とする当局からみれば、それは共産主義運動の一端であり、マルクス主義、レーニン主義の理論と実践を目標とするものであった。(5)

社会運動のすべては非合法の行為であり、その時代の社会規範（法律）を無視する者は、当然処罰された。

学生の社会運動など、労働者からみれば、じつに青くさいものであり、高等遊民のおあそびと考えられていたかもしれない。

社会運動の宣伝・教化の形態（かたち）は、どのようなものであったのか。

民衆の感情にうったえることを手段とするもの……演説　座談会　歌　演劇（芸）　活動写真（映画）

出版物、広告、看板などを手段とするもの……書物　新聞　雑誌　ポスター　ビラ

学習と啓蒙活動を手段とするもの……研究会　講習会　読書会　座談会

2　法政大の学生および教員による社会主義運動

大正十二年（一九二三）、弁論部の学生約三十名を中心に、「法政大学社会問題研究会」が発足した。それを指導したのは、

北沢新次郎（一八八七〜?、早大卒。早大教授、学士院会員）……大正初期、東大の「新人会」に対抗して、浅沼稲次郎らと「建設者同盟」（早大学生運動の草分け）を創立し、学生らの指導にあたった。のち東京経済大学学長。

平《たいら》　貞蔵《ていぞう》（一八九四〜?、法大教授）……東京帝大政治学科に在学中、「新人会」に属し、また「社会思想社」の結成にくわわった。

らの教授であった。

昭和三年（一九二八）末、「関東学生社会科学連合会」の神田地区の委員四名のうちのひとりは、伊藤菊治郎（法政）であった。昭和四年（一九二九）末、大学・高校・美校・医大の会員は、約六〇〇名。このうち法大生は三〇名と、特高の調査は報告している(6)。

同年の日本共産党の大検挙（三・一五、四・一六事件）のさいに、法大生一名が逮捕され（3・15）、ついで在学生一名と中途退学生四名がつかまっている（特高資料による）。

	検挙数	起訴	釈放	放校	退学	停学	訓戒
昭和五年（一九三〇）	8	2	6	4	1	2	1
昭和六年（一九三一）	37	4（猶予）	26	1			16

昭和六年にきわだって法大の逮捕者が多いのはなぜであろうか。この年、満洲事変が起こっており、日本が急速に軍国主義化にむかったから、その反動であろう。

さらに昭和九年（一九三四）から太平洋戦争が勃発した昭和十六年（一九四一）までの間に検挙された法大生数は、つぎのようになる。

	検挙数	起訴	釈放	放校	退学	停学	訓戒
昭和 九 年（一九三四）	16	7 留保	9			1	6
昭和十一年（一九三六）	11		11				
昭和十五年（一九四〇）	鮮 4	鮮 2 留保					鮮 2
昭和十六年（一九四一）	鮮 6	鮮 2 留保	鮮 3				鮮 5

（注）鮮とあるのは、朝鮮人学生の意。特高資料の表記のまま。

検挙された学生は、いずれも治安維持法違反によるものであった。

つぎに学内の研究団体名（左翼系をもふくむ）をしるすと、つぎのようになる（特高が調べたもの）。

団体名称	創立年月日	活動概況
法政大学弁論部	明治45年	関東学生雄弁連盟に加盟している。
法政大学社会問題研究会[7]	大正12・?	北沢新次郎、平貞蔵教授らが指導。
法政大学社会学会	大正14・3	学生社会事業連盟に加盟し、研究会をひらいたり、社会事業団体の見学などをおこなっている。
法政大学政経学会	大正14・4	機関誌『政経志林』を発行し、ときどき研究会、座談会などをひらく。
法政大学新聞学会	昭和3・6	毎月二十三日、「法政大学新聞」を発行。
法政大学政治経済学会	昭和3・12	不定期に研究会、講演会をひらく。
R　S	昭和4・4	この団体は、機関紙『研究前線』を発行。昭和七年五月、「Y友の会」に解消。
法大自由主義研究会（会員四〇名）	昭和5・4	各月に研究会をひらいたり、卒業会員の送別会を開催することがある。
共産青年同盟（法政細胞*）	昭和6・5	
学消　法政支部（会員三九名）	昭和6・6	機関紙『開拓者』を月二回発行。経営主義具体化のために活動している。

自治学生会	昭和7・5	機関紙『学生前線』やビラなどを発行するが、検挙者が出たため活動を停止した。
日本共産青年同盟（法政細胞）	昭和8・1	昭和八年一月、組織再建のため、横山隆らにより準備会を結成。『法政の友』を発行。
ドイツ語会	昭和8・?	ドイツ哲学、文学、語学などを学ぶ。夏休みに合宿がある。
法政大学映画研究会	昭和9・4	合評会、座談会などをひらくほか、ときどき撮影所を見学。
法政大学劇研究会	昭和10・1	ニュース「劇研」を発行するほか、ときどき講演会、座談会などをひらく。
英文学研究会（会員二八名）	昭和10・4	毎週一回、吉武好幸教授が「エリオ・ミル」の論文を講義。
外濠文学会（会員二〇名）	昭和10・5	機関紙『エトワール』を創刊。座談会をひらくことがある。
読書会（名称は不詳）（会員一〇名）	昭和10・11	週一回、東大生らと『日本資本主義の分析』（山田盛太郎著）をテキストとして、下宿で読書会をひらく。
法政大学政治経済学会（学部）	昭和13・12	不定期に講演会、研究会などをひらく。

＊〝細胞〟とは、共産党の末端組織。別称は〝ячейка《ヤチエイカ》〟（ロシア語で〝細胞〟の意）である。

また設立の年月日は定かではないが、つぎのような研究団体があった（満洲事変が起こった昭和六年（一九三一）から二・二六事件がおこる同十一年（一九三六）までの間にあったものか）。

ドイチュ・イデオロギー	三木清を中心とする研究会。
経済学批判序説	戸坂潤を中心とする研究会。
自由主義研究会	豊島與志雄教授を中心とする研究会。機関誌『ラ・リベルテ』を刊行。
文芸研究会	淀野隆三を中心とする研究会。『十九世紀欧州文芸思潮史』を使用。
二水会	唯物論研究会法政支部。
カウツキー[8]研究会（科学主義研究会）	京大の滝川事件を契機として結成された。
大学自由擁護連盟	「大学自由擁護連盟」法政支部の発展したもの。
日本資本主義分析研究会	相川春喜を中心とする研究会。
農業問題研究会	
科学研究会	

（注）郡山澄雄「わたしの法政時代——盛んだった研究活動　孤独を救った友人と師」『法政大学新聞』掲載、昭和28・11・11を参照。

昭和四年（一九二九）は、共産党の大検挙（四・一六事件）や東京市電のストライキ、世界恐慌が起こった年であった。年のくれの十二月四日、法大生は、軍事教練、反動政治、帝国主義戦争などに反対するビラをまき、物議をかもした。

それは近衛歩兵第一旅団の営庭《えいてい》（兵営内の広場）で、軍事教練の査閲がおこなわれる直前に起こった。田安門の前に、不穏なビラ数枚がまかれた。その文面は、つぎのようなものであった。

軍教其の他一切の反動政反対！
帝国主義戦争反対！
査閲をボイコットしろ！
日支・日鮮・日台の学生団結万歳
反帝同盟万歳

反帝同盟法政班

不穏文書をみつけた配属将校はびっくりし、大学側と協議し、とりあえず麴町署に依頼し、学生が乗り降りする主なる駅と道路などを警戒させた。

学校当局は、教練の主旨をよく理解しているので、不穏分子の発見に努め、犯人をみつけしだい、ただちに放校処分に附する方針だとのべた。

昭和五年（一九三〇）から翌六年（一九三一）にかけて、法大生による情宣（情報と宣伝）活動がさかんになり、ビラまきが活発化した。国内的には、不況が深刻化し、企業による人員整理、賃金カット、労働強化が進行した。軍部や右翼団体は、ファシズム体制を確立し、対外進出をさけび、やがて満洲事変（侵略戦争）が起こった。

昭和五年、学内の研究団体は講演会をひらき、檄文《げき》（大衆につげる文書）をとばした。

弁論部の講演会・座談会……新館講堂において、戦旗社（東京麴町三番町二八にあった出版社。大衆雑誌『戦旗』を刊行）の幹部・山田清三郎、藤枝丈夫をまねいて講演会を開催（2・1、午後一時から四時半まで）。のち座談会を神楽坂の「東洋軒」でひらいた（午後六時～八時半まで）。

新興文学講演会……「文芸評論会」は、講堂において講演会をひらいた（4・26）。聴衆は約百名。講演者は大宅壮一、小林多喜二、三木清らであった。

全国の各大学、高等専門学校の代表による弁論大会がひらかれた（10・4、正午より午後四時半まで。聴衆は約二五〇名）。戦旗社の法政支局の責任者は、楠幹（予科二部の一年生）であるが、中野署に逮捕された。同人を取り調べた結果、平田喜一郎（予科一部）が、無産青年および労働新聞の法政支部の責任者であることが判明した。

〝ビラ〟散布事件としては――

資本家地主の建国祭を葬《ほおむ》れ！

革命的代議士を議会へ送れ！

全法政の学生諸君に檄す

（これは〝赤紙〟に印刷したもの）

6月26日、学内に配布された。

東京商大（現・一橋大学）のキャンパスでビラまきをやっていた村沢武彦（法大生）は、錦町署に引致《いんち》（ひっぱられ）取調べをうけた。

大阪市天王寺公会堂において、法政大学と関西大学対抗の「学生講演会」が開催された（10・12）。聴衆は約七〇〇名。このとき法政の幡野周飛蘭は、「法律の階級性と法学徒」と題して、また関学の水野政成は「資本家的社会政策の批判」といったテーマで講演しようとしたが、論旨不穏のかどで中止を命じられた。

法大弁論部主催の「全国学生雄弁大会」が、講堂でひらかれた（11・22）。聴衆は学生が約一三〇名、一般が二〇名。弁士のなかに過激な演説をした者がいたという（特高の報告）。

昭和六年（一九三一）も、社会運動やビラ配布が少なからず起こった。年明けに、戦旗社に出入りしていた柴田武二（法大高等師範部国漢科生。今市《いまいち》中学校出身）が、郷里の栃木県において、非合法の左翼労働組合を組織しようとして逮捕された。

法大のR・Sは、学内にビラをばらまいた（2・9）。また法政大学読書会連盟は、メーデーに関して赤と白の紙に、――

明日は学校をサボってメーデーへの参加あるいは参観の後に、直ちに懇談会をもって、その経験と力を直ちにおれたちの当局に対する闘ひに激発させろ！　R・Sに加入して、その指導により、しこうして労働者農民の闘争との結びつきの下に……

といった文を書いたのち、つぎのようなスローガンをかかげた。


学校の営利化絶対反対！

反動興行訪欧飛行絶対反対！

メーデーを通じてR・Sの拡大強化万歳！

被圧迫階級の解放万歳！

（注）これらのアジビラは、メーデー（5・1）前後にまかれたものか。

また軍事教練に反対する学生は、

野外演習絶対反対
軍教費（軍事教練の代金）五円を撤廃せよ

のビラを学内にまいた（6・2）。

昭和八年（一九三三）は、ファッショ的風潮がつよまり、京大の滝川事件（鳩山一郎が文相のとき、京大法学部教授・滝川幸辰の著書『刑法読本』ほかが、赤化思想であるとし、同人を罷免した）が起こった。以後、学問の自由は失われた。プロレタリア作家・小林多喜二が虐殺された。

滝川問題に関連して、昭和八年九月下旬、明治大学体育館地下室ホールにおいて、極秘裡に「大学自由擁護連盟」の関東委員会をひらこうとしたとき、学生十名（東大一名、東京商大一名、明大三名、法政大三名、大正大一名、東洋大一名）が検挙された。このうち三名をのぞき、取調ののち即日または翌日釈放された（昭和八年十月編「彙報」第二十七号、文部省学生部）。

昭和十年（一九三五）十一月ごろ、法大生七名（うち三名は予科生）は、東大生らと読書会を組織し、下宿または弁論部室において、山田盛太郎(9)『日本資本主義分析――日本資本主義における再生産過程把握』（岩波書店、昭和9・2）をテキストとして研究会をおこない、またあるときは東大生に講演をなさしめた。

読書会が発覚したことにより、大学当局は、昭和十一年二月二十二日付で、つぎのように処分した。

無期停学……二名
譴責《けんせき》処分……三名
訓戒……三名

昭和十一年（一九三六）は、二・二六事件がおこり、日独伊防共協定が締結された年である。この年、メーデー禁止令が出た。同年一月下旬、法大生七名（うち三名は予科の生徒）が検挙された。

3　法政を追われた教師たち

大正十五年（一九二六）の春――法政大学から赤化教授を一名だした。文学科、哲学科において「社会政策」を担当してきた小林輝次教授（一八九六～一九八九、社会運動家・経済学者）は、京大の河上肇門下であり、「京大労学会」（大正7設立）の創立者のひとりであった。[10]「政治研究会」（明治から昭和期の社会主義者・山川均《ひとし》［一八八〇～一九五八］が提唱した無産階級運動の方向転換論を具体化したもの）の中央委員に選出された。

また同人は野坂鉄の「産業労働調査研究所」や、「日本フェビアン協会」の創立にも関係したほか、東大セツルメント労働学校で、経済学を講じた。[11]小林は奇行の多いひとであったらしく、大正十一年（一九二二）から十三年（一九二四）にかけて兵役に服した。しかし、入営中に社会主義者として、過激な言動があった。学内では「社会思想」の同人――平貞蔵、友岡久雄教授と、思想的、感情的にも対立していた。

小林のかなり常軌を逸した言行や不人気などが学校当局に知れ、ことに学外における活動について松室致学長にとがめられ、[12]大正十五年四月、退職を願い出た。が、実際は左翼教授として法政から辞職を強要された。戦後、日本共産党に入党したが、部分的核実験停止条約を支持し、のちに除名されている。

昭和五年（一九三〇）五月、哲学科の教授・三木清は、「プロレタリア科学研究所」で知りあった小川信一（一九〇二～一九九一、昭和期の評論家。プロレタリア演劇・芸術運動にくわわる）にたのまれて渡した金が共産党の資金であった理由で逮捕された（治安維持法違反）。数日後、釈放されたが、七月になって共産党シンパサイザーとして起訴され、豊多摩刑務所に収監された（第一回事件）。判決は、有罪懲役一年、執行猶予二年。この事件により三木は、法政を追われ、日大や大正大学の非常勤講師の口もすべて失った。『大正大学一覧　昭和五年度』（大正大学、昭和5・11・15）には、

昭和五年七月十二日退職　　　講師　　三木清

とある。三木については、後述する。

前述の小林教授は、法政大学経済学部のはじめての受難者であった。

昭和八年（一九三三）には、経済学部創設者のひとりであった平貞蔵教授（一八九四～?、労働運動家。三高をへて東京帝大法学部政治科を卒業。大学院をへて法政の教員となる）が、また翌九年（一九三四）には小西憲三教授の退職をみた。平は大学の財政運営をめぐっての学内対立から辞職したようだが、真相はどうであったのか。

昭和十二年（一九三七）には、日中戦争がおこり、翌十三年（一九三八）に国家総動員法が発動し、近衛は東亜新秩序の声明を発表した。昭和十三年二月一日――「人民戦線」（反戦、反ファッショの連合統一戦線）を組織したとして、いわゆる〃労農派教授グループ〃として法政から――

阿部　勇教授（一九〇二～?）…………〔六本木署〕東京帝大経済学部の助手をへて現職。
美濃部亮吉教授（一九〇四～八四）……〔田無署〕東京帝大経済学部の助手・講師をへて現職。
南　謹二教授（一九〇四～?）…………〔荏原署〕東京帝大経済学部を卒業後、国際労働局東京支社に勤務し、のち法大教授。

笠川金作（高等商業部講師）……………［伊勢佐木署］巣鴨高商教授。

らが、治安維持法違反で検挙された。

東京朝日　昭和十三年二月二日（水曜日）

人民戰線派に第二次鐵鎚
官私大の教授等九名
大内、有澤、美濃部ら中堅學究
今曉全國に總檢擧

美濃部ら教授グループの逮捕を報じる『東京朝日新聞』昭和13・2・2付

三木は人民戦線派の第二次検挙をどのようにおもったのか。その日記に、「知人が多いので驚《おどろ》く。全くひどい世の中になったものだ」（2・1、火）としるしている。

コミンテルン（「共産主義インターナショナル」の略）の反ファシズム人民戦線の指示をうけて活動したという容疑で、検察当局は、昭和十二年十二月十五日——全国十八府県にわたって約四〇〇名の一大検挙を断行した。このとき加藤勘十（無産党委員長）、鈴木茂三郎（書記長）、学者では向坂逸郎《さきさかいつろう》・猪俣津南雄《いのまたつなお》らが逮捕された（第一次人民戦線事件）。

当局は取調べをおこなった結果、これらの一派と脈絡あるものが検束されずにいる事実を知り、極秘裡に内偵をすすめ、昭和十三年二月二日——各府県と緊密な連絡をとって一せい検挙にふみ切った（第二次人民戦線事件）。

逮捕者は、東京で十六名、全国で三十八名におよんだ（『東京朝日新聞』昭和13・2・2付）。

このとき法政では、三教授一講師の検挙をみたのであるが、学校当局の対応はどうであったのか。昭和五年（一九三〇）、同七年（一九三二）左翼シンパの容疑で逮捕された三木清、戸坂潤の前例からみて、犯罪の確定をまたず、事件の真相が判明しだい「解職」その他の処断に付され、あとは文部省に報告するだけだったとみられる。

小山松吉・法大総長は、自分の学校から教授らが四名も検挙されたことに動揺をかくすことができなかったようであり、つぎのような談話を発表した。

――人民戦線派の検挙にさいして、法政大学の教授が検挙されたといふことは、新聞社からはじめて聞くまで、私もぜんぜん知らなかった。学校からも何の知らせもない。もちろん検挙された教授たちも個人的な立場にもとづくもので、学校としても知る由もない。

しかし、教授の地位にある者が検挙されたとなれば、その事情、こんごの当局の調査の模様をよく究めて、善処せねばならぬと思ふ。

けっきょく大学当局は、逮捕の翌二月二日付で四人を休職とし、十月公判のとき解職処分とした、と『法政大学80年史』（四七一頁）にある。が、実際はどうであったのか。

このとき馘首《かくしゅ》（解雇）された美濃部亮吉（昭和7年～13年まで、六ヵ年勤めた）の証言とこれはだいぶ相違がある。

――法政は、ただちに私たちを首にした。検挙されるのと殆《ほと》んど同時だったと思う。有罪か無罪かも分らないうちに、たちまち首を切られたわけである。

美濃部は私学の経営のむずかしさをわかっていたようだ。学生がたくさん来なければ成り立ってゆかぬのが私立大学なのだから、労農派に関係があるという嫌疑をかけられただけで首にするのは当然の処理だったかとも思った。

しかし、首になったとき、美濃部は法政の冷酷な処理に大いに憤慨した（「ベルリンで受けとった採用通知」『法政』第8巻第12号所収、昭和34・12）。

三木清が法政を追われたあと、京都より上京し、法政大学講師となったのは戸坂潤であった。昭和六年（一九三一）四月のことであり、阿佐ヶ谷三ノ二五〇に住み、十二月小曽戸イクと結婚した。ときに戸坂は三十一歳であった。かれは三年後の昭和九年（一九三四）一月、法政の学校騒動が起こったとき、予科教授一同とともに辞職し、（本人いわく、「私自身も騒動で半分やめ」）、同年八月文学部を思想不穏のかどで免職になった（本人いわく、「後の半分は右翼新聞の注文で、大学当局が無理にやめさせた」（「免職教授列伝」））。その後はもっぱら著述によって生計をたてた。

戸坂は昭和十三年（一九三八）、いわゆる「唯物論研究会事件」に連座し、検挙された。唯物論研究会」（以下、〝唯研〟とする）の創立の話は、昭和七年（一九三二）四月ドイツ留学から帰った三枝博音《さいぐさひろと》（当時、成蹊高等学校教授）と知人との会話のなかから生まれたもので、仲間を誘ってしだいに大きくなった組織であった。

三枝はもともと哲学畑のひとであり、唯物論的立場からヘーゲルの弁証法（第三の解決法をみいだす方法）を研究していた。が、ドイツ滞在中に見聞した学会の動向に刺戟され、帰国後、哲学・科学の両域にわたる唯物論研究会をつくろうと思った。まず同志をあつめねばならず、個人的な友人関係者に声をかけ、さらにその友人を誘い、だんだんにその数をふやしていった。

発起人として、つぎの在京者六名があつまった。

三枝博音（一八九二～一九六三、唯物論的思想家。著述活動をつづけるかたわら鎌倉アカデミアの校長）。

岡　邦雄《くにお》（一八九〇～一九七一、昭和期の科学史家。ペンネームは小山謙吉。東京物理学校をへて一高助教授。戦後、鎌倉アカデミアの教授）

戸坂　潤（一九〇〇～四五、昭和期の哲学者。法大講師）

服部之総《しそう》（一九〇一～五六、昭和期の歴史家）

本多秋五《しゅうご》（一九〇八～二〇〇一、文芸評論家、ペンネームは高瀬太郎）

永田広志《ひろし》（一九〇四～四七、マルクス主義哲学者）

これらの主要メンバー六名は、左翼系学者・思想家であり、岡をのぞきすべてプロレタリア科学研究所の所員であった。

かれらは昭和七年（一九三二）五月下旬ごろから、月に一、二回、岡が勤めていた文化学院の職員室、三枝が関係していた「皇漢医学中山研究所」（牛込区若松町十二）の一室において会合をかさね、本会創設の趣意、目的などを概述した文書をつくり、国内の自然科学者、哲学者、歴史家などに発送した。その結果、三十四、五名の賛同者をえることができた（岡邦雄の手記「唯物論研究会に対する認識」於麴町警察署、昭和14・4・18を参照）。

法政を免職になったのち、戸坂は唯研の事務長となり、組織活動と著述に専念したが、昭和十二年（一九三七）末には執筆禁止となっており、唯研も翌十三年（一九三八）二月解散に追い込まれた。

唯研の本質、本当の目的はなんであったのか。戸坂みずから当局者につぎのように説明している。――この唯研というのは、共産主義の基礎理論であるマルクス、エンゲルス、レーニンの弁証法的唯物論を基調（テーマ）とし、自然科学・社会科学・哲学・芸術・文化一般の研究をおこない、その理論的成果を大衆にむかって啓蒙することを目的とする、と。と同時に、これをもって日本共産党の拡大強化に資することを目的とする、左翼文化団体である、とのべている。組織的には直接党に従属しないが、大衆に共産主義の基礎理論を啓蒙することを任務とする党の同伴的団体である（於杉並警察署、戸坂潤、昭和14・5・8）。

戸坂は昭和十三年（一九三八）十一月、検挙され、同十五年（一九四〇）五月まで留置場（警察署内）ですごし、のち拘置所（未決囚を収容する施設）に移され、十二月保釈になった。昭和十九年（一九四四）三月、懲役三年の刑が確定、九月一日東京拘置所へ下獄。翌昭和二十年（一九四五）五月、空襲のため長野刑務所に移され、同年八月九日そこで獄死した。享年四十五歳であった。

昭和十九年（一九四四）には、法大教授

留岡《とめおか》清男（一八九八〜一九七七、昭和期の教育家。同僚の城戸幡太郎《きどまんたろう》と「教育科学研究会」を結成、雑誌『教育』を創刊）

城戸幡太郎（一八九三〜一九八五、昭和期の教育研究家。戦時下、科学性と合理性にもとづく教育研究の道をもとめた）

ら二名が、治安維持法違反容疑で拘禁された（留置場にとじこめられた）。

両人は、教育界における指導的人物とみられていた。当局がみるところ、「教育科学研究会」なるものは、「プロレタリア教育ノ　人民前線的形態ニシテ　雑誌『教育』ノ編集部ヲ拠点トシテ活動シ来レルモノ」であった。

同年、竹内賀久治総長（校友、弁護士、国士社［右翼団体］の幹部）は、大学財政の緊縮を理由に、(13)

高橋茂教授（昭6～19在任）

亀島泰治教授（昭和9～19在任）

の辞任をもとめた。両人は給料の支払いを停止され、退職に追いこまれた。

4 三木清はなぜ法政にきたのか

マルクス主義哲学者として衆目をあつめていた三木が、終戦の年獄死したことはよく知られている。筆者が三木清の名をはじめて知ったのは、高校生のときであり、同級生が「この学校にいる三木先生（繁）は、その弟だ」と、話していたのを耳にした記憶がある。当時筆者は知的に発達不全であったし、哲学などに関心はなく、あゝそうなのかぐらいにしか思わず、話を聞きながした。が、後年、本人（繁氏）と会う機会がたびたびあり、兄の清に関する興味あるエピソードを聞くことができた。

たとえば、京大の院生であったとき、三木が、波多野精一（一八七七～一九五〇、明治から昭和期の哲学者。京大の宗教学教授）の推挙によって、岩波茂雄の出資をうけ、ドイツ留学に旅立ったのは大正十一年（一九二二）五月のことであり、帰国したのは三年半後の同十四年（一九二五）十月のことである。が、そのころのドイツはマルクがひじょうに安い、超インフレ時代であったから、外国紙幣のおかげで、為替の余沢にあずかり、書物はいくらでも手に入った。

ときどき日本に送られてくる大きな木箱をバール（鉄てこ）で開けると、その中に洋書がぎっしりと詰まっていた。帰国後、清は弟の繁《しげる》(14)と東京の借家でいっしょに暮らしたことがあったが、清はいつもタバコを口にくわえ、洋書を読んでいたという。

また明け方に特高に踏み込まれたとき、弟の繁は玄関の間で寝ていたのだが、

——ここにいる。

と、兄と見まちがえられ、連行されようとしたら、

——奥にもう一人いる！

といって、清がひっぱられた。

繁は兄の清と顔といい、体つきといい、ひじょうによく似ていた。繁は東大のイチョウ並木を歩いていたら、清とまちがわれよく学生からあいさつされたという。

わが国の西洋哲学研究の学的水準は、世界の哲学輸出国——ギリシャやローマ、英仏独のレベルと同列に論じられないであろう。が、日本人は外国から海をこえて渡ってきたこの学問に屈従することにうしろめたさを感じることなく、現実ばなれした観念の世界にあそんでいる。外国の哲学者や研究者の著述に習い、その説をうけついだり、それを参考とし、自分の創見のごとくものを発表する。要するにすでにできているものをまねているのが、わが国の西洋学の世界であるらしい。

三木が書いた論文のなかに、ドイツ文献名を明かさないものが多々あり、ドイツ文がよめるある女性がそれに気づいた話を、筆者はどこかで読んだ記憶があるが、いま思いだせない。

筆者には三木哲学のよしあし、その卓越性について論ずることはできないが、かれは少年のころから勉強のよくできる、いわゆる学校秀才であったらしい。京大生の三木を指導した波多野精一は、かれがじつにみごとな試験答案を書いたことにおどろいている（「三木清君について」）。

波多野精一

波多野は、哲学専攻（「純哲」）の三木のおどろくべき学才と学殖に驚嘆し、その知識と理解力の広さ、深さに肩を並べる者はひとりもいない、と絶賛した。人はまわりからほめそやされると、ついその気になり、自分を買いかぶってしまう。波多野は、三木がつけ上って高慢になる性格をよくしっていた。[15] 自信まんまん、おごり高ぶっていると必ず落し穴にはまるものである。三木が京大教官の口を拒否されたのが、そのよい例である。

大正十四年（一九二五）十月、ドイツ、フランス留学から帰った三木（二十八歳）は、京都市左京区浄土寺西田町に下宿をさだめ、パリ以来のパスカル研究を継続するかたわら、京大関係者と、アリストテレスの『形而上学』の講読会をひらき、その指導にあたった（「年譜」）。

三木の京大入りの人事は、かれが帰国する前から水面下でうごいていたようである。

大正末年から昭和初期に入ったころの京都帝大の哲学科（明治39・9開講）の陣容（教員、担当科目など）は、左記のようであった。

教　授　西田幾多郎（一八七〇～一九四五）　哲学　｛明治43年京大哲学科助教授。大正2年教授。昭和3・9　退官。
〃　松本文三郎　インド哲学史
〃　高瀬武次郎　シナ哲学史

〃　朝永《ともなが》三十郎（一八七一～一九五一）　西洋哲学史　（東京高師講師をへて、明治40年京大助教授。大正2年教授。昭和6・3　退官。

〃　藤井健治郎（一八七二～一九三一）　倫理学　（早大教授をへて、大正2年以後、京大教授。昭和4・4　文学部長となる。

〃　小西重直　教育学教授法

〃　深田康算《やすかず》　美学美術史

〃　波多野精一（一八七七～一九五〇）　宗教学　（東京専門学校（現・早大）講師からドイツ留学をへて、大正6年京大教授。

〃　米田庄太郎　社会学

〃　野上俊夫　心理学

助教授　田辺　元《はじめ》（一八八五～一九六二）　哲学　（東北大講師をへて、大正8年京大助教授。昭和2・11、西田のあとをおそい教授となる。

〃　和辻哲郎（一八八九～一九六〇）　倫理学　（大正14年京大助教授。昭和6・3　教授となる。

〃　天野貞祐（一八八四～一九八〇）　西洋哲学史　（大正15・8　学習院教授より、京大に移る。昭和6・3　教授となる。

岩井勝二郎　心理学

羽渓了諦　宗教学

（注）『京都帝国大学史』昭和18・12を参照し、手を加えまとめたもの。

大正十四年（一九二五）三月——三木がドイツからパリに移り、パスカルについて論文を書き、それを『思想』に送っているころ——西田幾多郎は、三月八日の午前中、朝永三十郎（一八七一〜一九五一、明治から大正の哲学者。西洋近世哲学史研究の先駆者）とともに波多野精一宅をたずね、「例の問題（人事?）を話し」た。西田は、哲学科にもう一講座ふやしたいと思っていた。

西田は若いひと（三木［一八九七〜一九四五］のことが念頭にあった?）か天野貞祐（一八八四〜一九八〇）か、とはいわず、両方《バイデ》を採りたいというようなことを波多野にいった。波多野の口からは、三木のことは一言も出なかった。かれは天野を迎えることには、はっきり不同意とはいわなかったが、たいへん不満のようすが感じられた。

天野は京大でカント哲学を専攻した者だが、波多野はかれの学問はせまいといったし、近世哲学史をやる場合、ラテン語やフランス語の素養が必要なことをいった。西田はなおよく考えてほしい、といってわかれた。

同日の午後、こんどは波多野が西田宅（田中飛鳥井町三二）にやってきて、天野の学問上の不足は、他をもってこれを補うということにしたい、といい、相談はまとまった（田辺元宛西田書簡3・8付）。

かくして大正十四年（一九二五）は、十月に三木の帰国をむかえ、またたく間にすぎ、十五年（一九二六）となった。

大正十五年四月から、三木はふたたび非常勤講師として教壇に立った。ときに二十九歳。出講先と教科は、つぎのようであった。

第三高等学校　哲学概論。
龍谷大学　フッサールの『Logische Untersuchungen《ローギッシェウンターズーフンゲン》　論理学研究』。
京大法学部　ヘーゲルの『エンチクロペディー』の講読。

同年六月、処女作『パスカルに於ける人間の研究』（岩波書店）を刊行した。この年の十二月大正天皇が死去し、年号がかわり昭和元年となった。
十五年＝昭和元年（一九二六）の暮れもおしつまったころ、三木は竜野中学の後輩で、当時京大の医学生であった坂田徳男という者と百万遍にちかいミルクホール（パン、ケーキ、牛乳などを出す飲食店）でミルクをのんでいたとき、こんなことをいった。
――こんど京大文学部哲学科宗教学の助教授になることに内定したのだ。

聞いた当人は、そうかと思った。が、後日三木が突如東京へ去り、法政で教鞭をとることになったことを知り、いささかあっけに取られた（坂田徳男「三木君の思い出」『三木清全集』第7巻月報所収、昭和42・4）。

同年十二月のある日の夕方のこと（梯《かけはし》は昭和二年〔一九二七〕二月のある日、といっているが、これは誤りであろう）、梯明秀《かけはしあきひで》（一九〇二～九六、昭和期の哲学者。一高をへて当時、京大哲学科の学生）は、ゼミに出席するために大学の正門に入ったとき、三木が悄然《しょうぜん》とした（しょげた）姿で、時計台の右側のほうから歩いてくるのに出会った。

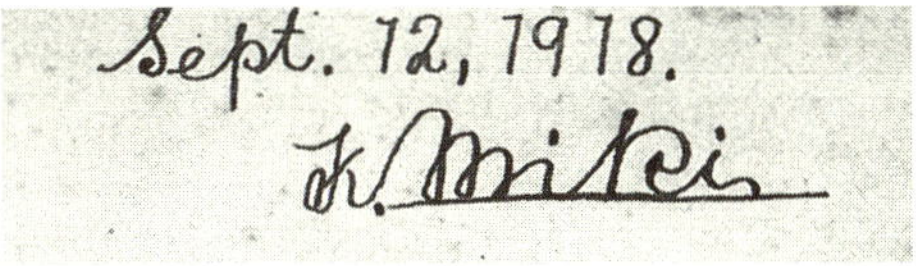

欧文による三木の署名

三木　清

——どうでした?

と、梯はたずねた。

——いや、だめだった。

と、三木は一言つぶやいた。そのとたん梯は、

——そのほうが、かえってよかったのじゃないですか。

と、不用意にいってしまった。

三木は意表を疲れた顔をして、

——ええ?

といって、相手の顔をみた。

三木はべつに怒っていなかったので、それだけで別れた(梯明秀「三木さんと、私の学生時代」『三木清全集 第3巻』月報、所収、昭和41・12)。

人事や選挙はみずものであり、運に左右されやすく、予想が立てにくいものである。三木の京大入りは、ひともうわさし、本人もそうなるものと思っていたようである。が、教授会において推すものがいなく、今回も不首尾におわった。かれの見込みは大いにはずれた。

翌昭和二年(一九二七)一月六日(木)、十一日(火)とつづけて、夜三木は、西田幾多郎教授宅をおとずれている。

1月6日(木) 夜三木来る。かれの為《ため》に忠告

〃11日(火) 三木来る 東京行に決心せりといふ

〃29日（土）　集会所にて卒業生予餞会《よせんかい》（送別会の意）
三木の送別会　天野（貞祐）の（新任）歓迎
（注）西田日記（『西田幾多郎全集　第十八巻』所収、岩波書店）より。

西田の日記にみられる「かれの為《ため》に忠告」とか「東京行に決心せりといふ」ことばは、何を暗示しているのか。

これは意味深長なことばである。前者は、相手のわるい点を指摘し、直すようにいったことであり、後者は三木が京都をはなれる決断をしたつよい意志表示をあらわすものであろう。

かれが大方の予想をうらぎって京大に容れられなかったのはなぜか。そのころ京都で三木のまわりには悪評[16]がうずまいていた。本人はそれに気づいていたのかいなかったのか、かれはいっこうに気にせず行動した。新進気鋭の哲学者としてジャーナリズムでもてはやされていたから、その身辺にはいつも若い哲学徒があつまっていた。悪くいえば、三木は教祖的なリーダーではなかったか。

まわりから崇敬の念をもって接せられるうちに、本人もいい気になり、勢いのよいことをいうようになり、人のよしあしを批評したようだ。毎月、一回か二回「哲学会」がひらかれた。それはふつうの哲学研究会というよりは、ビールをのむ会であり、お互い談笑するゆかいな会であった。

三木は酒がのめた。かれは酒をのみながら談論した。話がいよいよ佳境に入ると、ビールのあわとともにつばが向う側の席まで飛んでいった。「哲学会」の参加者の脳裏にふかく刻まれていたのは、留学中の研究過程についての土産話というより、全国の各大学で教鞭をとっている有名な哲学教授についての品評会――人物評論――学風批判であった。三木は、手あたりしだい、

――あれはえらい。

――これは情けない。

といった風に、批評というより、悪口にちかいやり方で、あれこれ品評した。(17)

その中には先輩にたいして失敬な批評もあったようである。

三木の人物ないしは、学風の評価には、一定の基準があったという。かれは大学の講壇哲学に、いろいろ不満や反発を感じていたようである。大学の講壇に立って講義をおこなう微温的な生気のない哲学者を、三木は嘲笑的に二つにわけた。


だめな学者………西洋哲学（思想）の単なる移植紹介者。(18)独創的でないもの。

価値ある学者……新たなる立場を築いている独創的な学者。学者としての生命《いのち》が、現実社会に根をおろしているもの。

三木は西田と波多野を高く評価し、本心からそういったかどうかわからないが、「何といっても西田、波多野両先生は世界的哲学者だよ」と、京大の構内を歩いているとき、昂然といったという（坂田徳男談）。


口はわざわいのもと、というが、悪口雑言《あっこうぞうごん》というものは、ふしぎなことに、いつかいわれた当人の耳に入るものらしい。

三木の遠慮会釈のない人物評価は、自分の自信のあらわれであったのであろう。若いころの三木は、心から名声に執着し、野心にもえていたという。これは自分の力量と使命とについていだいていた強烈な自信のほどによるものであった（林達夫「三木清の思ひ出」）。

大正十四年（一九二五）十二月十六日の教授会において、京大哲学科の新任人事は、二人ないし三人の候補者をめぐって同時進行したものか。

三木はおそらく停年間近の西田の後任として、その名があがったかもしれない。務台理作《むたいりさく》（一八九〇〜一九七四、大正・昭和期の哲学者。西田の弟子。三高、同志社女専講師をへてドイツに留学）の名があがったが、波多野が激しく反対し、見あわすことになった。

朝永《ともなが》の後任として、天野の人事だけが教授会を通り、決定した（公式の発令は、大正15・8）。年のくれのこの日の教授会は、三木が帰国して約二ヵ月後のことだった。

教授会でどのような話が出たものか、想像するしかないが、朝永教授は中立であったろう。波多野は三木の名をあげ、支持したであろうが、西田と田辺は消極的であり、あと押ししなかったということであろう。けっきょく三木は候補からはずれ、宙にういた形になった。

大方の予想に反して三木が任用されなかったということは、物議をかもしたであろう。何よりも本人にとって一大の痛恨事であったはずである。教授会の雲ゆきがかれに不利に働いたには、いくつか理由が考えられた。

一　私生活に関するうわさ

一　同僚となる者のねたみ

後年、京大で教鞭をとるギリシャ哲学の田中美知太郎（一九〇二〜八五、法大・東京文理大講師をへて、昭和22年［一九四七］京大助教授、同25年教授）によると、私行上のことだけでは、ふつう排除の決定的な理由にはならないという。『パスカルに於ける人間の研究』（岩波書店、大正15・6）に示された三木のはなばなしい活躍に、まだ若かった助教授の田辺元（当時、四十一、二歳）は、「油断のならぬライバルを意識させ、それが各種の中傷をうけいれやすくしていたのかも知れない」という（田中美知太郎『時代と私』文藝春秋、昭和45・4、七〇頁）。

才知において断然他を圧していたがゆえに、嫉視《しっし》（ねたみ）や反感の的となり、中傷されたのかもしれない。

私生活に関するものは、醜聞《スキャンダル》（聞きくるしいうわさ）であった。というよりは公然の秘密であり、哲学科の教員らにもある程度知れわたっていた。それは女性問題であった。

三木には、かれみずからが〝シュタイン夫人〟と呼ぶところの女性がいた。シュタイン夫人（一七四二～一八二七）とは、ドイツ・ヴァイマール公国のフォン・シュタイン男爵夫人のことで、十一年以上もゲーテと親密な関係があった女性のことである。三木が失恋して、失意のどん底にあったとき、かれの慰め手、かれの生活設計の破壊者として現われたのは、その女性であった（林達夫「三木清の思ひ出」）。

それはいかなる素性の女性であったのか。その女性のことを最もよく知る者は——

谷川徹三（一八九五～一九八九、昭和期の哲学者。京大を出て、昭和三年［一九二八］法政大学教授）

同　夫人（旧姓・長田多喜子）

林　達夫（一八九六～一九八四、昭和期の評論家。一高をへて京大選科を出る。のち法政大予科講師、東洋大教授）

らであった。

林の女友だちに、のちに谷川夫人となる長田多喜子がいた。林の妹が多喜子と同志社の女学校で友だちであった。(19) 多喜子は京都府選出の代議士の娘であり、家は郊外の淀《よど》にあった。同志社の英文学部を出

シュタイン夫人

ているピアニストであり、東京の音楽学校をやめ淀へもどり、京都の病院に胸の病気で入院している姉の看護をしていた。

　ちょうど三木が京大から第一高等学校の記念祭に贈る歌をつくり、その作曲をこのピアニストにたのんだ。やがてこのことが縁となり、三木はその女性に恋愛感情をいだくようになった。作曲はとくべつすばらしいものではなかったが、三木にとってそれが恋愛のはじまりになればよいと思ったようだ。

　ピアニストは、三木の求愛をやんわり拒否したようである。なぜなら彼女は谷川との恋愛が進行していたからである。三木がたのんだ作曲は、結果において〝恋愛葬送曲〟もしくは〝遁走曲《フーガ》〟になってしまったのである。

　林の女友だちのこのピアニストは、じつは三木のシュタイン夫人の娘にピアノを教える先生でもあった。傷心の三木の心のなかに入ってきたのはシュタイン夫人であった。フルネームはわからないが、姓は藤江といい、子供が三人ある未亡人であった。

　　長女…………長田多喜子からピアノを教わる。

　　長男…………林の中学校時代からの友人。

　　次男…………三木がその家庭教師。

藤江夫人は、学問好きの未亡人であった。三木は当時京大の院生——特別給費生であった。家庭教師として藤江家に出入りするうちに未亡人と親密になったものであろう。三木ははじめは少なくとも受身的であったが、やがて溺れるようになり、ついには林にその情事を得意然として誇示するまでになった。

三木のあからさまの話を聞いて、林はかれにたいする友情が急速にさめてゆくのをどうすることもできなかった。三木は最も有力なる、将来の教授候補者であったが、人事がおこる前、文学部の部長をしていたF教授（不詳、倫理学の藤井健治郎か美学美術史の深田康算のことか）は、林の自宅（西洞院通《にしのとういんどお》り中立賣《なかたちうり》）にやってきて、三木の行状について三十分ほど訊問した。

F教授は林の父の友達であり、また達夫の保証人でもあった。京大の選科生となるにさいして世話になった人である。林は相手の質問にありのままに答えざるをえなかった。林が語る話は、三木にとって不利な証言であった。京大の講座を得ることに汲々たる執着をもっていた三木にとって、やはり藤江未亡人とのスキャンダルは致命的であった。

もうひとつ三木には、金にまつわる黒いスキャンダルがあった。かれがドイツ、フランスの留学をおえて帰国したのは大正十四（一九二五）十月である。翌十五年＝昭和元年（一九二六）四月に三高や私大の非常勤講師をはじめるまで、約半年ほど原稿料を除くと定期的収入がなく、のらくら暮らし、下宿で仲間とアリストテレスの『形而上学』の講読会をもっていただけである。

大正十五年三月二十五日――この日、西田は第三高等学校校長・森外三郎（一八六五～一九三六、大正十一年～昭和六年まで校長）と会って、三木（二十九歳）にまつわる話をしている。


（前略）外《ほか》の話はとにかく　三木が帰る時　藤江から五六百円の金をもらったといふ件は　森君（森外三郎のこと）が藤江の未亡人自身の口から聞いた話で　どうしても三木の嘘《うそ》としか思はれませぬ　私に対して一も二もなく否定してゐた彼の態度を遺憾に思ひます。

（田辺元宛西田書簡、大正15・3・25付）

「三木が帰る時」とは、いつどこへ帰るときなのか。この文章だけではよくわからないが、これはおそらくヨーロッパから帰国するときのことをいっているのであろう。藤江未亡人から、いまの金にして二五〇万円（？）もの大金をもらっている。これは何のための金であったのか。三木の生活や研究を助成するための金（書籍代）であったのか。いずれにせよ使途不明の金である。

また三高の校長と藤江未亡人との接点が不明である。なぜ彼女が森校長と会って、金を三木にあたえたことを語ったのか。ふかい謎として残る。

三木の人事の結果は、前年の大正十四年十二月と翌年十五年くれの教授会においてはっきりと出ているが、三木が友人らの勧誘にもかかわらず上京もせず、長いこと京都にぐずついていたのは、かれらからみれば、まったく見込みのない一縷の望みをむなしく京都大学につないでいたからである。

西田も三木の人事の件では後悔し、また内心忸怩たるものがあったはずである。しかし、「いまのような有様ではどうも大学へというわけにはゆかず」（田辺元宛書簡、大正15・3・4付）といい、わたしもこれまでの心的態度をすてる必要があるといっている。

三木がこんな人間になったことに自分も責任がある、と。三木をよい人間にするために、まごころをもって忠告してみたいといっている。

三木は問題の金をもらっていない、と西田に言ったであろうが、西田は信じなかった。この先生は他人にたいしてきわめて寛容であったが、虚偽（うそ、いつわり）とか偽善（みせかけの善事）にはがまんがならず、激怒することもあった（天野貞祐「西田先生のこと」『現代人生論全集1　天野貞祐集』所収、雪華社、昭和41・10）。

だから西田は三木をしりぞけ、いったん京都を去らしめたほうがよいと判断し、そういう意見を波多野にのべた。が、三木を東京へやることに波多野は同意しなかった（田辺元宛西田書簡、大正15・11・4および11・8付を参照）。

ところで三木は、例のシュタイン夫人をどのように思っていたのか。単なる情事の相手としてみ、交際したのか。三木によると、人間というものはいつも恋をもとめているものという（『山内朝資遺集』非売品、大正11・10、二一九頁）。

シュタイン夫人（藤江未亡人）とは、ふたまわりほどの年齢差があった。知りあったときは、相手は五十代、三木は二十代であった。三木は彼女の性格に惹かれたものらしく、二人の愛は真実のものであったという（山内朝資宛三木書簡、大正9（一九二〇）6・21付。姫路歩兵第十連隊第六中隊第五班より）。

彼女はわざわざ京都から姫路へ出かけ、入営中の三木と会っている。三木は大正九年（一九二〇）四月、徴兵検査をうけ、結果は第二乙種、同年七月京大を卒業した。八月、教育召集され、姫路の第十連隊で一ヵ月軍隊生活をおくった。

「十二日に私は此処《ここ》で彼女に逢《あ》った。そして私は私が彼女を真実に愛してゐることを見出した。それは私には喜びであり悲しみでもある。君は私が或《あるい》は道徳的に堕落するかも知れないと云ふ。私は如何《いか》に考へてい〻のか分らない。走れる所まで走ってみるのだ、外《ほか》に手がない、と君は云った。

私にもそれより外に途《みち》がないやうに思はれる……」（同前）。

三木の京大入りが絶望的であったころ、東京の法政大学では、

矢崎美盛《よしもり》（一八九五〜一九五三、昭和期の哲学者・美術史家、のち東大教授）

河野与一《こうのよいち》（一八九六〜一九八四、昭和期の哲学者・フランス文学者、のち東北大教授）

の両教授が、同時に法政の哲学科をやめようとしていた。三木と谷川が後任として推され、両人の人事は教授会を異議なく通った。

谷川はすぐ就任を承知したが、「三木は素気《そっけ》なく断わってきた」。河野らは、三木が京都に〝残れる途《みち》がついたと思い、かれのために喜んだ。

ところが、学年も押しつまってから、

「ホウセイナントカタノム」

という電報が舞いこんだ（河野与一「和辻さんの心遣ひ」『三木清全集　第10巻』月報所収、昭和42・7）。結果において、それが三木その人にとってよかったことかどうかわからないが、かれが法政にきたことで、この大学の文学部のみならず、哲学科の令名（評判）が上がったことはたしかである。三木本人にとっては、東京行は苦しみ悩んだ苦渋の選択であったかと思われる。

三木は昭和二年（一九二七）春、京都におけるいっさいの教職を辞して上京すると、下宿を本郷菊坂の菊富士ホテルに定めた。かれは大学で教えるほか、岩波の編集、出版事業に協力するかたわら、論文の執筆、翻訳、講演など大いに活躍した。

同年四月、三木は文学部哲学科の主任教授となり、日本大学[20]と大正大学、さらに文化学院[21]の講師をかねた。

法政に勤めるようになってから、ある晩のこと、東京朝日新聞社の講堂で「公開哲学講演会」が開催された。林達夫も来ていた。三木が壇上に立つ順番がきたとき、林は講師控室を出て、講堂の二階席へ行こうとし、扉をおして中に入った。聴衆は少なく、わずか十数名といったところ。

聴衆をちらっと見たときのことである。その中に見覚えのある、小柄な中年の婦人のすがたが、林の視野のなかに入ってきた。その女性は、遠い壇上のほうに吸いつけられるように、前身をのり出して講演者を見入っていた。林ははっと胸をうたれ、そのまゝ急いで廊下に出てしまった。

演壇の三木を食い入るような目でじっとみつめていたのは誰あろう、あの〝シュタイン夫人〟であった（林達夫「三木清の思ひ出」）。

5　法政における三木清

三木は法政においてどんな科目を担当し、どのような授業をおこなったのか。かれは法政に着任した昭和二年（一九二七）当時、一週十四時間（七コマ）うけもった。翌昭和三年（一九二八）の文学科、哲学科の担当科目をみると、

哲学概論　　西洋哲学史概説
古代中世哲学　　哲学演習
倫理学演習　　哲学特殊研究

となっている。これらの科目の内容については明らかでない。このほか大学予科（第一部、第二部）の哲学概論を受けもっている（『法政大学史資料集　第二十集』平9・3）。

同僚であった谷川徹三によると、講義としては――

哲学概論　　ヘーゲル研究　　アリストテレスにおける精神の現象学

などを、それぞれ一週に二時間ずつ、おこなったという。

また演習としては――

アリストテレス Aristoteles の「エティカ」Ἠθικά《エーチカ》、
ニコラ・マールブランシュ Nicolas Malebranche（一六三八〜一七一五、フランスの哲学者・修道僧）の Recherche de la vérité《ルシェルシュドゥラヴェリテ》『真理の探求』（一六七四〜七五）。
ヨハン・グスタフ・ベルンハルト・ドロイゼン Johann Gustav Bernhard Droysen（一八〇八〜八四、ドイツの歴史家）の＊Grundriss der Historik《グルントリスデアヒストーリク》『歴史綱要』（初版は一八五八年刊）。

＊三木文庫に同書の第二版（一八七五年）がある（全84頁）。K. Miki の署名がある。おそらくベルリン滞在中にもとめたものであろう。（注）欧文や注、ルビは引用者が書き入れたもの。

［課外授業］

などをテキストに用いたとのべているが、いつのことか時期がはっきりしない。

三年の間、三木の講義や演習のすべてをとり、かつそれに出席した桝田《ますだ》啓三郎（一九〇四〜一九九〇、西洋哲学。のち都立大学教授）は、

デカルト Descartes の演習（用書は不詳）。
アリストテレスの『詩論』Περὶ Ποιητικῆς《ペリポイイティキース》『ニコマコス倫理学』＊Ἠθικὰ Νικομάχεια《エーチカニコマケア》

などを受講している。

＊アリストテレスの倫理学に関するものを、息子のニコマコスが編集したもの。三木文庫にオットー・アペルトが編んだ『アリストテレスのニコマコス倫理学』Aristotelis Ethica Nicomachea（一九一二年刊）がある（全279頁）。全文ギリシャ語であり、ところどころに下線が引かれ、余白に——（たて線）がみられるが、三木の書入れのようだ。

桝田はデカルトの演習に出るために、フランス語を自習せねばならなかったし、アリストテレスの演習は一対一の授業であり、ギリシャ語の原書やラテン語訳を使うため、苦しいものであったが、たのし

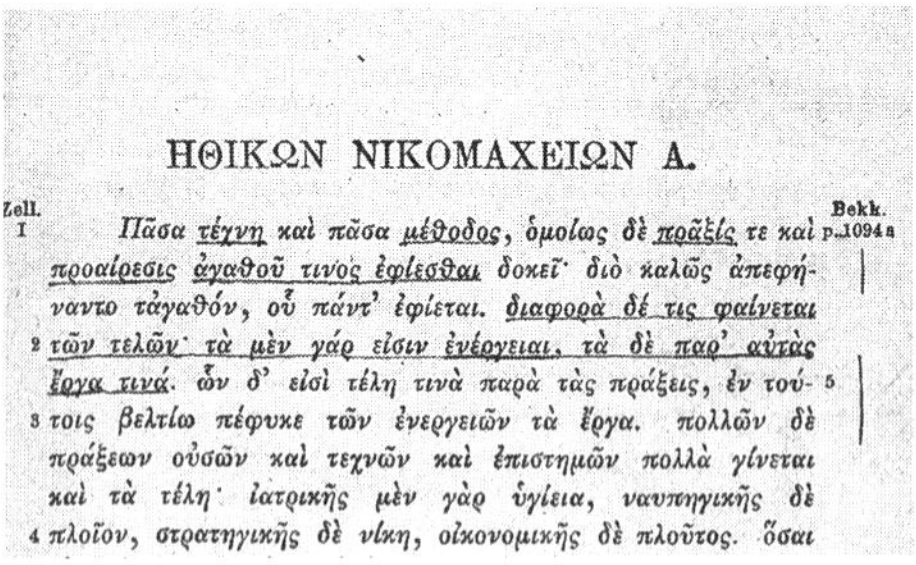
ΗΘΙΚΩΝ ΝΙΚΟΜΑΧΕΙΩΝ Α.

Zell. I — Bekk. p. 1094a

Πᾶσα τέχνη καὶ πᾶσα μέθοδος, ὁμοίως δὲ πρᾶξίς τε καὶ προαίρεσις ἀγαθοῦ τινὸς ἐφίεσθαι δοκεῖ· διὸ καλῶς ἀπεφήναντο τἀγαθόν, οὗ πάντ᾽ ἐφίεται. διαφορὰ δέ τις φαίνεται
2 τῶν τελῶν· τὰ μὲν γάρ εἰσιν ἐνέργειαι, τὰ δὲ παρ᾽ αὐτὰς ἔργα τινά. ὧν δ᾽ εἰσὶ τέλη τινὰ παρὰ τὰς πράξεις, ἐν τού-
3 τοις βελτίω πέφυκε τῶν ἐνεργειῶν τὰ ἔργα. πολλῶν δὲ πράξεων οὐσῶν καὶ τεχνῶν καὶ ἐπιστημῶν πολλὰ γίνεται καὶ τὰ τέλη· ἰατρικῆς μὲν γὰρ ὑγίεια, ναυπηγικῆς δὲ
4 πλοῖον, στρατηγικῆς δὲ νίκη, οἰκονομικῆς δὲ πλοῦτος. ὅσαι

『ニコマコス倫理学』にみられる三木の書入れ

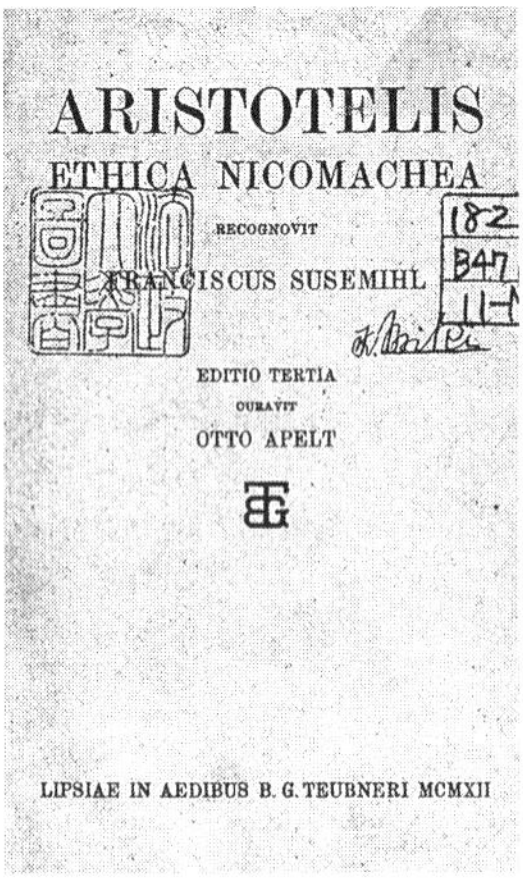
ARISTOTELIS
ETHICA NICOMACHEA
RECOGNOVIT
FRANCISCUS SUSEMIHL
EDITIO TERTIA
CURAVIT
OTTO APELT
LIPSIAE IN AEDIBUS B. G. TEUBNERI MCMXII

アリストテレスの『ニコマコス倫理学』(1912年)。三木文庫

い思い出になった。

講義のとき、三木はほかの教授たちとすこし異なり、ノートをみて話をすることがあった。このときは他大学の学生も大勢やってくるから、授業中、笑うことはなかったが、皮肉はうまかった。授業はまじめにやった。演習のとき、教室である学生が、〝物〟と〝心〟はどちらが先かと質問した。三木は黒板まで出ていって、

――……けれどもそれを考へる主体といふものが

といい、チョークで「主」と書くと、その左にまた

――しかし、その前に……

と、いいながら「客」の字を書いた。

――しかし、その前に、いやそれより前に……

かれはとうとう黒板の端まで歩いていってしまった。みんなゲラゲラ笑いだしたが、本人はまじめであり、ベルが鳴っても説明をつづけた（桝田啓三郎「三木先生のこと」）。

三木のねばり強い説明と強靭な論理、そして熱情がかれの授業から感じられるものであった。

かれが東京行を決心し、法政の教員になる覚悟をきめたとき、京都の

哲学のグレン隊仲間に、新しい職場で大いに活躍する意志をつたえ、いろいろな抱負をかたった（林達夫の谷川徹三宛書簡、昭和2・1・21付）。

大正十三年（一九二四）ごろ、林達夫は法政の予科の英語講師として、一週十二時間（六コマ）うけもった。が、法政は月に百円（いまの三、四十万円？）くれたという。慶応は二十四、五時間もって初給が七十円だったというから、法政のほうが待遇がよかったことになる。三木の給料は百円ほどであったものか。ほかに非常勤として他大学にも出講していたから、じゅうぶん生活できたはずである。

三木は骨身をおしまず授業や講演をやり、訪客をうけ、原稿を書き、またよく勉強し、ロシア語まではじめた。かれはじつに勤勉な学究であった。京大の学生のときからその勉強ぶりはめざましかった（谷川談）。

政府の取り締まりがうるさくなったころ、学生が心配すると、

――わたしはマルキシストじゃない。唯物論者ではあるけれど……。

と、いって笑っていたという。

三木はいつも明るかった。明るい顔でゆったり登山でもしている感じをあたえた。

人民戦線が弾圧されたとき、

――日本にははじめから〝人民〟などというものはなかった。

といったら、ある学生が、これは単なることばの洒落だと食ってかかった。

やがて昭和二年がすぎ、昭和三年、四年、五年と時が経っていった。ことに昭和五年（一九三〇）は、一般的な恐慌到来と農村不況によって、日本は不景気のどん底にあった。三木にとってまったく予期せぬわざわいが起こったのもこの年であった。

昭和五年（一九三〇）五月——三木は日本共産党に資金提供した嫌疑で検挙されている。が、この年にかれが担当した科目は、——

哲学概論（歴史哲学）　弁証法の理論（論理学）
自然哲学の問題（古代中世哲学）　倫理学の批判（倫理学概論）
哲学演習（カント純粋理性批判）

などである。

三木は同年七月に起訴されたが、五月に逮捕された時点で法政を解雇されたものであろう。いったん釈放されたのち、十一月中ごろまで豊多摩刑務所に拘置された。釈放後、法大生のために週一回、「構想力の論理」の草稿を持ってきて、ＹＭＣＡの一室において講義してくれたという（藤原定「あらしの中の巨木　学芸自由同盟の頃」『法政大学新聞』所収、昭和29・11・5）。

法政の教授を務めること丸四年にして、三木は五月退職した。というよりは、職を辞さざるをえなかった。昭和十四年（一九三九）四月、ノモンハン事件がおこり、九月には第二次世界大戦がはじまった。同年六月ごろ、学内雑誌『政経研究』の編集員・長尾和郎（法政の政経科の学生、のち読売新聞社出版局に勤める）は、清水幾太郎の取材が不首尾におわったので（約束を反故《ほご》にされた）、速記者とともに高円寺の三木宅をあたることにした。

折から雨がふっていた。カサをもたぬ二人は、びしょぬれであった。和服すがたの三木が玄関に出てきた。用件をいうと、

——ぼくを追っぱらうような法政の雑誌に何がしゃべれるか……。

と、玄関でどなりつけた。

かれは法大当局から受けた仕打ちに、憤懣《ふんまん》をもちつづけていたようだ。

長尾はとっさに、

——法政がにくいのか、学生がにくいのか？

と、喰ってかゝるようなことばを吐くと、三木はじっと相手の顔を見入ったのち、にやりと笑い、二人を玄関わきの応接間に招いた。

三木は、

——いま原稿を書いているから、ちょっと待ってくれ。

と、いうと二階の書斎へ去った。

しばらくしてかれは階段をおりてくると、巻きタバコのバットを口にくわえながら、「現代学生を語る」というテーマで二時間あまり取材に応じてくれた。そして速記ができたらもってくること、暇をみて遊びにくるようにいった（長尾和郎『戦争屋——あのころの知識人の映像』妙義出版株式会社、昭和30・12）。

三木や戸坂のえらさは、法政を追われたのちも、法大生のために哲学会主催の課外授業をおこなったことである。たとえば、両人は昭和七年（一九三二）から同九年（一九三四）にかけて、つぎのような研究会・講演・講習会などに参加した。

［三木］

昭和7・11・12………弁証法研究会　用書　デボーリンの弁証法（川内訳　鉄塔書院刊）於　哲学研究室

昭和8・1・?………講演　反ヂューリング論　於　校友会館二階（？）

昭和8・1・?………講座［講習会］デイヴィッド・ヒューム David Hume（一七一一～七六、イギリスの

哲学者・歴史学者）の Treatise of Human Nature（「人性論」） 土曜日一～三時

［戸坂］
昭和8・1・?………講座［講習会］ イマヌエル・カント Immanuel Kant（一七二四～一八〇四、ドイツの哲学者）の Prolegomena（「プロレゴメナ」） 金曜日一～三時
昭和9・5・?………講座［講習会］ カール・ハインリヒ・マルクス Karl Heinrich Marx（一八一八～八三、ドイツの革命家・哲学者・経済学者）の「政治経済学批判序説」（邦訳） 金曜日三～五時

（注）『法政大学新聞』からひろったもの。

三木のいい方には、尻あがりの関西アクセントがあったようで、講演のときは聴衆をみないで、視線を遠くに投げ、論文口調でやったらしい。かれの講演だが、けっして上手でなかったという（東大教授・勝田守一）。

6　ふたたび獄中へ

昭和二十年（一九四五）一月、米軍はルソン島に上陸した。三月には硫黄島の日本軍が全滅し、四月には雲霞《うんか》のごとき大軍（五十五万人の兵）をもって沖縄に上陸し、激しい攻防戦がくりひろげられた。日本の敗戦はもはや必至であった。

同年三月二十八日の朝、三木は岩波書店に出かけた。午前十時ごろ、二階の店主の部屋で小林勇（一九〇三～八一、昭和期の出版人・エッセイスト、岩波茂雄の次女と結婚）と話をしていた。小林が話の途中、ちょっとよそ見をしていたら、三木が肩をたたいた。ふり返ると、

——警視庁から来たのだ。

と、三木は落ち着いた声でいった。

かたわらに戦闘帽をかぶった二人の男が立っていた。小林は険悪な事態であると思い、三木に

——なにか用事はないか。

と、きいた。すると、

——子供（娘・洋子）のことをたのむ。

と、一言だけいった。

三木は白いカバンを外套の上から肩にかけ、二人の男にまもられながら、むこうの街にすがたを消した。

小林が三木のすがたを見たのは、これがさいごであった。小林も「横浜事件」（編集者や出版社を弾圧した）に連座して、五月九日特高に検挙され、東神奈川署に拘留された。終戦後の八月二十九日に釈放されたが、からだがひじょうに衰弱していたので信州の妻子のもとにいった。三木の死の電報をうけとったのは、九月二十六日のことだった（小林勇「人間を書きたい〈三木清〉戦争に突入した時代の「あたらしい哲学者」の生き方」『文藝春秋』所収、昭和47・12）。

三木はなぜ特高にひっぱられて行ったのか。それには共産党シンパのある男の事件とふかいかかわりがあった。昭和二十年三月十日の東京大空襲があった三日後、三木は岩波書店へやってきた。かれは他

の従業員もいる部屋から小林をよび出すと廊下に出た。

三木はさえない顔をしていた。小声でこんなことをいった。警視庁を脱出した高倉テル（一八九一～一九八六、大正・昭和期の社会運動家・小説家）が自分のところにやってきて、一晩泊まらせ、服と金をあたえて別れた、と。

小林は、

（これは取りかえしのつかぬことになった……）

と思った。

かれは三木にこまごまとした注意をあたえた。

三木は、

――だいじょうぶだと思うがね。

と、弱々しくいった。

高倉に捜査の手がのびていることは、小林の耳にもときどき入ったが、一日おきに会う三木にはいえなかった。三木が高倉と会って、およそ二週間後、ついに特高が三木のもとにやってきた。

高倉は農業問題の研究家でもあり、かねて〝工場や農場のコルホーズ化（旧ソビエトのやり方にならって共同経営をする）運動〟をやっていた。が、これは治安維持法に違反するものであった。かれは警視庁によって検挙され、取り調べをうけていたが、昭和二十年三月六日の午後三時半ごろ、監視の巡査のすきをうかがい、取調室から脱走した。しかし、同月二十一日午後十二時ごろ、埼玉県入間郡豊岡町の石川源一郎方で再検挙された。

警察の取調べの結果、その逃走を援助したもの、共産主義運動の支援者とみられる分子の存在も明る

みになった。そのうちの一人が、
　埼玉県南埼玉郡鷹宮《たかのみや》町　著述業　三木清（39）

であった（昭和20・1〜6月分の特高月報の原稿より）。

昭和二十年の三月末、夜八時すぎのことである。警視庁の地下留置場に一人の男が連れて来られた。八時といえば、ここでは夜なかにちかい。

　晩メシは…………午後五時。

　就寝は…………午後六時。

宮村という囚人（じつは栗原東洋のことか）が、一ねむりしたころ、看守が、となりの一号室のカギをガチャ〱させながら、

――どこから来た？

と、いつものように新入りに聞いた。その者は、かぼそい声で神保町のどこそこ、といった。すると看守は、

――何を！　この野郎！　どこから回って来たっていうんだ。

と、罵声を浴びせるや、その者に、二つ三つ横びんたが飛んだ。

――神保町を歩いているとき、捕《つか》まったんです。

宮村は、また治安維持法だなァ…。だれだろう、と思った。まもなく、翌日か翌々日、調べに連れだされたとき、この新入りが三木だということを知った（栗原東洋「獄中の三木清」『改造』第36巻第2号所収、昭和30・2）。

昭和初期の警視庁

警視庁の留置場は、地下二階の底にあった。そこは日もささない、風も通らない、文字どおりの地下牢であった。馬蹄形をしており、一号から十一号まで部屋がならんでおり、その中央に汽船のブリッジのような見張り台がある。

一号と十一号室だけは、わりあい広く、四坪ほどある。二号から十号までの監房は、二坪たらずの広さである。一号と十一号には、都内の警察で調べのおわった者が十五、六人おし込められ、翌朝拘置所（未決監）に送られる。三木が入ったのは、この一号室であった。一人だけは、このやや大きな部屋に、長く留置させていたらしい。二号から十号までの小部屋には、だいたい四、五人入れられた。

夜せまい部屋で寝るときは、たいへんである。あおむけに寝れないから、皆んな横むきになり、体を押しあって寝た。コンクリートの床のうえに敷いてあるのはござである。寝具といえるものは、くさい、破れた毛布だけである。何よりも悩まされるのは害虫である。

ノミ——ノミ科の昆虫。からだは平たく、赤茶色。人畜の血をすう。メスはオスより大きい。

シラミ——シラミ科の小形の平たい昆虫。哺乳動物に寄生し、血をすう。発疹チフスなどの病原体をうつす。

トコジラミ、俗名・南京虫——とこじらみ科の昆虫。体長は五ミリ。からだは平たく、まるい。赤黄色。人畜の血をすう。

監房でいちばん多かったのはシラミであった。

四月のある日のこと、三木にこんな事件が起こった。

——おーい、何番（囚人は名前でなく、番号で呼ばれる）、何をしている。

と、看守がいった。

——シラミを取っています。

——だれが取っていいといった。ここじゃ飼ってるんだ。

またあるとき、意地のわるい中年の看守がどなった。

——おい、万歳しろ。

——万歳しろといったら、万歳するんだ。反抗する気か！

三木は同房のものから知恵をつけられていたらしく、両手を高くかかげた。

——それでいい。こっちからいうまで揚《あ》げておけ。

これは警察でおこなわれる懲罰法の一つであり、房内犯則があったときなど、五分、十分、三十分、一時間とやらされた。が、実際は旧陸軍の内務斑における、古参兵によるいじめのようなものであった。

警視庁に送られて、そう日数もたっていない、ある朝のこと、洗顔のとき、ひとり残ってゆうゆうと水を使っていたら、看守に見とがめられ、

——おい、水がそんなにほしいか。

と、いうなり、三木の長髪を引きずり、蛇口の下に押しつけ、しばらくたれ流した。

獄内でいちばん苦しめられるのは、何といってもシラミであり、看守の眼をぬすんで、一匹、二匹、

三匹とつぶしてもラチがあかない。シラミは、かえったばかりの真っ白いやつ、血をたっぷりと吸って尻が赤いやつの二種類がいた。

外からはシラミ、内からは汗とアカとが皮膚にこびりつき、全身がむずがゆい。許可なく手ぬぐいを使うことも、体をふくことも、フロに入ることもできない。

羽仁五郎（一九〇一〜八三、昭和期の歴史家。マルクス主義者。日大、自由学園講師）が、警視庁（昭和六年［一九三二］五月完成、六階建）の地下の留置場に入れられたのは、昭和二十年三月のことだった。三月末のある晩のこと、夜間大学にかよっている若い看守が羽仁の前に立ちどまると、声をひそめて、

——三木先生がとらえられている。

とつげて、すぐ立ち去った。

羽仁が入れられたのは、十一号室であり、その正面の一号室に三木が入っていた。うすぐらい監房をへだてて三木に声をかけることはできなかったが、立ちあがって三木に手をふり、運動するように身ぶりで示したり、手ぬぐいをふって、体をふけと合図したが、いつも微笑をもってこたえるのみであった。

三木や羽仁は沈黙して、コンクリートの床のうえに座っているのが日課だった。羽仁は三木とすごしたハイデルベルク時代を回想し、かれが好んでもちいたドイツ語の zeitigen《ツァイティゲン》（完成する、仕あげる）という語をおもいおこした。

六月十二日、三木は警視庁から巣鴨の未決監（未決囚）を拘禁しておく施設——「東京拘置所」）に送られた。このときかれはすでに疥癬《かいせん》にかかっていた。宮村という者は三木よりも早く、四月に回されてきたのだが、三木は疥癬房に入っていた。疥癬は、ひぜんだに（体長0・3ミリ）が人間の皮膚に寄生しておこる伝染性の皮膚病であり、ひどいかゆみをともなった。おもな症状は、赤いブツブツや厚い垢《あか》

がふえたような状態（角質増殖）――灰色または黄白色のかさぶたで覆われるような状態になる。この病気は、消毒していない獄衣やフトンを新入りに回すため、そこから伝染するようであった。

巣鴨では、疥癬患者は、一組十人ほど毎日〝硫黄ブロ〟に、「入れ」「沈め」「出ろ」の号令とともに二、三分入れてもらえた。しかし、こんな程度の入浴ではこじれた疥癬は直るはずがなかった。終戦直前の監獄では、囚人をひとなみにあつかわなくなっていた。獄衣を洗濯するでなし、日乾しもしなかった。硫黄ブロもとぎれとぎれになった。

そのうちに巣鴨組は、六月二十日、中野の豊多摩刑務所に移送になった。三木や宮村は、そこの疥癬房に入れられた。

豊多摩の別荘は、巣鴨の別荘よりも建物がふるいために、ひどく荒れていたという。ノミがひじょうに多かった。ノミといえば、筆者は昭和三十年代、中学の修学旅行で、東京から夜行列車にのり、京都・奈良にいった。京では西本願寺の本堂の大部屋に泊まったが、ここでノミに襲われ、一晩じゅう体をかきぱなしであり、翌朝みなボーとしていた。

豊多摩のノミは、床の板と板とのあいだのすきまを巣としていた。そこに四、五十匹もいた。入所当初は、日中、割ばしを細くしたもので、床のすき間のノミ退治をやるのだが、そのうちにその気力も失せてゆく。水洗便所も水の通りがわるく、よくつまる。くさいことおびただしい。その便器に尻をつけると、疥癬の膿《のう》（うみ）がべっとりとつく。が、囚人は無感覚になってくるから、それも気にならなくなる。便器は腰かけと飯台をかねていた。

豊多摩に移送されて一週間か十日ほどしてはじめて、疥癬患者の入湯がはじまった。ここでは二人連れの入浴行であり、木でつくった一人ブロに入れてもらえた。三木と宮村は、ほとんど毎日、薬湯に入った。あるとき三木は、フロにふかく身を沈めながら、人が聞いたらどきっとするようなことをいった。

——担当さん（看守のこと）、戦争のほうはどうなっています？

——戦争！　どうなっているかねェ。新聞じゃ、毎日、勝ってらァな。

——読みたいなァ！

——つまらんよ、ほしけりゃ、見せてやる！

三木にはこんな図太いところがあったという。時間がきているのに、ゆっくり洗面したり、大胆にも裸になってシラミをとったりした。時がたつうちに看守とも気安く、話をするまでになった。

——地方の都市がだいぶやられているらしい。

——東京は？

——ちょっと、下火らしいね。

——ソ連は？

——まだわかんないが。ドイツはとっくに手を上げてるんだから、いずれはこっちに向いてくるんじゃないか。

——早く出たいなァ。

——出ても同じですよ。

獄中の囚人　『労働』（大正元年）より

——しかし！

——イヤ、寝られなくて。

——わたしも……。

——どうしてますか。

——考えないことにしましょう。

三木は宮村にくらべるとまだ元気であった。が、看守が思わず眼をそむけるほど、疥癬が進んでいた。宮村の両手には、白い膿が出ていた。八月ちかくになって、検事の呼び出しをうけたとき、相手は宮村の症状にギョッとし、数日後、しゃばに出ることができた。

そのころの三木も、けっしてよい状態ではなかった。〝ひぜんだに〟は、肉眼ではほとんどみえない。幼虫、成虫は皮膚の表面を歩きまわり、皮膚のなかに掘った穴に隠れたりする。メスは一日に二、三個の卵をうむ。〝疥癬〟の症状が出るのは、指のあいだ、両手・両足のまげたりする部分、わきの下、乳房のした、下腹部など、皮膚のやわらかい所である。

宮村が三木の体をみると、手の甲、首すじ、背中、股《また》から腹のあたりに、かさぶたが薄く張っていた。三木はほとんど効果のない薬湯に入ると、しばらくじっとしており、それから皮膚のあちこちに手をまわしてなでた。そしてすきをうかがって看守に話しかけた。

三木はじょうぶな体格をし、体重は六十キロ以上あったという。徹夜して原稿を書いても平気な男であった。ふだんから大食漢であったから、刑務所の貧弱な食事（コーリャン飯）では、体がもたなかった。外部からの差しいれ、内部の食物購入もゆるされなかった。かれの体重は、移動するたびに減っていった。その推移は——六十キロ以上（検挙時）——五十七キロ（巣鴨の東京拘置所）——五十四キロ

（中野の豊多摩刑務所）であった。

当時、巣鴨の東京拘置所の収監者は、およそ千百名であり、このうち疥癬患者は、三分の一の三二〇名であった。三木はここでもじゅうぶんな薬品も治療をもあたえられず、疥癬を悪化させていった。

終戦から一週間ほどたった八月二十七日のようすは、――

異相（ふだんと変わった人相、すがた）状態

衰弱感　空腹感　体重（五十四キロ）

であったという（「診断簿」による）。

そして終戦から一ヵ月以上もたった九月十七日の診断簿によると、全身にむくみが現われ、尿に蛋白質がみとめられた。かれの疥癬は、腎臓《じんぞう》（背骨の両側に一対ある。尿の排泄をつかさどる器官）をおかしていることは明らかだった（羽仁五郎「哲学者の獄死」『特集　文藝春秋　私はそこにいた』所収、昭和31・12）。

八月二十六日、保釈の手続がとられたが、すでにもう手おくれであり、この日三木は汚物にまみれ、ベッドからころがり落ちて死んだ。

三木の遺体を引きとりに行ったのは、東畑《とうはた》精一（一八九九～一九八三、大正・昭和期の農政学者。東大教授。三木の亡き妻・東畑喜美子の兄）と迫間真治郎《はざましんじろう》（一九一一～六五、ソ連経済学者。法大の経済学科を出て、のち日大教授。三木の妹・ちよえと結婚）の両教授と布川《ぬのかわ》角左衛門（一九〇一～九六、法大の哲学科を出て、当時岩波書店の編集員）であった。布川は暗い中野の通りを荷車の車輪の音を気にしながら、それをひいていった。東畑は、疥癬を患った三木の遺骸が悲惨をきわめていたので、だれにも対面させなかった。娘の洋子も父の死顔に会わなかった（小林勇「人間を書きたい〈三木清〉……」）。

7　戸坂潤のさいご

戦中、戦後の法政の歴史を語るとき、かならず登場するのは、三木と戸坂である。この二人は旧法のもとで、共に獄死しているからであろう。

戸坂が三木のあとをうけて法政にくる前年――昭和五年（一九三〇）四月、当時逃走ちゅうであった共産党員・田中清玄《きよはる》（一九〇六〜九三、実業家。東大在学中に共産党員となるが、獄中で転向した。戦後、政・財界の裏面で活躍した）を自宅に泊めたため検挙された（第一回目の拘束）。

翌昭和六年（一九三一）、谷川徹三（当時法政の法文学部哲学科の教授）の推薦によって、法政の教員になるため、京都におけるすべての教職を辞し、上京した。が、数年後に起きる法政騒動のとき退職に追い込まれた（昭和9）。

戸坂が法政で教鞭をとったのは、わずか数年であるが、つぎのような科目を担当した。

昭和六年（一九三一）……論理学　論理学概論　西洋哲学概説　哲学演習

昭和七年（一九三二）……論理学（認識論に代用）　西洋哲学史（古代中世）　哲学演習（エトムント・フッサール Edmund Husserl［一八五九〜一九三八、ドイツの哲学者。現象学の創始者］の Ideen（「イデーエン」）。

昭和八年（一九三三）……倫理学概論（倫理学考察）

昭和七年（一九三二）十月、仲間と唯物論研究会（唯物論の理論・方法などを研究し、その普及活動をおこなう学術団体）の創設に参加したり、上智大の『カトリック大辞典』の編集にたずさわる一方で、批評活動に従事し、もっぱら著述で生計をたてた。機関誌『唯物論研究』（のち『学芸』に改める）は、昭和十三年（一九三八）終刊となった。同年、いわゆる〝唯研事件〟で検挙され（第二回目の拘束）、昭和十五年（一九四〇）五月まで、杉並警察署に留置された。

戸坂はうすぐらい真四角な建物の留置場で一年半ちかく過ごさねばならなかった。ここの〝ブタ箱〟は、床が板張りであり、その上にゴザが一枚あるだけである。警視庁や刑務所の監房とおなじく、ここにはノミ、シラミ、南京虫などがいた。

留置場は、社会のはき溜であるから、いろいろな人間がやってくる。ドロボー、不良、酔ぱらい、浮浪者、売春婦、スリ、ヤクザ、的屋《てきや》など。食事は、一日に三度、すべて仕出屋の弁当である。栄養やカロリーや量の点でも刑務所以下である。下痢もつらいが、十日も半月も便通がないのもつらい。トイレは一定の時以外には行けないし、看守の目の前で用をたさねばならない。

留置人は、刑務所と違って、大部分は二、三日で出てゆくが、思想犯は長期滞在者なのである。戸坂は杉並署において、雑役（署外に出歩いて看守の手伝いをする役）とか看守日記（だれそれは何月何日、どこそこを徘徊中、不審のかどで検束された）を書き込む仕事をやらされた。

ほかの使役としては、お茶くばり、ガリ版刷りの手伝い、そうじ、文書整理などもあった。が、戸坂はお茶くばりやそうじは、上手なほうではなかった。

戸坂は美食家のうえ、三木とおなじように大食家であった。一年半のあいだ、ほぼ毎日、夫人か女中が昼食の差し入れにやってきた。かれの注文はなかなかこっていた（佐伯陽介「留置場にて」『回想の戸

坂潤』所収、勁草書房、昭和51・11)。

中村屋のロシアケーキ　コロンバンのシュークリーム　銀座の某店のアズキアイス　スイカ(仕出し屋の井戸で前日から冷やしたもの)　雑煮〔正月〕(魔法びんに〝汁〟を入れ、モチを焼かせたもの)

また仕出し屋から取りよせたものは、

ハムエッグ　焼ブタ　酢ブタ

などであった。当時は太平洋戦争がはじまる前のことであったから、食糧事情がまだ窮迫していなかった。

昭和十四年(一九三九)の秋から冬にかけての取調べ(警視庁の特高課から、係員が出張しておこなう)も一応おわり、あとは〝送り〟(拘置所——刑務所)をまつだけであった。が、なかなか検事局から通知がこなかった。どうも懲罰的に引きのばしているらしかった。

昭和十五年(一九四〇、四〇歳)五月、起訴され(検事が裁判所へ公訴した)、東京拘置所に移った。十二月八日、保釈出所し、二年十日ぶりで帰宅した。同十六年(一九四一)より、ふたたび上智大の『カトリック大辞典』の編纂の仕事に従事し、週三、四回通った。

戸坂潤

昭和十七年(一九四二)の夏ごろより裁判がはじまり、十二月第二審で懲役三年の判決が出ると、ただちに上告した(不服を申し立てた)。同十九年(一九四四)三月、大審院において上告棄却の申しわたしがあって、開廷五分で閉廷。九月、東京拘置所へ下獄。

昭和二十年(一九四五、四十五歳)——五月一日、空襲のため長野刑務所に移された。

戸坂が入れられたのは北むきの七舎の八号の独居であった。その後、七舎七号、六舎の二十七号（〝疥癬〟のため隔離）、七舎の十四号（亡くなった監房）と移動した。戸坂は長野にきたとき、すでに栄養失調からくる悪質の下痢になやまされていた。昼は空腹、夜は害虫（ノミ、シラミ、南京虫）に攻められた。

栄養失調と劣悪な食事（コーリャン飯）に起因する下痢は、医務課では病気のうちに入れず、診察を申し出て薬をほしいといっても受けつけてもらえなかった。

――食うのをやめれば、下痢はとまる。

という医者のことばを信じ、空腹をかかえながら、断食し、餓死へと追いこまれ、死んでいった若者は何人もいたという。

栄養失調の症状は、下痢のほか、顔や足のむくみ、視力の減退、感覚異状、耳鳴り、脈拍の低下、などをもたらし、もはや正常な体でないことは明らかだ。たまたま運動に出たとき、看守の目をぬすんで、運動場の木の芽、雑草の若葉をとり、それをミソ汁の中に入れて食べたりした。また空地利用の菜園から野菜を盗み食いする者があとを絶たなかった。この場合、懲罰として、三分の一の減食であった。

長野に来て二カ月ほど経った七月上旬、戸坂のからだに〝疥癬〟が広まりはじめたが、手当てらしい手当てをうけられなかった。医務課では、

――いまどき、疥癬でない者は一人前の囚人ではない。

と、いっていた。

八月のはじめ、チブス患者が続出したために、第一回の予防接種がおこなわれた。このとき注射のために出した戸坂の左腕は、練馬ダイコンのようにふくらみ、色はどす黒くなっており、見るからに気味

のわるいものであった。

戸坂は、心細げに、

――先生、だいじょうぶでしょうか。

と、たずねた。

――だいじょうぶだ。

と相手は答えた。しかし、だれの眼にも、戸坂に危険が迫っていることは一目瞭然であった。

死の前日――八月八日――病舎に収容されるとき、もう歩くことができず、見るにみかねて、同囚のKという者が手をかし、背負って行ったが、Kも病人であった。同人も体が弱っており、途中で戸坂の体をおとしてしまった。

病棟に入ったとき、戸坂の心臓はよわり、脈拍も異様に断続していた。それにもかかわらず、医者は――見るまでもない。

といって、診察もせず帰宅した（大森嶺夫「この眼で見た戸坂潤氏の獄死」『真相』創刊号所収、人民社、昭和21・3）。

翌朝、Kは病棟をたずね、窓から声をかけてみたが返事はなかった。戸坂は死体となっていた。医者はまだ出勤していなかったし、看護人もいなかった。戸坂は栄養失調と疥癬による急性の腎臓炎によって、酷熱の病棟でひとりさみしく逝ったのである。享年四十六であった。長崎に原爆が投下される八月九日のことであった。

敗戦を機に、天皇制絶対主義下のわが国の数々の暴虐やでたらめぶりを明らかにしたのは、雑誌『真相』であった。日本国民は、耳をふさがれ、目隠しされ、聖戦と称するものにいやおうなしに協力させられ、あげくの果てに、家も家産も失い、国土は焦土と化して終戦をむかえた。そして、復興のみちすじにおける国民生活は、平坦なものではなく、困苦にみちたものであった。

あとがき

ことし、法政大学は創立一四五年をむかえる。同学の母体――「東京法学社」がうぶ声をあげたのは、明治十三年（一八八〇）四月のことであるが、その後この古い沿革をもつ学舎とかかわりをもった学生、教師、職員の総数は、ゆうに四十数万人を超えている。

本書は、おもに明治・大正・昭和期の天皇制絶対主義下において、法政に学んだ、またそこで教鞭をとった人びと――とくに体制に抗し、治安維持法によって拘禁され、学園から追放された学生や教師たちについても描いたものである。

法政大学の建学の精神は、フランス法学の自由民権思想とされ、その学風は、戦前から自由と進歩であった。これらのことばは、いまも法政の座右銘となっている。この大学の歴史をしらべ、関係者の想い出を総合してみると、全体的校風として、〝自由とおおらかさ〟、生気にあふれた明るさなどが特徴とみられる。

こんにち法政は、国内や外国からどのように見られているのかよくわからぬが、穏健着実の独特の学風をもった日本の大手私大のひとつということであろう。この学校がむかしから受けついできた学統――教える自由と学ぶ自由――は、いまも生きているようだ。何よりも各分野の一流の教授を擁していることがこの学校の誇りであり、世間一般からは、よい先生がいる進歩的な大学とみられている。

しかし、戦前に軍国主義の波が大学にも押しよせるようになると、学生や教員の社会運動も有形無形の制約をうけるようになり、大学の自治、大学の自由などは、すぐにどこかに吹き飛んでしまっていた。大学も当初ファシズムの波をもろにかぶり、保守的になり、学内にいるお目付役の〝学監〟は、学務や学生に目を光らせるようになっていた。

昭和初期、『東京朝日新聞』が報じるところの法政大学の教育方針は、人格主義の薫陶だといい、外来思想にうごかされ、軽はずみな行動に出たり、偏見に失したりすることがないよう、かたくいましめているという(昭和3・3・6付)。

また法政は、世間によくみられる売名的運動や営利的施設を排斥し、隠忍自重しており、私立大学ちゅう最も信頼すべき学校だという。

思想関係からみた法政の訓育方法は、予科においては修身の授業中、社会思想に留意し、その他は特記するものはないという。本学の創立以来の精神――質実穏健の風をもってつねに学生の指導訓育に努めている(昭和6・3、特高の報告による)。

法政における教育の自由についていえば、昭和十年前後(一九三四〜三六)、東大の経済学部では外書講読のテキストにマルクスの著作を用いることができなかったが、本学ではレーニンの『帝国主義論』やマルクスの『資本論』などが教材として用いられた(22)。当時、学生は通常、マルクスの「マ」の字をも口にすることができなかった時代である(23)。

法政は学園騒動(昭和8〜9年、予科教授の紛争問題)以前は、ひじょうに自由なところであったといい(24)、戸坂潤などは、研究室を借りて読書会をひらいたが、哲学のテキストに社会関係のものを使った。帝大の学生もその会合に来ていたが、マル系のものを東大で使わないから来るんだ、といっていたという。

昭和十年代、私学は官学に率先して自由を売り渡そうとしていた。当時の総長・小山松吉《まつきち》（一八六九〜一九四八、明治から昭和期にかけての司法官僚、斎藤内閣の法相をへて、昭和九年［一九三四］法大総長）は、事なかれ主義者であった。が、法大経済学部の労農派教授の検挙事件（昭和13・2）以来、ガタガタになった同学部の崩壊をくいとめねばならなかった。学内においては、大学新聞（『法政大学新聞』）にたいする学生課の検閲が、従来お座なりだったのが、しだいに干渉的になってきた。

また学生たちが主催した学術講演会には特高警察の目が光っており、かりに論壇の著名人を講演にたのもうとしても、学校当局は許可しなかった（平岩八郎「もり上った軍国の波――大学新聞編集を通して」『法政大学新聞』所収、昭和28・11・1付）。

そればかりかファシズムの粗暴な政策を推進するために、学園に配属将校が侵入してきたし、学生主事を統轄するために〝学生総監〟なるものが新設され、それに中野直三少将が就任した（『法政大学新聞』昭和15・4・20付）。

法政には他の私学にあまり例がないほど、教授会の自治と権威が確立していたが、やがて経営や学務行政は政治的野心をもった理事に専有されるに至った。教員は単なる使用人。学生は単なる顧客と化したのである。それでも学園には文化的香気がただよい、たとえ教師の待遇がわるくても、その雰囲気がよくて、教授と学生が夜おそくまで研究討論をするのが法政の特色でもあった。

しかし、教師があまり熱心に学生指導をすれば、かれらと結託してなにか事を起こそうとしているのではないかと邪推され、学校当局からにらまれた(25)。

大学における各学部の自治とか自由といっても、その定義はあいまいである。大学（官立、私学）は部分社会（団体）であり、むかしもいまも国家の管制下にある。国家という大きな枠組みのなかで、法人団体が学生をあつめ、教師が一定のやり方（むかしもいまも実際は確固たる方式によらず、好き勝手にやっている）によって教育をさずける施設が大学である。法律や学則にてらして、各学部において学務行政を自主的におこなうのが自治である。

自由とはなにか。一般的意味で、自由といえば、思うままに行動できる状態をいう。が、旧体制下では、政治的自由も精神的自由もなかった。日本国民はみな圧制的な風土のなかで、つよい圧迫感をもって、ひっそりと生きていた。

大学における自由といえば、教師の研究の自由、講義の自由、研究発表の自由などを指し、学生側からいえば聴講の自由をいう。が、時局の推移とともに、それらの自由がおびやかされるようになった。大学教員に自治や自由の観念がひじょうに稀薄だったのは、へたにそれらを主張すれば、学校当局からにらまれ、教授の身分保障、生活権をうばわれ、学校から放逐される懸念があった。

数十年前、筆者は市ヶ谷校舎の教授室で法政の専任や非常勤講師と会うと、授業がはじまるまで、よもやまの話をした。が、郊外の劣悪な環境にある私学に勤めるある年配の教師が、法政にくると大学らしい感じがするといってよろこんでいた。勤め先は、専制的な会社みたいな、かなりひどい学校らしかった。そのような学校に比べると、本学などは、学的業績においてはもちろん、新聞雑誌からテレビにいたるまでマスコミの世界で活躍している顔が多数おり、よほどうらやましい学校に映ったようである。

戦前の法政の学生数は、ひじょうに少なく、少数精鋭の授業をうけることのできたよき時代であった。まことにうらやましいかぎりである。戦後は大学の規模が大きくなり、マス教育の時代に突入した。学生がたくさん来てくれないかぎり、私学の経営は成りたたないのである。巨鯨がイワシの大群をのみ込み、それをすぐ吐き出すように、毎年大勢の入学者をむかえ、また入ってきただけの学生が社会に出てゆく。

マス教育は、きめの細かい教育をほどこすことができぬ欠点はあるが、学習意欲のある学生は、学校や教師にたよらず、みずから率先して勉強する。当局者はすこしでも学校をよくしたいと思って、いろいろ改革に手をそめる。学部の人事において、著名な教師、マスコミで売れている者を広告塔とし、専任教員として採用する。が、実際は見かけだおし(外観はよくても、内容がよくない)の場合が多いようだ。

それよりも非常勤講師として、薄給にあまんじながら、熱心に教育に従事しているOBを、(たとえ乏しい業績であっても)特段の配慮によって、優先的に採用すべきである。よい教師の利点をみとめはするが、けっきょく学校をよくするもの、学校の評価を高めるものは、学生の素質である。戸坂潤は、教師のよい、わるいというのは末《すえ》の問題だ(重要でない)という(「大学検討座談会」『文藝春秋』第十三年、第五号所収、大正10・5)。

いまの時代、何をもって研究業績というのか、ひじょうにあいまいになっている。理科系の論文のように、結果がはっきり現われ、検証できるものと違い、文科系の論文は、紀要などを見ると、おもしろくないばかりか、支離滅裂のものが多い。書き手は、読者のことを考え、しっかりと構成し、読みやすく書くべきである。が、実際他から面とむかっての批判がないため、わけのわからぬ論文を平気で書いている。それはちんぷんかんぷん、本人にもわからぬしろものである。

ファシズムにむけて、国民を思想的に統制する手段として活用したのは、治安維持法とすれば、その尖兵となったのは特高(特別高等警察の略)であり、これはとくに左翼思想の運動をおさえつけるために設けられたものという。旧体制下、天皇制絶対主義は、間諜政治をおこなったが、日本にかぎらず、ソ連邦やナチ政権下のドイツもおなじである。

ソ連邦では、オフラナ（秘密警察）[26]やゲー・ペー・ウー（国家政治保安部）、ナチス・ドイツのゲスターポ（秘密国家警察）などが、国事犯（反政府活動家）の撲滅にあたった。

治安維持法が公布される大正十四年（一九二五）から敗戦をむかえる昭和二十年（一九四五）まで、この法律によって逮捕された者は数十万人、送検されたものは七万五千人以上という。[27]虐殺されたもの、獄死したものは相当な数にのぼるだろうが、ここではつまびらかにしない。

法政の学生や教員は時局にのぞみ、恐怖政治のもとで、みずからの思想信条に従い、勇を鼓して社会運動のなかに入っていったが、かれらの勇気は当然たたえられてよい。それは法政人がもつ根性のあらわれであった。……

注

（1）『読める年表　日本史』自由国民社、平成2・10、九二五頁。

（2）内田魯庵『「案頭三尺」――露西亜は分裂乎《か》滅亡乎《か》』『太陽』第24巻第一号所収、大7・1。

（3）『昭和十五年度　思想特別研究員検事　松村禎彦報告書　最近に於ける左翼学生運動（主として学生グループ関係）司法省刑事局』、二頁。同書は『最近に於ける左翼学生運動』と題して、東洋文化社より復刻（昭和47・9）。

（4）同右、三頁。

（5）『内務省警保局編　社会運動の状況　1　昭和二～四年』、三〇一頁。同書の復刻版は、三一書房より刊行（昭和46・11）。

（6）同右、三一二頁。

（7）『法政大学八十年史』昭和36・8、六九頁。

(8) カルル・ヨーハン・カウツキー Karl Johann Kautsky(一八五四〜一九三八、ドイツの政治家・社会民主主義者。ドイツにおけるマルクス主義の碩学)は、エンゲルスの秘書として活躍した。

(9) 山田盛太郎《もりたろう》(一八九七〜一九八〇、昭和期のマルクス主義経済学者)は、東京帝大経済学部助教授のとき、いわゆる共産党シンパ事件(昭和5・5)で検挙され、七月退職。昭和二十年(一九四五)経済学部に教授として復職。『日本資本主義分析』は、わが国の資本主義の基礎の分析を企画したものという(「序言」)。この書物は、左翼学生によって読書会でよく使われたが、読みづらいばかりか、内容もわかりにくい。

(10)『法政大学経済学部六十年史』刊行年不詳、八頁。

(11) 右におなじ。

(12) 注(7)の四七〇頁。

(13) 注(10)の二七頁。

(14) 三木繁(一九〇八〜七六、高校教師、大学講師)は、口数の少ない人であった。人と話をするときは、口ごもるように、ゆっくりと、おだやかに話した。酒とタバコが好きであった。深夜まで読書をした。勤め先のオンボロ高校では、英語と倫理社会を教え、晩年都内の私大にドイツ語の講師として出講した。ドイツ語は、ちょっとテキストに目を通すだけで十分だから、楽であるといっていた。旧制の姫路高生のとき、ドイツ人が戸外で歌《リート》を教えてくれたという。

教場では兄・清のことを話題にしなかったが、われわれ生徒は、この先生を畏敬をもってみていた。長身であり、写真でみる清とおなじ顔をしていた。一男一女があり、子どもはみなできがよかった。奥方はたしか水戸の出身である。

キルケゴール(一八一三〜五五、デンマークの神学者・哲学者)の「現代の批判」(『キェルケゴール選集　第一巻』所収、改造社、昭和10)を訳している。訳稿を提出し、夜中にふと目がさめたとき、いろいろ気にかかる箇所が出てきたという。ほかに「姉さん(清の妻・喜美子のこと)の思ひ出」「幼き者の為に」などのエッセイ、兄・清の哲学について書いた未発表原稿が龍野市の霞城館にある。未見。

(15)「あの男(三木のこと)は、うつかりすると増長したり、慢心したりしますから、上からおさへつゝ引立てる事が必要でせう。…」（石原謙《けん》宛波多野書簡——大正14・2・3付）。石原謙（一八八二～一九七六、明治から昭和期のキリスト教史学者）は、当時東北帝大教授。

(16) 河野興一「和辻さんの心遣ひ」『三木清全集　第10巻』月報所収、昭和42・7。

(17) 梯明秀「三木さんと、私の学生時代」『三木清全集　第3巻』月報所収、昭和41・12。

(18) 右におなじ。

(19) 谷川徹三『自伝抄』中央公論社、昭和62・4、五〇頁。

(20) 日本大学の非常勤の口は、円谷《つぶらや》弘《ひろし》（一八八八～一九四九、日大法学部をへて京大文学部哲学科の選科生となった）の世話によるもので、はじめ工学部でドイツ語と英語を教えた。

(21) 文化学院は、西村伊作（一八八四～一九六三、大正・昭和期の教育家、反戦と不敬罪で検挙された）によって、大正十年（一九二一）御茶の水駿河台に開校したもの。この学校は国家の学校令によらない、自由で独創的な、こぢんまりとした学校である。当時の一流の学者や芸術家らが教えた。

(22) 注（10）の二六頁。

(23)『法政大学新聞』昭和30・10・25付。

(24)「大学検討座談会」『文藝春秋』第13年第5号所収、大正10・5。

(25)「ファシズムに抵抗　守りぬいた学問の自由」『法政大学新聞』所収、昭和23・11・1。

(26) 松本穎樹《ひでき》『防諜論』三省堂、昭和17・2、一五頁。

(27)『日本大百科全書　24』小学館、昭和63・11。四八〇頁。

文献

New York Times (1917. 3. 17付)

Illustration (1917. 4. 14付)

Illustrated London News (1917. 4. 21付)

人名索引

ア 行

カ 行

サ行

タ 行

ナ 行

ハ 行

マ 行

ヤ 行

ラ 行

ワ 行

◉著 者

宮永 孝（みやなが たかし）

1943 年生。富山県高岡市出身。早稲田大学大学院文学研究科英文学専修博士課程単位取得満期退学。文学博士。法政大学社会学部名誉教授。日本洋学史研究家。最近の著書に『社会学伝来考――明治・大正・昭和の日本社会学史』（角川学芸出版，平成 23・7），『哲学の受容史研究――西洋哲学と日本』（三協美術出版，100 部限定，令和 3・6）などがある。

仮面の奇人 三木清

2025 年 3 月 18 日　初版第 1 刷発行

著者　宮永 孝

発行所　一般財団法人 法政大学出版局

〒 102-0071 東京都千代田区富士見 2-17-1

電話 03（5214）5540　振替 00160-6-95814

組版：HUP　印刷：三和印刷　製本：積信堂

© 2025 MIYANAGA Takashi

Printed in Japan

ISBN978-4-588-46026-5

植民地朝鮮と〈近代の超克〉　戦時期帝国日本の思想史的一断面
閔東曄 著 …… 5000円

危機の時代と田辺哲学　田辺元没後60周年記念論集
廖欽彬・河合一樹 編著 …… 5000円

京都学派とディルタイ哲学　日本近代思想の忘却された水脈
牧野英二 著 …… 3800円

東アジアにおける哲学の生成と発展
廖欽彬・伊東貴之・河合一樹・山村奨 編著 …… 9000円

絶対無の思索へ　コンテクストの中の西田・田辺哲学
嶺秀樹 著 …… 4200円

近代日本思想史大概
飯田泰三 著 …… 4000円

中野好夫論　「全き人」の全仕事をめぐって
岡村俊明 著 …… 4700円

村松剛　保守派の昭和精神史
神谷光信 著 …… 4500円

架橋としての文学　日本・朝鮮文学の交叉路
川村湊 著 …… 3000円

「満洲文学」の発掘
西田勝 著 …… 5800円

表示価格は税別です